JN194091

保育内容「人間関係」

「共に育つ・創る」をめざして

吉川晴美・関口はつ江・義永睦子

[編著]

ミネルヴァ書房

は じ め に

私たちは誰でも「人とのつながり」の中で生活しています。

日々の生活のなかで，幼少期の頃に経験した様々な人間関係のシーンやエピソードが浮かぶ時があります。

保育を学びたいと考える学生の方々に「幼児期に通った園で心に残っている場面」を聞いてみると，保育者との「よい人間関係の体験」をした思い出が，保育者を志望する動機になっている人が少なからずいることに，あらためて幼少期の人間関係の大切さに気づかされます。

本書は，幼稚園教職課程科目および保育士養成課程科目である「保育内容　領域　人間関係」のテキストとして，また，広く「人間関係」を学ぶテキストとして作成しました。

今日の子どもたちが育つ環境は，人間関係の希薄化，孤立化が進み，様々な課題を抱えています。これらの課題の解決に向けて，園と家庭や保護者，そして地域とが協力し，子どもの自ら育つ力を大切に，愛情深く豊かな人間関係が育まれることが求められます。

乳幼児期に，保育の場や家庭生活の中で，子どもに安心感や自己肯定感，自尊感情が育まれることは，その後の人生の荒波にくじけず乗り越えていく力の源泉ともなるでしょう。

保育者が子どもとの人間関係を結ぶとき，高い倫理性を土台とする専門的な理論と技術と実践の学びが必要とされます。幼稚園教育要領，保育所保育指針，幼保連携型認定こども園教育・保育要領にもあるように，子どもを人として尊重し，人格形成の基礎を培い，そして全体的，総合的な発達をはかることが大切です。

本書では，多くの保育場面の事例と演習から，人間関係がどのように育まれ展開していっているのか，保育が豊かに展開するにはどのような関係性がポイ

ントとなるのかなどを，授業で考え合うことができます。特に，体験を通して考えたり保育場面での実践的な力を培ったりできるように，ロール・プレイングによる演習を紹介しています。

ロール・プレイングはアクティブ・ラーニングの方法の一つで，学生がグループで能動的に考え学習できる即興劇形式の方法です。

本書の構成は大きくは次のような構成となっています。

序章では，人としてのすべての学びの基盤となる人間関係の重要性について述べました。第Ⅰ部の理論編は，乳幼児の保育場面で人間関係を育むことの意味と基礎知識について解説しています。

第Ⅱ部の実践編では，保育の活動場面の事例を多く盛り込み，発達過程に応じて，子どもたちが共に育ちあう人間関係の状況づくりについて考えていきます。

各節に設けた演習問題のロール・プレイングとグループワークを通して，保育場面での実践的な学びを深めます。

巻末には，ロール・プレイングを効果的に授業で実施するために，手順や留意点を紹介しています。各節末の演習問題と共にご活用ください。

本書を通して，保育を学ぶ学生の方々をはじめ，保育・幼児教育や子育て支援等に携わっている皆様にも，子どもと保育者，保護者が，「共に育つ・創る」豊かな保育活動のための実践に役立てていただくことを期待いたします。

最後に，誠意をもって本書の作成に尽力いただいたミネルヴァ書房編集部・長田亜里沙氏に深く感謝申し上げます。

2024年7月

編著者　吉川晴美　関口はつ江　義永睦子

保育内容「人間関係」
──「共に育つ・創る」をめざして──

目　次

はじめに

序　章　「人間関係」，その重要性 ……………………………………… 1

第1節　現代社会と子どもの人間関係　1

　1．現代社会の環境の変化　1　　2．コロナ禍の子どもの人間関係　6

　3．保育における人間関係の危機と課題　8

　4．子どもの人間関係の危機の解決に向けて　10

第2節　保育の場における人間関係の重要性　11

　1．子どもにとっての保育の場　11

　2．信頼できる大人との出会いと結びつき　14

　3．仲間との出会いと生活　16

　4．保育を支える多種職の関係と課題　19

第3節　家庭，園，地域社会で育む子どもの人間関係と課題　21

　1．子どもを尊重する人間関係と子どもの人権　21

　2．保育者と保護者との連携で育まれる子どもの人間関係　26

　3．家庭，園，社会のつながりのなかで育まれる子どもの人間関係　31

第Ⅰ部　理論編──基礎を身につける

第1章　保育における人間関係を育む ……………………………… 34

第1節　人間関係の重要性──「私」の人間関係から　34

　1．人間関係とは何か　34　　2．人間関係の重要性　37

　3．人間関係を育むには　41

第2節　人格形成と発達の基盤としての人間関係　45

　1．人と関わる力の源　45　　2．安全基地と自発・自立　48

　3．乳幼児期の学び方　49

第3節　乳幼児期の人間関係と人格形成──保育場面から　54

　1．乳幼児の育ちと人格形成　54

　2．乳幼児期の人間関係の特徴と人格形成　58

第2章　保育内容「人間関係」の理解 ………………………………… 66

第1節　領域「人間関係」のねらいと内容　66

1. 子どもを取り巻く環境と現代的課題　66

2. 幼児教育の目標と人間関係　67　　　3. 保育所の目標と人間関係　68

4. 領域「人間関係」として目指すこと　69

5. 領域「人間関係」のねらい　70　　　6. 領域「人間関係」の内容　71

7. 3歳未満の保育に関わるねらい及び内容について　72

第2節　幼児期に育みたい資質・能力と人間関係　73

1. 幼児期に育みたい資質・能力　73

2. 「幼児期の終わりまでに育ってほしい姿」と小学校への接続　75

3. 非認知能力の育ちと人間関係　77

4. 幼児の姿から考え，理解を深める　78

第3節　子どもの生活における様々な人との関わり　87

1. 現代社会に生きる子どもの育ち　87　　　2. 地域が支える子どもの成長　90

3. 高齢者との関わりを深める実践事業　92

第Ⅱ部　演習・実践編──事例とロール・プレイング，グループワークを通して

第3章　保育の実際と人間関係の育み …………………………… 96

第1節　保育者の連携（チームワーク）を活かす保育の実際　96

1. 子どもたちにとっての集団生活の意味　96

2. 個（一人一人）と集団の関係　99　　　3. 個と集団の相即的な発展　102

4. 保育者の連携（チームワーク）を活かす三つの機能と保育者（リーダー）の関わり方　102

第2節　子どもにとっての安心の保育の場（3歳未満児を通して）
　　　　　　──保育者，仲間とのつながり　108

1. 人との関わり（保育者，仲間）の始まり　108

2. 保育者や仲間との豊かな関係性　110

3. 仲間とのつながり──遊びのなかで育つ仲間との関係　112

第3節　子どもの自我，主体的育ちと仲間とのつながりを支える保育（3歳児を通して）——自立，葛藤と飛躍　117

1．乳児期から幼児期への発達と保育者の関わり方——自立に向けて　117

2．自己の育ちと他者理解——自己主張，葛藤，自己抑制，他者理解　118

3．仲間関係の発展（仲間とのつながりを支える保育）——ごっこ遊びから　123

第4節　自他の意識，仲間への気付き，相互の育ち（4歳児を通して）
　　　　　　——集団意識，集団のルール，役割　128

1．集団の中の自我　128　　2．仲間との関係を通しての育ち　130

3．仲間関係を育む保育の実際　132

第5節　個と集団のダイナミックな発展（5歳児を通して）
　　　　　　——自己と人ともの（環境）の相互関係性，創造性を紡ぐ　135

1．5歳児期の重要性——幼児期の結実の年長児期として　136

2．5歳児期の育ちと課題——子どもの姿から　137

3．自分・人・ものの相互関係性，創造性を紡ぐ——子どもの思いの実現援助　143

第6節　保育の計画—実践—振り返り　147

1．計画と振り返りの意味　147

2．長期の指導計画——子どもの育ちの見通しを持つ　148

3．短期の指導計画——個々の子どもの状態，子ども同士の関係を捉える　152

4．保育の振り返りと改善　152　　5．子どもの育ちの捉え方　156

6．振り返りと保育者の育ち——共に育つために　158

第4章　様々な保育活動の展開と子どもの育ち ……………… 161

第1節　一日の生活の流れと子どもの体験　161

1．保育の一日の流れ　161　　2．生活の小さな場面から考える人間関係　163

3．日々の子どもの変化（育ち）と「人間関係」　170

第2節　子どもの遊びにおける環境との関わり
　　　　　　——自己—人—物の力動的関係　172

1．遊びの発展にかかわる人間関係と物の特性　172

2．活動展開の多様性　174　　3．遊びの展開と保育者の役割　178

第3節　多様な子どもの出会いと育ちあい——発達特性, 年齢, 文化の違い　182

1．多様な子どもと出会い育ちあう基盤——安心感を育む　182

2．子どもが保育者の関わりを通して安定感を持って過ごすには　185

3．多様な子どもとの出会いを子どもの成長につなげる保育者の関わり方　186

4．インクルーシブ保育とは——共生社会を実現するために　189

第5章　共に育つ人間関係の状況づくり …………………………… 195

第1節　個と集団の育ちあい　195

1．遊びの中で育ちあう状況づくり　195

2．生活の中で育ちあう状況づくり　200

3．個と集団の関係に関する保育の計画上の配慮　203

第2節　共に育む——保育内容「人間関係」の展開と小学校教育　206

1．学校教育の基礎としての幼児期の教育　206

2．幼児期から児童期への接続期の保育——アプローチカリキュラムから架け橋プログラムへ　208

3．子どもの学ぶ力を培う活動と人間関係　210

4．進学に向けて——保育者による環境づくりと関わりの配慮　214

第3節　家庭と園と地域の連携　216

1．保育者同士の連携——育ちあう関係・状況をつくる　216

2．家庭と園と地域の連携・状況づくり　221

3．地域の関係機関との連携　224

ロール・プレイングの理解と実施に向けて　227

1．ロール・プレイングとは何か　227

2．ロール・プレイングの設定と手順　227

3．授業での実施の仕方　231　　4．ウォーミングアップの実践例　232

お薦め図書　235

索　引　239

序　章

「人間関係」，その重要性

私たちは様々な人間関係のなかで存在し，現在を生きています。特に乳幼児期にどのような環境，そしてどのような人間関係において育つかは，生涯にわたり大きな影響をもたらします。本書をはじめるにあたり，この重要な「人間関係とは何か」について学びます。

第1節　現代社会と子どもの人間関係

いま，子どもたちはどのような人間関係のなかで生活しているのでしょうか。子どもにとって何故「人間関係」が重要なのでしょうか。

それではまず，今日の1．現代社会の環境の変化，2．保育における人間関係の危機と課題について一緒に考え，学んでいきましょう。

1．現代社会の環境の変化

はじめに，今日の日本のある幼児の生活実態を示す一例を見てみましょう。

事例序-1-1　4歳のMT児の生活から

MT児（4歳）は両親（30代後半）の長男として生まれました。両親は共働きのため1歳から小規模の認可保育施設に通園しています。保育施設は都市部にあり園庭はなく，代わりに近隣の公園が利用されています。自宅はマンションで隣とさえ全くというほどつながりがなく，日常のMT児の子ども同士の交流のチャンスは保育施設（以後，園）でのみになっています。子どもが病気で園を休まなくてはならないときには，パート勤めの母親が休みをとったり，近くの小児科で行っている病児保育等に預けてしのいでいます。園からの帰途には「○○ちゃんと○○して遊んだ」などの会話のなかに「○○先生がやめた」という情報を子どもや他の親から聞くことがあり「子どもは喜んで通っているので，どうか先生方やめないで欲しい」と心配の種にもなっています。

MT児は園から帰ると，母親が夕食の支度の間，自分でリモコンを操作しテレビから選べるインターネット上の動画のアニメやゲームの番組を見て過ごします。父親は残業で帰りが遅くなり，パートで早く帰れる母親ひとりで家事育児をほとんどせざるを得ない毎日で，母親は二人目の子どもはとても無理だと考えています。またMT児がひとりで動画を見ていて助かると思う反面，このままでよいのかとも考えます。今は「ごはんまでね」などと声のかけ方の工夫でやめられますが，長時間ゲームを続けてやめられないといった小学生の子どもを育てる親の悩みを聞くにつれ，将来スマートフォンやゲーム機を持たせることについて，親としての悩みの一つになっています。

　これはほんの一例ですが，今日の日本の都市部に住み保育施設に通園する子どもの生活や周囲の環境，人との関わりの状況の一端を垣間見ることができます。乳幼児期の子どもは誕生以前（胎児期）から，大人が想像する以上に周囲の環境や人間と密接に関わり合って成長していきます。ここでは，現代社会における子どもの人間関係の特色と課題，改善や解決の方法について一緒に考えていきます。

（1）少子化社会と子どもの人間関係

　私たちの身の回りの空き地や原っぱ，公園，路地などでも，集まって遊ぶ子どもの姿を見ることはめっきり少なくなりました。都市化や過疎化のなかで，子どもたちだけで安全に遊ぶことができる自由な外部空間がほとんど失われてきていることも一因です。そして何よりも急速な少子化の進行により子どもの数自体大きく減少したことも関係しています。厚生労働省の人口動態調査によれば，2022年に生まれた日本人の子ども（出生数）は過去最少（77万7,447人）[1]に，そして合計特殊出生率は1.26となり，1947年以降では2005年と並んで過去最低の水準へと落ち込みました。「出生率の減少の原因は直近ではコロナ禍で出産や育児への不安が影響を与えた可能性」[2]がありますが，全体的傾向では①生活様式の変化や価値観の多様化，②晩婚化・未婚化の増加，③将来の子ども

1）厚生労働省「人口動態調査」2023年，https : //www.mhlw.go.jp/toukei/saikin/hw/jinkou/geppo/nengai22/dl/gaikyouR4houdou.pdf（2023年9月1日閲覧）。

の教育費の心配などの経済的な理由，④事例1のように家族や周囲の協力支援が得にくい等の家庭や地域の子育て力の低下等が大きく作用しているのではないかと考えられています。少子化は子どもの人間関係にどのように影響を与えるのでしょうか。当然ながら子どものいる世帯の子どもの数も減り，一人（46.8％），二人（39.7％），三人以上（13.5％）[3]になっています。地域においても子ども同士で遊ぶ機会や場は減少し，子どもが集まる施設以外では，大人との関係が中心となっている人間関係の現状があります。少子化が子どもの教育に及ぼす影響[4]として，①子ども同士の切磋琢磨の機会の減少，②親の過保護・過干渉，③子育ての経験や知識の伝承の困難，④学校行事や部活動の困難，⑤良い意味での競争心が希薄になること等が挙げられており，幼少期からの保育において子どもの人間関係をどのように育んでいくかは大きな課題となるでしょう。

（2）インターネット社会と子どもの人間関係

　今日ではインターネットは，人と人との交流にも欠かせない方法としても普及しています。事例序-1-1にもあるように，子どもの世界でも乳児期から親のスマートフォン（以下，スマホ）やテレビ，パソコンは，身近な魅力的なツールとして存在しています。これらのツールに指1本で働きかけ映像や音，言葉，ストーリーに触れることができるインターネット世界は子どもにとって大変魅力的です。一方で，子どもの成長過程では五感を駆使した周囲の世界との関わり，生身の親密な人間関係が必要とされます。近年では，ネット依存を疑われる子どもは中学生，高校生にとどまらず小学生，幼児までにも広がりつつあるとされています。WHO（世界保健機関）のICD-11（国際疾病分類　第11版）では，インターネットを利用したゲームの世界への依存，ゲーム障害が，普段の生活

2）厚生労働省「日本の将来推計人口（平成29年推計）」「人口動態・社会統計室」2017年，https：//www.ipss.go.jp/pp-zenkoku/j/zenkoku2017/pp_zenkoku2017.asp（2023年9月1日閲覧）。
3）厚生労働省「国民生活基礎調査の概況」2021年，https：//www.mhlw.go.jp/toukei/saikin/hw/k-tyosa/k-tyosa21/dl/12.pdf（2023年9月1日閲覧）。
4）文科省中央教育審議会「少子化と教育について」（報告）2004年，https：//www.mext.go.jp/b_menu/shingi/chuuou/toushin/000401.htm（2023年9月1日閲覧）。

表序-1-1　乳幼児の年齢別情報機器の状況（単位：％）

	0歳 （N＝132）	1歳 （N＝111）	2歳 （N＝140）	3歳 （N＝132）	4歳 （N＝133）	5歳 （N＝116）	6歳 （N＝60）	χ^2値	有意 水準
スマートフォン	23.5	52.3	64.3	**70.5**	**74.4**	**73.3**	58.3	102.9	***
携帯電話 （ガラケー）	1.5	1.8	2.9	2.3	1.5	4.3	1.7	3.2	ns
タブレット端末 （iPadなど）	*4.5*	*9.9*	20.0	**26.5**	**26.3**	25.9	**31.7**	41.3	***
パソコン	*4.5*	5.4	6.4	8.3	15.0	**19.0**	**25.0**	35.4	***
その他	0.0	0.0	0.0	0.0	0.0	0.0	1.7	12.7	*
触らせてない	**75.0**	45.9	30.0	*22.0*	*15.8*	*17.2*	*21.7*	155.0	***

注1：χ^2値は乳幼児における各機器の利用の有無と年齢のクロス集計における分析結果
注2：ns：no siginificant，　＊：p＜0.05，　＊＊＊：p＜0.001
注3：残差分析の結果5％水準（両側検定）で数値が太字のものは「有意に高い」斜体は「有意に低い」
　　　ことを示す。
出所：橋元良明・大野志郎・久保隅綾「乳幼児期における情報機器利用の実態」2018年，https：//www.
　　　iii.u-tokyo.ac.jp/manage/wp-content/uploads/2018/04/34_4.pdf(2023年9月1日閲覧)をもとに筆者作成。

が破綻するほどの持続的かつ反復的なゲームへののめり込みを指すものとして
挙げられています。

　それでは乳幼児の生活において，現在どれだけスマホが使われているのか，
またそのときの親の意識や対応などについてみてみましょう。子どもとメディ
アの関わりについて，「乳幼児期における情報機器利用の実態―2017年調査」[5]
からは，0歳児に触らせていない親（75.0％）もいますが，23.5％もがスマホ
を利用（自宅内）しているという結果（表序-1-1，図序-1-1）が示されてい
ます。また，今日では多くの乳幼児がYouTube（子ども向けのYouTube Kids含
む）を見ているといいます。同調査からはスマホ接触のある0歳児の半数は
YouTubeを視聴しており，1歳児以降はさらに高い接触状況であるとされま
す。
　「乳幼児の親子のメディア活用調査―2017年」[6]でも，乳児のスマホ使用につ
いて，「殆んど毎日」は2013年の3.5％から2017年には20.0％へと大幅に増加傾

5）橋元良明・大野志郎・久保隅綾「乳幼児期における情報機器利用の実態」2018年，https：//www.
　iii.u-tokyo.ac.jp/manage/wp-content/uploads/2018/04/34_4.pdf（2023年9月1日閲覧）。

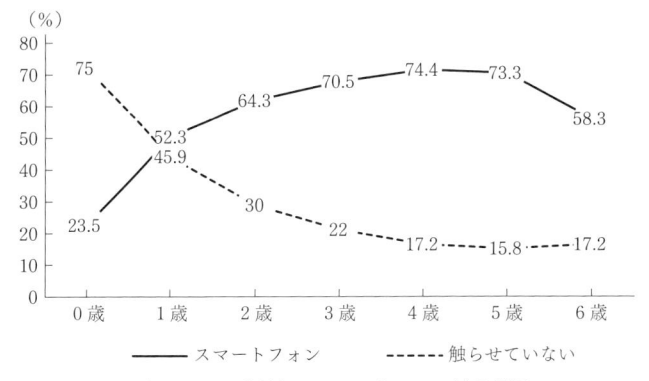

図序-1-1　乳幼児のスマートフォン使用状況

出所：橋元良明・大野志郎・久保隅綾「乳幼児期における情報機器利用の実態」2018年，https://www.iii.u-tokyo.ac.jp/manage/wp-content/uploads/2018/04/34_4.pdf（2023年9月1日閲覧）をもとに筆者作成。

向がみられたことが報告されており，今後益々乳児とスマホの関係は密接になっていくことが予想されます。保護者の意識を中心とした調査からも，乳幼児の使用について「やりすぎは良くない」(74.0%)，「視力の低下が心配」(46.2%)，「子どもだけで使うのは良くない」(33.6%) などの回答があり，乳幼児を育てる保護者の複雑な心境が示されています。

　親はスマホを，乳児期から子守道具として使う傾向がある一方で，触れさせることの心身への悪影響も心配しているといった実態が伺われます。

　それでは今日大変密接になってきている乳幼児とインターネットの関わりについて留意すべきことはどのような点でしょうか。第一には，子どもをインターネット任せにせず，そこに大人と子どもとの人間関係が介在していることが重要ではないかと思われます。特にスマホやタブレットは子どもがひとりで占有しやすい特性があります。大人が一緒に関わって，子ども，スマホ，大人の三

6）「第2回　乳幼児の親子のメディア活用調査」ベネッセ教育総合研究所，2017年，https://blog.benesse.ne.jp/bh/ja/news/20171016release.pdf（2023年9月1日閲覧）。

7）桧垣淳子「乳幼児のスマートフォン使用の現状と保護者の意識から見る課題と今後の取り組み」『中村学園大学・短期大学部研究紀要』第50号，2018年。

者の関係が成り立つような工夫が重要です。第二には使い方の工夫です。スマホには「カメラ機能」もあります。「0〜1歳くらいでは，親が撮った自分の写真や動画を見るのが大好きな子が多く，1歳児では自分が撮られた画像を"見たい！"と話したり，自撮りをしたりする子さえ現れている[8]」とのことです。このように子どもとスマホとの関わり方を工夫してみることが必要です。第三には乳幼児期としての生活全体（衣食住，遊び，人間関係，自然との関わり）を豊かにしていくことで，その一部としてインターネット世界との関わりを効果的に子どもの成長に活かしていくことが必要といえるでしょう。

2．コロナ禍の子どもの人間関係

　新型コロナウイルス感染症（COVID-19）は日本においては2020年4月には緊急事態宣言が出され，①身体的距離の確保（ソーシャルディスタンス），②マスクの着用，③手洗い・うがい，が新しい生活様式として示されました。約3年半を経て2023（令和5）年5月以降，患者の外出自粛は求められず，マスク着用も個人の判断に委ねられるようになりました。WHOでは2023年5月に「国際的に懸念される公衆衛生上の緊急事態」の終了を宣言しました。

　3年余りの間，コロナ禍は子どもの人間関係に大きな影響を与えたのではないかと予想されます。この間に行われた調査等から一緒に考え，今後に役立てていければと思います。

（1）保育における子どもへの影響

　保育・幼児教育施設の対応や影響の調査[9]からは，子どもとの身体的触れ合い・やり取りについて挙げられています。保育者と子ども間では子どもの年齢が上がるほど少ない，子ども同士では全般的に少ないという回答の割合が多くなっていると報告されています。また，園で9割以上の保育者が通常マスクを

8）長尾嘉英語「なんと，0歳児の23％もがスマホを利用している」電通，2018年，https://dentsu-ho.com/articles/6363（2023年9月1日閲覧）。

9）野沢祥子他「保育・幼児教育施設における新型コロナウイルス感染症に関わる対応や影響についての検討（2）——2020年・21年度の動向と調査結果から」『東京大学大学院教育学研究科紀要』第61巻，2021年，pp. 340-348。

着用したとされ，感染予防とマスク着用が，保育者と子ども，子ども同士での身体接触，やり取りの頻度を少なくする，といった作用もあったとされています。保育者と子どもとのコミュニケーションは，第一に親密な関係性を築くことが基本となりますが，加えて保育者の子どもへ言葉による表現は重要な要素の一つです。保育者のマスク着用によって口元が見えない分は，非言語コミュニケーション（感情表現，言葉をはっきり・ゆっくり等）で補完していく等，普段より言葉にジェスチャーを交えながら幼児とのコミュニケーションを取る工夫がなされたという，低年齢児のいる保育所からの報告があります。

（2）保護者への影響

　全国で緊急事態宣言が解除された直後の1〜6歳の母親（1,030名）の調査（2020年5月）[10]から「①母親の8割は新型コロナウイルス感染流行前より『人とのつながり』『家族との時間』を大切にしたいと思うようになった。②コロナ禍の悩みや気がかりとして，子どもが友達と会えない，先生や地域の人などとのつながりがもてない，③人とのつながりがある方が母親は子育てに楽しさを感じ不安が少ない，④配偶者やパートナーのサポートを感じられるほうが子育ての楽しさや自信が高い傾向，等があった」等の報告がなされています。

　また，保護者のこころについての調査（2021年2月）[11]から次のような聞き取りが報告されています。「①疲れがたまっているなあ，子どもにイライラしてしまうことが多くなった（1歳児男児保護者）。②コロナ禍で気軽に友達も作る場がなく，外出できなくなりストレスの発散方法がなくなってしまい，自身のメンタルケアを自分の努力だけでは行えなくなった（5歳児女児保護者）。③コロナで支援センターに行きづらく託児付きの講座が軒並みお休み，0歳の広場もなくなってしまい子育ての悩みを共有する友達を作る場がなく孤独（0歳児男児保護者）。」等です。また，乳幼児と親に与える影響に関する文献検討では[12]

10）ベネッセ「幼児・小学生の生活に対する新型コロナウイルス感染症の影響調査」2020年，p. 80, https://berd.benesse.jp/jisedai/research/detail1.php?id=5520（2023年9月1日閲覧）。
11）国立成育医療センター「第4回調査報告書（2021年2月）」https://www.ncchd.go.jp/center/activity/covid19_kodomo/report/CxC4_finalrepo_20210210.pdf（2023年9月1日閲覧）。

「親は乳幼児とともにストレスを抱えており，他者とのつながりが失われ孤立化する家庭があった」とまとめられています。

　社会的な視点からは，子ども・子育ての克服すべき問題として「子育ての孤立化」[13]「非正規の多いひとり親，母子家庭の生活困窮，貧困家庭の窮状」「子ども食堂の休止の影響，休講，登園自粛，テレワーク等により家庭にひずみが凝縮」「子ども虐待，配偶者暴力の増加」等が挙げられています。

　これらのことから，コロナ禍により保護者の家族内や外とのつながりが分断され，あらためてつながりが大切と実感される反面，不安や孤独感，ストレスを抱え子どもとの人間関係に影響を与えていたことが伺われます。いずれも今日の社会の潜在的にもつ歪がコロナ禍によりさらに拡大したものと考えられ，子どもをめぐる人間関係の重大な危機を生むものとして克服するための根本的な対策が求められています。

3．保育における人間関係の危機と課題
（1）孤立化する育児環境のなかで

　従来，育児は自然で開放的な環境のなかで地域や近隣，親族などとのゆるやかな共同体のつながりのなかで行われていました。しかし今日では，都市化，過疎化，核家族化が進み，周囲から閉じられた建物のなかで，しかも親ひとりに任された孤独な育児になりがちであるとされます。家庭外とのつながりの希薄化は，一方で親子が密着化せざるを得ない状況，家庭のカプセル化[14]をも生み出しているとされます。閉鎖的な空間，状況のなかで，親と子どもは適度な距離を取ることが難しくなります。周囲から閉ざされた室内で乳幼児と親が一日過ごすときにはいろいろなできごとが起こります。例えば，子ども（2歳児）が遊んでいるおもちゃを投げはじめ，親が厳しく叱ると子どもはさらに激しく

12）近澤幸・竹明美・佐々木綾子「新型コロナウイルス感染症が乳幼児と親に与える影響に関する文献検討」大阪医科大学看護研究雑誌，2021年，p. 80。
13）柏女霊峰「コロナ禍があぶりだした子ども・子育て支援の課題とその克服について」東京都社会福祉審議会，2021年，https : //www.fukushi.metro.tokyo.lg.jp/kiban/shisaku/shingi_gijiroku/22ki/01kenkyu.files/kasiwameiinn.pdf（2023年9月1日閲覧）。
14）吉川晴美「現代社会における保育学の課題」武藤安子・吉川晴美・松永あけみ編著『家庭支援の保育学』建帛社，2016年，pp. 1–11。

抵抗し泣き，もっと投げる，親は大声で怒鳴り，叩くといった互いの行動がエスカレートしていくことがあります。「こんなはずではなかった，子どもがかわいいと思えない」と自身を責め，疲れ切った様子の親からのお話を，地域の自治体で必ず設けることになっている乳幼児健診での育児相談で聴くことがあります。このケースは，幸い相談の機会と場があったため，親はカウンセラーに自身の不安で辛い気持ちを訴えることができ，その時の子どものつもりや自身の気持ち，他の関わり方の可能性についての気づきを得ることができました。今日親自身もすでに少子化傾向のなかに育ち，乳幼児に接する機会がほとんどないなか，育児は苦手といった悩みを抱えている場合も少なくありません。また，母親ひとりに重く負担がかかり，気軽に相談できる相手が得にくい現状があります。子どもは父母の関係において生を受けて誕生する著しく関係的な存在ですが，生まれてくる環境や親を選べません。どの子どもも人として尊ばれ，幸せな子ども時代を送れるよう，子どもの最善の利益を考慮し，生育にとって不利な環境や人間関係は早期に発見され，持続的な対応，支援を必要とします。子どもと家族を支え，相談，支援できるよう，園や地域が連携して対応していくことが必要とされます。

（2）子どもの遊び環境，仲間遊びの衰退

　乳幼児期の子どもにとって，特に遊び仲間（同年齢，異年齢ともに）の減少は，大きな影響があるのではないかと懸念されます。園での遊びの経験は子どもに人と関わる力，多様な人間関係を育む重要な機会，場となることが期待されます。子どもは，1，2歳の頃から外で遊びたがり，次第に友達を求めたりしますが，まわりに一緒に遊べるような子どもがいなくて困ると訴える親は多くいます。子どもが動き盛りで，外に連れて行ってもどんどん走ったり，高いところに上ろうとしたり，時には見失ったりして，子どもを探し回る経験を語る親も少なくありません。一方で，公園などで他の子どもと遊ばせる機会を得ても，子ども同士のけんかやいざこざが，親同士の人間関係にまで波及してしまうこともあるといいます。公園デビューにひどく苦痛を感じる親や，公園仲間や園での親同士のトラブルに親自身が傷つき悩んでいる場合も見られます。今や園

ばかりでなく，地域の公園や遊び場など，子どもたちが集まる場所では，子ども同士の仲間遊びを見守り，時には親の人間関係への支援や活動を活性化する指導者，仲介者が必要とされています。[15]

4．子どもの人間関係の危機の解決に向けて

　保育とは，広義には子どもの幸せを保障し実現していく，子ども，人，ものが共に関わり合い育ちあう活動です。それは，また，この宇宙，地球，自然環境の中で，どの人もが尊重され，大切にされ，人びとの平和と共存が実現され，社会や法律によって保障されるために，私たちの持続的な努力と実践が必要とされます。

　2023（令和5）年4月1日，こども家庭庁が発足しました。「こども家庭庁は，こどもがまんなかの社会を実現するためにこどもの視点に立って意見を聴き，こどもにとっていちばんの利益を考え，こどもと家庭の，福祉や健康の向上を支援し，こどもの権利を守るためのこども政策に強力なリーダーシップをもって取り組む」[16]とうたっています。今まで述べてきたように，今日の山積する子どもの人間関係の危機の状況は多岐にわたります。行政による政策はもちろん，保育の現場が地域と家庭と連携し，問題解決に向けて取り組んでいくことが求められています。

演習問題
1．本節で示した課題（少子化，インターネット社会，コロナ禍，孤立化する育児環境，子どもの遊び環境）を手がかりに，各自で（または小グループで），興味のある問題の現状や実態について調べてみましょう。

2．その実態から，どのように子どもの人間関係を育んでいくかを考えたり，話し合ったりしてまとめてみましょう。

15）同前掲。
16）こども家庭庁ホームページ「こどもまんなか子ども家庭庁」2023年，https://www.cfa.go.jp/（2023年9月1日閲覧）。

> **発展課題**
> 　まとめた成果を全体にも発表し，皆で共有しましょう。問題への理解がより深まり広がるでしょう。

第2節　保育の場における人間関係の重要性

1．子どもにとっての保育の場

　現在の保育施設の役割を確認しておきましょう。保育の目標は子どもが「現在を最も良く生き，望ましい未来をつくり出す力の基礎を培う」生活の場であるとともに教育の場でもあります。また，「子どもの保護者に対し，その意向を受け止め保護者の安定した関係に配慮し，保育所の特性や保育士等の専門性を活かして援助に当たる[17]」とされています。保育施設は，本来子どもに備わっている力を十分に育て将来に備える役割と，社会の一員としての子どもを守り育てる場の一つとしての社会的責任との両者を担っています。事例序-3-1はある保育所の保護者に宛てた手作り冊子の冒頭メッセージです。子どもの生涯の基盤形成を保護者と共に取り組む姿勢が読み取れます。

> **事例序-2-1　「どんな大人に育ってほしいですか？」**
>
> 　「生まれる前のあなたも，今のあなたも，0歳→3歳→小学生→中学生，30歳のあなたも大切です。自分らしく，自信にあふれ，豊かに，仲間もいて，でも悲しい出来事に見舞われたり，病気になったり自信を無くすことも。そんなとき，代わってあげたくても代われない。どんなに思っても30歳のあなたには届かないかもしれない。だから，自分を大切にして活躍し，チャレンジし，生きていくために必要な基盤，「自己肯定感」「豊かな感性」「生活する力」を育てたいと考えています。」
>
>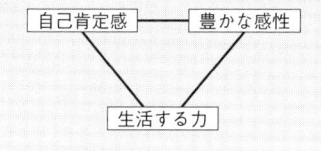

17）厚生労働省編『保育所保育指針解説（平成30年3月）』フレーベル館，2018年。

（1）育つ力の土壌として

　子どもは，保育の場で，家族以外の人の中で生活する初めての経験や，生涯にわたる人間関係の原体験をしています。人は生まれながらにして人（養育者）から保護され，他者との関わり合いによって自己を形成しています。近年，「人に頼らないで自分のことは自分でできるようになろう」と，自立性が強調されますが，私たちは人と共に生活していることの意味が大きいのです。子どもの発達は，自身の存在感を基盤として能動性が発揮され，相互性を通して自我の育ちにつながると考えられます。[18] 保育の根底は，どの子どもも，心身の安全が守られ，自分が大切にされていると感じ，持って生まれた能力や特性を存分に発揮することができる場であることです。保育の場は，子どもが家庭を離れて自分を保護してくれる大人や自分と同じ仲間との初めての出会いの場でもあります。そこでの関わり合いの体験は人格形成の中核になるといっても過言ではないでしょう。大切なことは，子どもたちがありのままの自分を発信，発揮する中での人との関わりを体験することです。自分が好きなことを見つけて，保育者や他の子どもとの共感や共有を得て自信を深め，興味や関心を広げて発展できる生活です。子どもは，よく自分のしたことや見つけたことについて，「見て，見て」「こっちに来てごらん！」などと人を誘います。心からの驚きや楽しさ，工夫や頑張りを他の人にも伝えたい，分かち合いたいとの思いがあるからです。自分のことや関心事に注目してもらったり喜んでもらったりすることは，自己の独自性と他者との共同性の体験となります。他者との関わりは同時に自己との関わりでもあり，他の人に向けられた言葉は，同時に自分に向けられた言葉でもあるのです。何らかの形で応えてもらい，自分が大切にされているとわかると，他の人と共に生きる「共生」という意識を持つことができます。保育の場は，子どもの「自分自身」と「他の人への信頼」の源を作っているということを意識することが重要です。事例序−3−2からも保育者に支えられて自分が安定しながら自分を表現し，友達との関係も作られていくことがわかります。

18）津守真『保育者の地平』ミネルヴァ書房，1997年，p. 5。

事例序-2-2　保育者の支えによる安定　3歳児

①自分の居場所，共にいる人　RF児

　初めての集団生活で涙を流して登園し，担任の言葉をオウム返しする事が多かったRF児。次第に幼稚園にも慣れて友達に興味を持ち始めると遊具の取り合いになり，友達を叩いたり蹴ったりすることもありました。担任の保育者が止めに入ると，自分の気持ちを抑えきれずに遊具を投げたり床に寝転がったりすることもありました。担任が話す言葉も興奮させる一因になっている様子。RF児の居やすい空間を保育室の一部に作り，好きな日本地図や世界の国旗を見せ，その際RF児を抱いて背中をさすったり，RF児の知っている世界の国旗の名前を一緒に読み合ったりして，ゆっくり過ごしていきました。3学期になると，落ち着いて遊び，友達と言葉のやり取りもできるようになると「こうしたかった」と自分の気持ちを担任に話すようにもなってきました。

②「保育者と」から「友達と」へ　HA男，SC男

　「せんせい，かくれんぼしようよ。」HA児がフリーの保育者の私に声をかけてきました。HA児はクラスの補助教員にも声をかけましたが，他の用事があってかHA児から離れていったのを見ていました。すぐにHA児の傍に行くことができずにいると，HA児は職員室のサッシをトントンと叩き，「せんせい早く！」と立っています。HA児は友達との関わりより大人との関わりを求める傾向にあります。私がかくれんぼの誘いに乗りながら「友達とも遊びたいのでは？」と思い，「HA児くん，先生と二人でする？　誰かお友達いないかな？」と声をかけてみると，HA児は周りを見渡し「お友達ー，SCくんに話してみる。」と駆け出しました。3人でかくれんぼを始めると，「ぼくが鬼！　かくれて！」とHA児。「鬼はせんせい」と言うだろうと思っていたので，HA児の言葉に驚き，「わかった！」と，私とSC児は銀杏の木の陰に隠れました。私たち2人はHA児の視界にすぐに入ったようでしたが，HA児はわざと見ないふりをしてにこにこしながら「どこにかくれたかなぁ」と探すそぶり。その後，私が鬼になって2人を探す番になりましたが，いくら探しても見当たりませんでした。ようやく見つけた頃には，HA児とSC児はクラスの友達の中に交じって違う遊びをしていました。

（2）子どもの「人と関わる今」に対応する

　子ども同士で生み出す遊びの中で自分を出し合う経験は，その後の人間関係

の基になっていきます。近年，情報化，効率化の生活環境になって，子どもが興味を持てる身近な自然や人の暮らしが疎遠となり，子どもが共に遊びたい事象との出会いが作れない状況にあります。大人は将来役立つと考えられる知的能力や運動能力，或いは集中力などの認知能力に直結する活動に傾注しがちですが，子どもの好奇心に基づく遊びや日常的な人との関わり合いの中で人間性の基礎が培われていることを再認識しましょう。

　いろいろな人や物に出会い，「関わり合いたい気持ちを抱える子どもの今と共に在る」のが保育者です。子どもは自分の思いを意識しないままに，また，大人が気づきにくい仕方で内面を発信しています。保育者に求められることは，そうした子どもの繊細な気持ちに気づき応えることです。

　また，子どもは常に保育者の全体を全身で感じています。保育者の言葉は表情や動きと一緒に受け取ります。保育者の柔らかい眼差しや明るい表情，リズミカルな動きや丁寧な物の扱いなど，保育者の全身の動きが子どもに伝わって子どもの行動の土壌になっていきます。保育施設は家庭や地域社会の延長線上にありますが，その補完としてではなく，子どもの人格の基礎を培う専門機関としての保育者の役割は極めて大きいのです。

2．信頼できる大人との出会いと結びつき

　子どもは家庭では唯一無二の子どもとして家族の人間関係の中に位置づいて親密に養育されますが，保育施設では多数の保育者によって保育されます。家庭から離れた子どもにとって，最も重要なことは子どもが信頼できる，よりどころとなる保育者がいることです。身近な保育者との安定した関係を作ることで，他の複数の人との関わりも円滑になり，複雑な社会的状況への適応へと進みます。

（1）特定の人との繋がり

　乳児は，親や周りの人と直接触れ合うことで自分の存在を意識し気持ちが安定します。低年齢児保育では，子どもが孤立していないこと，安全に守られていることを子どもに伝えることがまず第一になります。子どもは自分の経験か

ら，自分の望む要求が通るように環境に能動的に働きかけ，また，自分にとって適当な状況になるように，体を動かす，声を出すなど自分の動きを調節しています。そこには一貫した私という主体があるため，「その子どもの状態がわかり，受け入れる」ことが大切になります。その子どもの情緒や要求を感じとり，適切な状況を作り出す応答を繰り返していくなかで，子どもとの信頼関係が作られていきます。

（２）子どもの状態を受け止め支える

　保育者と子どもとの信頼関係の構築は具体的な相互作用の積み重ねによります。その方法は子どもの発達状態によって異なりますが，根底は，子どもを信頼し受け入れながら，保育者自身が愛情を持って子どもに気持ちを伝えることです。「抱きしめる」「求めに応じる」「共感する」「認める」「見守る」「遊びに応じる」「行動を抑える」「教える」など様々な形をとります。関わり方は一様ではありませんが，重要なことは「子どもの要求や思い」と「保育者の子どもへの願い」「その場の状況」の交差の中で，子どもができるだけ安定して自分から動けるようにすることです。

　事例序-3-3は，ある保育園の低年齢児への関わり方についての保育方針です。

> **事例序-2-3　低年齢児への関わりの保育方針例　Ａ保育園**
> ①子どもの今の気持ちを受けとめる
> 　突然に「おんぶして」「抱っこして」と子どもが発したら要望を聞き入れます。このような時は，何か悲しい思いをして，自己否定の気持ちになっていたり，「自分はダメではない！」という自己肯定感を取り戻すために「手を貸して欲しい」と求めている時です。身近な大人が自分の要求を聞いてくれる経験は，大きくなった時に困ったことがあったら大人に相談すればよいという生きる術を身につけることにつながるでしょう。子どもの心に耳を傾け「あとでね」ではなく，「今」の望みに応じるようにします。
>
> ②子どもには全身で向き合う
> 　ギュッと抱きしめる，笑顔で優しい穏やかな態度で抱きしめる，抱きしめる

ことは，どんな言葉で表現するより思いが伝わります。泣いているときも喜び
がいっぱいのときも共感の気持ちを表しながら抱きしめます。

③待てるときは穏やかな気持ちで待つ
　散歩をする時，探索をしながら寄り道をしながら歩き，なかなか目的地に着
かなかったり何か面白いことを見つけると，その場から離れなかったりなど，
大人の時間の流れと子どもの時間の流れは全く違います。子どもの時間の流れ
に合わせて待つことも，気持ちを受けとめる大事な要素です。

④手を繋いで歩く
　歩けるようになった子どもはひとりで歩くことを好みますが，子どもは手を
つないで大人と一緒に歩くことも大好きです。バギーに乗せられている子ども
と，自分で歩いている子どもの生き生きしさは全く違うことに気付きましょう。

　幼児期後期に入ると，周りを意識し，周囲が求める行動の仕方，生活の枠組
みへの適応（約束やルール）のための自己コントロールを身につけていきます。
子どもが生活のルールや約束，マナーを守る社会性を獲得するには，周囲への
同調や一体感，信頼できる大人への応答や模倣など，人間関係体験が必要です。
人間は共同体を構成する社会的存在ですから，自分という存在が受け入れられ
自己が認められることで，自己が確かめられることと，他への関心や集団へ適
応することは並行して育ちます。自己実現と他者への関与の統合は生涯にわた
る課題であり，人生初期の経験として，家族以外の人との人間関係体験の重要
性は計り知れないものがあります。

3．仲間との出会いと生活

　子どもが自分と同じ仲間と共感し，呼応し合うことはいわば社会的スキン
シップともいわれます。[19]　保育の場は仲間としての子ども同士の出会いの場と
して重要です。家庭保育にあっては家族以外の子ども同士はごく限られた時間
での関わり合いですが，施設保育は長時間，長期間で関係が継続し，相互理解

19）外山滋比古『幼児教育で一番大切なこと──聞く力を育てる』筑摩書房，2011年，pp. 118-119。

がより深まるのでその体験の意味も大きくなります。子どもにとっての初めての「仲間」「対等な立場」で関わり，同じ立場で分かり合い通じ合え，そしてぶつかり合える関係の体験の場でもあります。子ども同士の関係が保育者に見守られ，親密な関係が育てられる幼児期は，その後の社会性の育ちの基礎を作る貴重な時期です。将来にわたって，同時代同世代の文化を共有して育つ相互関係として継続していくのです。

（1）他者の意思との出会い（衝突，対立）と他者との共存（同じ，一緒）

　子どもが他の子どもと関わりはじめると，「砂をかける，かけられる」「物を取った，取られる」などわずかな軋みからの「他者（他の私）」と出会い，「私」と「私」とのぶつかり合いが生まれます。自分とは違う相手との出会いで「自分の思っていること」「欲しいもの」「いやなこと」がはっきり分かってきます。それを互いに出すことのできる対等で譲らない相手との関係の中で，子どもは「私」の存在を知るともいえます。

　また，子どもは他の子どもと同じものを欲しがったり，真似をしたり，同じ遊びに加わりたがったりします。泣いている子どもを見ると，自分も悲しそうに寄り添います。生活の中で，「自分は自分」でありながら，「他者の中の自分」「自分の中の他者」も見出していきます。砂遊びや積み木遊びなどでは遊びのイメージや感覚が伝播され，互いの思いが呼応することで遊びが支えられているともいえます。「同じに，一緒に」の中に，「違いや固有性」に気づいて，互いに刺激し合う体験もしていきます。

（2）集団（グループ）の形成（競争，協力，役割）と仲間関係の育ち

　遊びや日常生活の中で，「順番」「ごっこ遊びの役割」「当番」など様々な形で，みんなと一緒に繋がって生活していることを体験していきます。

　友達と自分を比較したり，集団の一員としての所属感，集団意識を持ったりしていきます。就学前までに育てたい社会的態度が目指されていますが，子どもの社会性が内面から育つためには，園生活の規則や枠組みが保育者を通して子どもに無理のないように的確に運用されると共に，遊びの中で自発的に体験

されることが必要です。

　人の気持ちは言葉や規則を超えるものがたくさんあります。道徳的なことや，社会のルールなどを知らせるとともに，理屈通りにはならない人の気持ちや関係があることともにも向き合いながら，一緒に解決して気持ちよく生活する経験が貴重な学びになります。下記の例では，子どもは集団としての生活のルールやマナー，言葉の使い方などを学びますが，それがなぜ大切か，どうやって守っていくのかは仲間同士で通じ合いながら自分たちのものとしていくことが分かります。言葉は記号信号としてではなくその意味が受け入れられ，子どもの社会性の芽生えには「保育者も一緒」の関係性が支えとなります。

事例序-2-4　仲間内のやり取り

①大嫌い　3歳児　（10月）

　友達と一緒に遊ぶことが楽しいと感じる時期，ままごとで AF 児が使っていた包丁を BK 児が何も言わずに取ってしまいました。AF 児は「BK ちゃんなんて，大嫌い！」とはっきりと言います。それを聞いた BK 児は悲しい顔をして，「大嫌いって言われた」と寂しそうに保育者のもとへ。AF 児には「取られてしまったことが嫌だったんだよね」と AF 児の気持ちを代弁して，「大嫌いじゃなくて，AF 児が何が嫌だったか教えてあげよう」と伝えると，AF 児は「取られたのが嫌だった」と BK 児に言いました。BK 児は少し暗い表情でしたがうなずいて「ごめんね」と AF 児に言いました。その後，AF 児は友達に嫌なことをされた際，「○○ちゃんが絵本取ったのが嫌だった」と自分の嫌だったことを保育者へ伝えるようになりました。BK 児には「大嫌いって言われて嫌だったね。AF ちゃんは急に取られて困ったのね」「今度は『貸して』とお友達に聞いてみようね」と話すとにっこりしました。

②ごめんなさい　5歳児[20)]

　お化け屋敷ごっごでお化け役をした BY 児は，見物に入った JM 児に「お化けがちっとも怖くない」と言われて泣いています。他の子どもに「本当は怖いのに怖くないって言ったかも」と慰められても，「怖くないと馬鹿にされたからもうやめる」と言います。「ごめんね」「ごめんと言われてももうやめる！」

20）柴田愛子『保育の瞬間』学研プラス，2016年，pp. 41-42。

「本当にごめんね！」「やめる！」の繰り返しに，保育者が「こんなに謝っているのにごめんしないの？」と仲介すると，「ごめんの気持ちが見えたからいい」となりましたが，BY児は泣きじゃくります。お弁当を広いところで気分転換に食べることにして，CK児が「僕も行く」とついて行き，気晴らしができたようでした。自分の気持ちを出し切って泣く，受けとめる仲間がいることで，互いに関係を修復していきました。

（3）個人と集団の関係

　子どもの人間関係に関する成長には，子ども同士の体験の影響と共に，集団の状況，子ども個々と集団との関係も大きく影響します。個が育つことが集団の育ちへ，集団の状況が個の育ちへ影響しながら生活が展開しています。保育者は保育の計画の作成において，活動の主題や環境構成，援助を考える際に集団の動きと個人への配慮を同時にします。例えば，クラスの子どもが同じ興味や目的を持って互いに協力し合っている状況と，一人一人がやりたいことを追求している状態では互いへの影響は異なるため，環境構成や援助の仕方も変わります。また，同学年のクラスでも自己主張の強い子どもが多い，或いは，生活習慣の自立の遅れが気になる子どもがいるなど，クラスとしての特徴があります。保育の実践においては，クラスの子どもの特性を勘案しながら，一人一人の成長を互いに認め合う関係を作り，集団としてのまとまりを育てていくことが求められます。

4．保育を支える多種職の関係と課題

　保育の場は保育者が主に子どもに関わりますが，施設長，園長を中心に保育専門職者（幼稚園教諭，保育士，認定こども園保育教諭），管理栄養士，調理師，看護師，事務担当者，環境整備の用務係，園児送迎係等，多種職のチームによって経営・運営されています。保育者もそれぞれの職責，役割分担があります。保育の目的の共通理解のもとチームワークがよく，専門的立場を発揮しながら，その集団の機能を十分に作動させるための協力体制であるとき，その関係性によって保育者自身も安定して子どもに向き合え，子どもも大人の円満な人間関

係の中で自分を出しきって生活していきます。子どものよりよい成長を願うことは同じですが，それを支える分野の視点は異なります。それが相互に生かされる事によって，質の高い保育の場が形成されるのです。

（1）園の運営管理に関わる職務の共通理解と日々の連携

　園には，職員が共通理解しておくべき基本事項があります。保育・教育の理念や方針，教育課程や保育の計画，そして，実践，反省から計画への流れなどを十分理解しておくことが保育実践の礎になります。また，危機管理，環境整備，教材管理，保護者対応の方法等，さらに会議の内容や子どもの実態の情報の共有などが，個々の保育実践の足場を確かなものにします。子どもたちの安定した育ちは，園としての保育の一貫性を保つ，そうした職員間の連携によりますが，具体的な組織作りは園の規模や人員配置によって異なり，工夫されます。

　保育は，担任保育者以外の職員それぞれの立場からの相違や柔軟な対応も含まれています。例えば，管理栄養士は献立作成の中で，園児が栽培した野菜を使用したり，地域の行事食等で食生活を楽しくしたりします。園庭整備の担当者は，遊びの痕跡から子どもの思いに気づいて，用具の選択や整備などを提案します。また，事務職員は保育室では見せない子どもの姿に接して，子どもの状態を伝え合うなどの親密な連携があります。こうして皆で見守り関わることが，子どもにも保護者にも園全体で守られている安心感，信頼感として伝わります。

（2）安全管理，子どもの人権，プライバシー保護

　保育において最も重要なことは子どもの安全管理です。安全性は発達の状態や，同一年齢でも経験差により異なります。保育中は保育者間の連係プレイとして，他の保育者の動きも把握しながら子どもに対応していくといった，全体の状況を感じ取る心構えも必要です。怪我など事故の発生に際しては状況を把握し，優先順位を考えて他の職員と協力します。保護者には，「いつ，どこで，誰が，どんなことが起こり，現在の状況はどうか」など伝える必要がある場合

もあります。状況を共通理解して，誠実に対応することで保護者との信頼関係を作ります。また，連絡，報告は重要ですが，背後にある子どもの人権や保護者のプライバシーへの配慮をする職員間の倫理的態度が求められます。現時点での園の課題をどのように解決するか，将来に向けてどのように努力するかを工夫し合う中で実践者の知恵が生まれて，それぞれの園ならではの保育が生み出されます。

演習問題
1．本節の事例（序-2-1～序-2-4）で最も心に残った事例について，共感したこと，気づかされたこと，疑問に思ったことなどを書いてみましょう。

2．各自が1で取り上げた事例について，3～4人のグループで意見交換をして，保育における人間関係の基本について話し合いましょう。

第3節　家庭，園，地域社会で育む子どもの人間関係と課題

　乳幼児期の子どもは，家庭や園を生活と遊びの場として，保護者や保育者，他の子どもたちと関わり，育っていきます。

　本節では，子どもの育つ家庭や園，地域において育まれる人間関係の重要性と課題について，考えていきましょう。

1．子どもを尊重する人間関係と子どもの人権
（1）保育の中での子どもを尊重する人間関係
①子どもを肯定的に捉える，受けとめる

　「子どもを尊重して関わる」と聞いて，保育場面で「子どもの意見を聞く」「子どもの望む遊びをする」などを思い浮かべるかもしれません。では，子どもの意見や希望を「何でも実現する」ことは子どもを尊重しているでしょうか。例えば，「○○なんか嫌だ，無くなればいい！」と子どもが口にしたとしても，

子ども自身や他の人，社会にとって良くないことまで，子どもが望んだ通りに実行することは，子どもを尊重しているということにはなりません。また，大人が子どもに上から目線で厳しく指示し従わせるような一方的な関係も，子どもを尊重しているとは言えません。

　「子どもを尊重する」こととは，大人も子どもも，あるいは子ども同士も，互いの思いを大事に，気持ちよく過ごせるように尊重し合う関係を創ることです。

　そのためには，大人から「困ったこと」と見える子どもの行動にも「子どもなりの思いや理由がある」と，子どもを肯定的に捉えることから始めましょう。子どもの思いを受けとめ，子どもと相談し，子どもにも周りにも優しいやり方で実現していく関わり方が，子どもを尊重した関わりです。乳児など言葉が未熟な場合も，表情や身振りなどから思いを汲み取り，周りの人や物，状況と照らし合わせ，関わりを考えることができます。

②保育場面での「子どもの尊重」を考える

　「子どもを尊重する」子どもと保育者の関係を考えてみましょう。

　子どもたちが生き生きとそれぞれのアイデアや思いを出し合いながら活動が進んでいく場面では，子どもたちが意見や思いを出し合えるような「互いを尊重した仲間関係」が展開しています。保育者は，子どもたちがそれぞれの思いを仲間の中で表現できるようにサポートし，子どもたちの言葉を拾いながら進めていきます。一方，保育者が自分の考えを強く押し出し，子どもたちの意見を遮りながら進めたら，子どもを尊重した場面とは言えないでしょう。

　片付けなど，子どもがなかなか遊びの切りがつかずに遊び続けている場面についても考えてみましょう。「お片付けの時間です」と一方的に玩具を取り上げて遊びを終わらせてしまう，あるいは「お片付けできないなら，赤ちゃん組に行ってもらいます！」と脅すように叱るやり方は，子どもを尊重していません。また，「赤ちゃん組」を下に見た言い方は，乳児をひとりの人として尊重しているとはいえません。ここで，「もうすぐお昼ご飯。お片付けしたら，自分でお部屋に来られるかな。待ってるね。」と子どもに周囲の様子を知らせな

がら，やり取りをすることもできます。子どもが自分で区切りをつけられるよう，しばらく様子を見守る等もできそうです。一方的な力関係や取引のような関係になっていない，子どもが尊重され，互いに尊重し合う関係を考えてみましょう（演習問題１）。

（２）家庭の中での子どもを尊重する人間関係
①親子の場面での子どもの尊重を考える

　親子の間でも，子どもも保護者も互いを大事に思い，どちらにとっても嬉しく，困らないような，尊重し合う関係が目指されます。しかし時として，保護者が子どもの言いなりになる，または，子どもに対して命令的，威圧的な一方的な関係になる，あるいは「言うとおりにしないと○○しない」というように取引のような人間関係が生じることがあります。特に乳幼児期には，熱心にしつけや教育をするつもりで子どもに関わるうちに，保護者の感情もヒートアップして，体罰や暴言へとエスカレートしてしまうことがあります。

②しつけと体罰

　皆さんは，次に示す子どもへの関わりは，しつけだと思いますか，それとも虐待（暴力，暴言）だと思いますか。考えてみましょう。

> ・言葉で３回注意したけど言うことを聞かないので，頰を叩いた
> ・大切なものにいたずらをしたので，長時間正座をさせた
> ・友達を殴ってケガをさせたので，同じように子どもを殴った
> ・他人のものを取ったので，お尻を叩いた
> ・冗談のつもりで，「お前なんか生まれてこなければよかった」など，子どもの存在を否定するようなことを言った
> ・やる気を出させるという口実で，きょうだいを引き合いにしてけなした

出所：厚生労働省「体罰等によらない子育てのために――みんなで育児を支える社会に」2020年より抜粋。

　実は，これらはすべて虐待です。たとえしつけのためだと保護者が思っても，子どもの身体に何らかの苦痛を引き起こし，又は不快感を意図的にもたらす行為（罰）である場合は，どんなに軽いものであっても体罰に該当し，法律で禁

止されています。また，心を傷つける言葉は心理的虐待に当たります。

　しつけとは，子どもの人格や才能等を伸ばし，社会において自律した生活を送れるようにすること等の目的から，子どもの社会化を育む行為です。怒鳴ったり叩いたりといった一方的な力の関係に頼らず，大人が手本を示したり子どもに説明したり等の方法で，子どもを尊重しながら社会のルールを伝えていくことが求められています。児童福祉法等の改正法（令和2（2020）年4月施行）では，保護者に限らず全ての人の子どもへの体罰の禁止が法定化されました。

　しかし，体罰禁止法定化の1年後の調査，子どもに対するしつけのための体罰等の意識・実態調査結果報告（2021）[21]では，未だ4割を超える人が体罰を容認，5割近くの人がしつけのためにお尻や手の甲をたたくという行為を容認しています。子どもの権利について「聞いたことがない」「名前だけ聞いたことがある」がそれぞれ約3割，約4割であり，「たたいたり怒鳴ったりせずに子育てをしたいが，実践は難しい」とする回答も約3割存在します。

③子育て中の親子関係についての子育て支援

　親子関係にも子どもの尊重の意識が反映されることが，社会からも求められています。保育者の子どもへの関わり方は，保護者にとってもモデルとなります。怒鳴る，叩くなどの体罰や子どもの心を傷つける行為をしない，子どもも保護者もどちらも尊重した関わりとは，どのように工夫できるか考えてみましょう。保育場面で試みている子どもとの関わり方を具体的に示したり，それをヒントにして家庭での保護者と子どもの関わり方を一緒に考えてみたりすることも，保護者の子育てを支える子育て支援となります。

（3）子どもの権利と人間関係

①子どもの権利の尊重

　どの子どもも生まれながらに人としての固有の権利（人権）を持っています。子どもの人権は，「児童の権利に関する条約」（1989年国連採択，1994年日本批

21）公益社団法人セーブ・ザ・チルドレン・ジャパン「子どもの体やこころを傷つける罰のない社会を目指して（2021年版）」2021年。

表序-3-1　保育者による子どもに対する心理的虐待の例

・著しく差別的な扱いをする，無視したり，拒否的な態度を示したりするなど
・こどもの心や自尊心を傷つけることを繰り返し言うなど（例えば，日常的にからかう，「バカ」「あほ」など侮蔑的なことを言う，こどもの大切にしているものを乱暴に扱う，壊す，捨てるなど）
・他のこどもと接触させないなどの孤立的な扱いを行う
・感情のままに，大声で指示したり，叱責したりする　など

出所：こども家庭庁「保育所等における虐待等の防止及び発生時の対応等に関するガイドライン（令和5年5月）」https://www.cfa.go.jp/assets/contents/node/basic_page/field_ref_resources/e4b817c9-5282-4ccc-b0d5-ce15d7b5018c/13e273c2/20230512_policies_hoiku_3.pdf（2023年9月11日閲覧）をもとに筆者作成。

准）に規定されています。この条約は，世界の全ての子どもが，発達保障のために保護されるだけでなく，社会の一員，権利をもつ主体であることを明示しました。また，子どもに関わる全てのことにおいて，子どもの最善の利益を考慮することが明記されました[22]。

　具体的には，性差，国籍，家庭の状況，その他どのような理由でも，子どもは差別されず，命を守られ，発達を保障するための医療や教育，生活への支援が保障されます。子どもは，自分に関係のある事柄について自由に意見を表明できます。大人は子どもの意見を，子どもの発達に応じて十分に考慮し，子どもに関わる物事を決める場合には，子どもにとって何が一番良いかを第一に考えます。

②保育の中で自分も相手も大事にするという意識を培う

　保育者が子どもを一人の人として尊重するためには，まず子どもの思いや表現していることに耳を傾け目を凝らし，受けとめます。保育環境や遊び，生活の中で，共に育ちあうよう援助します。このような保育者の姿勢を通して，子どもや保護者にも，自分も相手も大事にするという人権の意識が培われていきます。

　一方，保育者の表序-3-1のような行為は，心理的虐待に当たります。どの子どもにも，一人の人として尊重する意識を持ちながら関わることが大切です。

22）永井憲一・喜多明人・寺脇隆夫・荒巻重人編『新解説　子どもの権利条約』日本評論社，2000年。

2．保育者と保護者との連携で育まれる子どもの人間関係

（1）子どもの人との関わり方を培う場としての園の人間関係

①園生活で子どもの人間関係の基礎を培うことへの保護者の期待

　近年，核家族化や地域とのつながりの希薄化により，家庭場面だけで多様な人間関係の経験を重ねることが難しくなっています。乳幼児期からの集団保育の利用が進み，保育の場での学びへの保護者の期待は大きくなりつつあります。相手に失礼とならない振る舞いや言葉遣い，規範意識等についても，保育の場での学びに期待する保護者も多くなっています（事例序-3-1）。

> **事例序-3-1　保護者からの「適切な言葉の使い方を指導してほしい」という要求　2歳児**
>
> 　父親が子どもとふざけっこをしていたら，子どもが突然「しつこい！」と叫びました。父親は子どもをかわいく思ってふざけていたので，大変驚き，がっかりし，「家庭では『しつこい』なんて言葉は使っていない。園で悪い言葉を覚えてきた。」と怒りが湧いてきました。それで「きちんとした言葉の使い方を子どもに教えてほしい」と担任に要求を伝えました。保育者は「園では，子ども同士のやり取りで『もうやめて』と相手に伝えたいときに，相手に手を出すのではなく，『しつこくしないで』と言葉で自分の思いを表現する練習中です。」と説明しました。

　保育者は，子育て支援の役割も担います。保護者からの要求やクレームも，保護者と信頼関係を育む関係作りのきっかけの一つとして活用していきます。保護者の気持ちを受けとめ，子どもの現在の育ちと保育方針を共有し，子どもと保護者の親子関係を育てていくよう，支援をします。

②保護者からの要求にどう応えるか

　保護者からの要求にどのように応じるか，事例を通して詳しく考えていきましょう。事例序-3-1では，「しつこい」という表現をめぐり保育者には「子どもが自分の思いを言葉で伝える」という意図があったことは理解できます。しかし，例えば，2歳児がこれから覚えた言葉を使って自分の思いを人に伝えることを想定したとき，相手を強く否定する「しつこい」の代わりに，「もう

やめてちょうだい」などの穏やかな自己主張はどうか等，検討の余地はありそうです。

　保護者との関係では，単に保護者の要求に全て従ったり反発したりというような対立関係ではなく，子どもが言葉を適切に使えるように家庭と園とで一緒に子どもの成長を育むような提案をする等，互いを尊重し合う関係での提案もできるでしょう。皆さんも，保護者と互いを尊重しながら子どもや保育について話し合うにはどのような工夫ができそうか，考えてみましょう（演習問題2）。

（2）「子ども―人―もの」の関わりを育む保育

①子どもたちの育ちにとって何が大事な体験となるかを考える

　保育場面では，子どもの安全や心身の発達等を総合的に捉え，「子どもの最善の利益」とは何かを考えながら保育を進めます。保育者は子どもにとって何が大事か常に状況判断をしながら，子どもの人間関係を育てます。下記の場面について考えてみましょう。

> **事例序-3-2　子どもの物の取り合いへの対応　2歳児**
>
> 　AS児が遊んでいる玩具を見たBN児が，それを欲しくなり黙って取ってしまいました。AS児は泣いて保育者に訴えます。保育者が話してもBN児はその玩具を離さず，AS児と取り合いになりました。保育者はどちらも退かないので，喧嘩がなくなればよいと考え，玩具を取り上げて隠してしまいました。AS児は激しく泣きじゃくるばかりです。

　保育では，子ども一人一人のつもりや意図が尊重され，自己や物との関わり，仲間同士との関わりのいずれもが育まれ，育ちあっていくプロセスを子どもの体験として実現していくことが必要です。玩具の取り合いは，友達の物に興味があるという点では，仲間関係が育つ可能性を含んでいます。この事例では，保育者は子どもの仲間関係の中でもめごとの要因となっている「もの」を排除してみましたが，もめごとは収まりませんでした。このままでは，それぞれの子どものつもりも受けとめられず，子ども同士の関係も育っていかないようです。

②子ども自身も仲間関係も育つ関わりを考える

　子どもたちの自己（主張）や仲間関係も育つように，「もの」の活用の仕方も含めて，保育者は関わり，環境を構成していく工夫が求められます。この事例の場面では，子ども（自己）・人（仲間）・もの（玩具や遊び，環境）が繋がるために，どのような関わりが考えられるでしょうか。

　例えば，子どもたちの思いを受けとめるということから「BN ちゃんは AS ちゃんの玩具が素敵に見えたのね。」「AS ちゃんは，これで遊んでいたのね。まだ使いたかったのね。」とそれぞれの気持ちを言葉にして受けとめ仲立ちをする。または「お散歩に行こう」と，これまでの玩具とは全く違う「もの」（遊び，環境）に二人を誘うことで子どもたちの気分が変わり，互いに関心を持っていた二人の子どもが別の遊びを始めるかもしれません。

　皆さんも，子どもの思いが受け止められつつ新しい何かを介して子どもたちの関係が発展しそうなきっかけをいろいろ考えてみましょう（演習問題3）。

（3）保護者との子どもの園生活・育ちの共有
①保護者の相談からの子ども理解の共有

　園での子どもの生活は保護者には見えにくく，園と家庭で見せる子どもの姿は異なります。また，保護者が子どもから聞く園での様子は，断片的で子どもにとって印象が強かったことが中心となりがちです。子どもの様子から園生活を想像する保護者は，園の保育の方針や内容が把握できず不安に思い，子どもにどのように関わるか悩んでしまうことが多々あります。

事例序-3-3　子どもが他の子どもに手をあげてしまった　4歳児　OU児

　OU 児は，虫が大好きで，観察力があり，虫を見ながら，ち密な絵を描きます。1学期はマイペースに一人で絵を描くことが多く見られました。
　2学期，運動会や生活発表会の友達と手を繋いで踊り歌う場面で，保護者はOU 児が隣の子どもを何度も引っ張ったり肘鉄をしたりする様子を見て，ショックを受けました。
　「絵が好きなおとなしい子と思っていた我が子が他の子に暴力を振るうよう

> になってしまったなんて……。このまま大きくなったらどんな乱暴な子どもに
> なってしまうのだろう。」心配になった保護者は，保育者に相談しました。保
> 育中の OU 児の様子をそっと廊下から参観してみると，OU 児は友達と 4 人
> で和気あいあいと段ボールで何かを作っていました。

　子どもの理解を保護者と共有しながら子どもの育ちを支えていくためには，
園と保護者の情報共有とコミュニケーションが重要です。事例序-3-3 では，
OU 児が次第に仲間との遊びが増え，一緒に何かをすることを楽しんでいる様
子がうかがわれます。また，保育者と保護者の話を照らし合わせると，子ども
の育ちがよりはっきりと見えてきました。

　実は，運動会や生活発表会では，OU 児は友達と手をつないで歌やダンスを
するのをとても楽しみにしていました。行事の場面では，隣の子どもに「手を
繋ぐんだよ」と手を引っ張ったり肘で合図を送ったりしたようでした。OU 児
が乱暴になったのではなく，一緒に手を繋ぎたい思いを仲間に伝えようと試行
錯誤したことが背景にありました。そして今では仲間との遊びが広がり，自分
の気持ちを伝え合う力が育ちつつあることも，保育者と保護者で確認できまし
た。

　この事例では，保護者と保育者が子どもの様子を共有することで，子どもに
育ちつつある仲間との関係や思い等の子どもへの理解が深まり，信頼関係も深
まりました。

②様々な物を仲立ちとした保護者との人間関係と子育て支援

　保護者との情報共有や子どもの育ちの共有は，保育を進めるうえでも保護者
の子育て不安を軽減するうえでも，大変重要です。園では，連絡帳や園だより，
写真やドキュメンテーションの掲示，ICT 等を活用して保護者との情報共有を
しています。家庭と園の互いの情報を活用しコミュニケーションを行うことは，
互いの生活や遊びの具体的な場面での子どもとの関わり方の工夫や，園と家庭
の信頼関係や協力体制にもつながります。

　行事や保育参加などの活動は，保護者にとっても，保育場面での子どもの様

子を直に知る機会であるほか，他の子どもたちとの交流の機会にもなります。そして，保育者と情報を共有し話し合うことで，保育や子どもへの理解が深まります。子どもたちにとっても，自分の保護者だけでなく，友達の保護者を含め皆に見守られている中で安心して過ごし成長するという人間関係の育ちも見られます。

（4）児童虐待における保育者の虐待防止と子育て支援の役割

　子どもの虐待に関しては，保育者には，①虐待の早期発見の役割，②通告の役割，③関係機関との連携の役割，④子どものケアと援助の役割，⑤保護者の支援の役割，の五つの役割があります。

保育所保育指針（第3章　健康及び安全1（1）ウ）

　子どもの心身の状態等を観察し，不適切な養育の兆候が見られる場合には，市町村や関係機関と連携し，児童福祉法第25条に基づき，適切な対応を図ること。また，虐待が疑われる場合には，速やかに市町村又は児童相談所に通告し，適切な対応を図ること。

　保育者は，保護者が適切な方法で子どもに関わることができるよう，保護者との信頼関係を基盤に助言や相談に応じます。子どもの虐待が疑われる場合には，保育者には通告の義務があります。

事例序-3-4　両親の精神的な不調と経済的な不安の中での子育てを支える保育者

　4歳児クラスに，発達と親子関係について，保育者が心配している子どもがいます。登園時間が遅く，いつもおどおどした様子で，発語があまりありません。

　母親は精神的な症状で服薬しながら子育てをしていて，子どもの世話が滞りがちです。父親は感情の起伏が激しく，子どもに無理なことを言い，できないと頭を叩くしぐさをします。

　園の健康観察では，子どもに大きな外傷はありませんが，毎日同じ服で着替えずに登園する，朝食を食べていないことが多いなど，心配な様子が多々あり

ます。

　担任は，園では子どもに安心して過ごしてほしいと願い，日々子どもへのケアと信頼関係づくりに心を砕いています。また，母親と親身に話し信頼関係を築くように心がけています。

　園の職員会議では，虐待ケースとして通告した方がいいのか悩みつつ話し合い，職員間で連携・協力を進めました。面談では，担任が子どもの立場から日々の様子を伝え，主任が保護者の視点から共感的に話を伺い，園長が専門機関の相談などの情報提供を行うなど，連携します。また，子どもの健康状態は保育者と看護師で確認し記録します。状況が継続，悪化するようであれば自治体の要保護児童地域対策協議会に報告をすることにしました。

　事例序-3-4では，給食等で栄養状態を改善し，着替えやシャワー等で清潔を保ち，また，不安感が強いことについては，温かく接して，子どもが安心して日々過ごせるように心身のケアを行っています（④子どものケアと援助）。日々の健康観察では，体調や食事や外傷等の状態を確認して，記録しています（①虐待の早期発見）。着替えや朝食の世話が十分でないことから，保育者はネグレクトを心配しています。しかし，保護者には悪意がなさそうであり，子どもに外傷が認められないことから，経過を見守りながら虐待の通告を検討中です（②通告）。子どもの家庭の様子を把握し，保護者の子どもへの関わりを支援するためにも，保護者との人間関係は大切です。保護者は心に余裕が無い様子なので，まず母親を気遣い，困っていること等，何でも園に相談してくれる信頼関係づくりを目標に保護者と関わっています（⑤保護者の支援）。保護者や家庭の様子に応じて専門機関の利用や連携もしていきます（③関係機関との連携）。このように，虐待が心配される家庭の子どもと保護者との関わりには，担任保育者と保護者の関係だけでなく，園の保育者全体での協力，連携が欠かせません。

3．家庭，園，社会のつながりのなかで育まれる子どもの人間関係

　地域の保護者への子育て支援も，保育者の役割の一つです。保護者の相談に応じるだけでなく，子どもと保護者の親子関係を育てる支援もあります。保護者にとって，地域子育て支援拠点の活動や，園の園庭開放，一時保育の利用は，

乳幼児の成長・発達に望ましい関わりや環境について直に知る機会ともなります。保育者がどのように子どもを捉え，話しかけたり見守ったりしているか等がそのまま，保護者が子どもに関わるときのモデルとなります。

　また，地域の高齢者その他の人々との交流の機会として，昔遊びの会や公共施設の訪問など，地域の方々と園児が交流できる機会を設けています。災害等の際の避難の協力をお願いしていることもあります。園で地域の方々との交流の機会を通して，子どもたちの経験も豊かになります。園についての地域の人々の理解を深める機会ともなり，地域社会と子どもを繋ぐ役割も果たします。

演習問題

1．一方的な力関係や取引のような関係になっていない，子どもが尊重され，互いに尊重し合う関係になっていると感じる保育者と子どものやりとりについて，思い浮かぶ場面を出し合って話し合ってみましょう。

2．保育者が保護者と互いに尊重し合いながら子どもや保育について話し合うにはどのような工夫ができそうか，考えてみましょう。

3．事例序-2-2をもとに，子どもの思いが受け止められつつ新しい何かを介して子どもたちの関係が発展しそうなきっかけをいろいろ考えてみましょう。

参考文献
小田豊『子どもの遊びの世界を知り，学び，考える！』ひかりのくに，2011年。
砂上史子『「おんなじ」が生み出す子どもの世界』東洋館出版社，2021年。
津守真『保育の体験と思索』大日本図書，1980年。

第 I 部

理論編

―基礎を身につける―

　第 I 部では，私たちが誰でも経験する人間関係とは何か，その重要性を学びます。

　乳幼児期の人間関係，保育における人間関係を育むための基礎を学び，その上で 3 法令（幼稚園教育要領，保育所保育指針，幼保連携型認定こども園教育・保育要領）の保育内容「人間関係」についての理解が進むよう，次のように構成しています。

　第 1 章は「保育における人間関係」を育むための基礎を学びます。人間関係の重要性，人格形成と発達，乳幼児期の人間関係について，様々な保育場面を通して基礎的な理解を進めます。

　第 2 章は 3 法令に基づき，保育内容「人間関係」とは何かについて学び，実践的理解へと進めていきます。

　各節の最後に演習問題を用意しました。演習問題を通して，保育内容「人間関係」の理論と基礎を学び，確かなものにしていきましょう。

第1章

保育における人間関係を育む

> 本章では乳幼児の保育を学びながら，保育者になる自身の人間関係の状況について考えてみましょう。乳幼児の人格形成の基礎はどのように培われるのか，それは人間関係の発達と密接に関連しているということ，そして保育者が子どもと共に成長することの大切さを学びます。

第1節　人間関係の重要性——「私」の人間関係から

1．人間関係とは何か

（1）「私」の人間関係から

「人間関係とは何か」について問われたら，あなたはどのように答えるでしょうか。あまりにも日常的なことだからこそ，ひとことでは説明しにくいかもしれません。しかし，私たちが生きていくためには「人間関係」は欠かせない重要なものなのであることは確かです。「誰かと仲良くなると幸せな気分になるのよね」「つきあいが苦手で，もっと得意になれたら」「実習で子どもたちと触れ合えてうれしい」など，誰でも日々いろいろな人間関係の経験をしているといえます。

人間関係とは社会や集団における人と人との関係や交流を意味し，その関係は様々に，また力動的に変化し，人間の行動や感情，心理に作用します。

人間関係を結んだことによって起こった結果（仲良くなった，結婚した，等）や困った問題（ケンカした，等）のみに，目が奪われがちですが，そのとき人間関係がどのように結ばれているのか，またその状況や背景，経過，各々の行動や感情を丁寧に追ってみることにより，新たな視点が生まれてできごとや問題の解決へのヒントにもなります。

それでは「人間関係」について理解する上で，まず「私自身の人間関係」から捉えてみることにしましょう。つぎの二つの方法を挙げますので実際にやっ

てみながら理解してみましょう。

① 「人間関係」の視覚的，図的な把握

　人間関係について考えるとき，視覚的に図にしてみます。

演習問題

　「私」の人間関係を描いてみましょう。

① Ａ４かＢ４サイズの白紙を用意し，自分の日頃の人間関係を思い浮かべて，関係している人物を一人一人挙げてみます。母，父，妹，兄，クラスの友達，先生，サークルの部長，仲間，アルバイト先の店長，先輩，同僚，恋人，……。

② 自分が挙げた各々の人物をイメージして，折り紙，広告ちらし，写真雑誌等の切り抜き可能なものを使い，先程の白紙に収まる程度の大きさや好きな形に切り抜きます。

③ 白紙の用紙の中央に切り抜いた自分を置きます。自分は固定し，他の人物については，自分との関係，距離を考え適当な場所に調節しながら置き，決定したらのりで固定します。自分と各々を線でつなぎます。自分と各々の人物との関係を距離や線の太さにより表わすなど，いろいろ工夫することもできます。

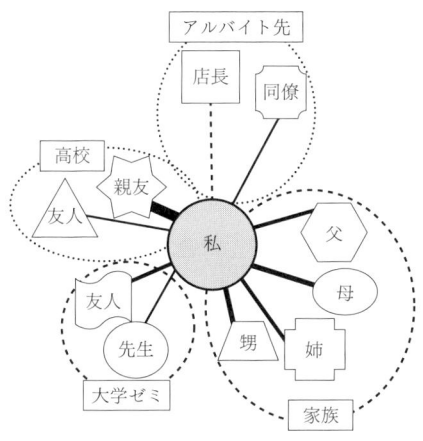

図1-1-1　私の人間関係の図

出所：筆者作成。

　実際に自身の人間関係を図にしてみてどうだったでしょうか。自身と関わる人間関係の図から，現在の自分の人間関係について振り返り，気づいたこと，また今後の課題などについてまとめてみましょう。

②自身の「人間関係」の時系列的な把握

　ある日の自分の人間関係についてのできごと（エピソード）を時系列的に記録することで，人間関係の成立，変化，発展などの経過を捉えることができます。ある大学生の今日の朝の出来事についての記述から見てみましょう。

> **事例1-1-1　私の今日の朝の出来事　大学生**
>
> 　朝，30分ほど寝坊してしまい8時頃に起きてキッチンに行くと，すでに両親は出勤していました。テーブルには簡単な朝ごはんの用意と「ちゃんと食べてね。先に出ますね」との母からのメモが置いてあったが，食べずに2限の授業に間に合うように焦って家を出ました。猛スピードで駅に向かって走り，バス乗り場に着くと，トントンと肩を叩かれたので後ろを振り向きました。父親ぐらいの年齢にも見える男性が息を切らして「これ君のかな？」とスマホを渡してくれたのでした。その男性は私とは違う方向に仕事に行く途中だったにもかかわらず，私がスマホを落としたのを見かけて，走る私の後を懸命に追いかけて渡してくれたのでした。「ありがとうございます。ほんとうに助かりました」と大きくお辞儀をして受け取ったところ，男性は汗を拭きながら「うん，うん，よかった，よかった。久しぶりに全速力で走ったよ，うちの中学生の息子もスマホを落としたことあってね」と笑顔で応答してくれました。「ほんとうにありがとうございました」と何度も頭を下げて感謝を伝えようとしました。

　この記録から，表1-1-1に時間，経過，エピソード，気づいたことの整理がなされました。

　作成した表を見ながら，「人間関係」についての全体的考察，まとめを行います。私たちは日々，何らかの人間関係に影響を受けて生活しています。印象に残ったできごとやエピソードを時間や経過にそって，丁寧に記録・整理し，そこに自分の気づきや考察を加えていくことにより，事実に即して人間関係の成立，変化，発展について学ぶ，重要な手がかりとなるでしょう。

表1-1-1　私の今朝の出来事の経過・気づいたこと

時刻	経過	エピソード	気づいたこと
A.M. 8：00	起床	7時に合わせていた目覚まし時計を止めて，そのまま寝過ごしていて，慌てて起きた。	昨晩遅くまでスマホのゲームをやめられず，後悔をした。
	登校への準備	母の準備した朝食とメモに気づいたが，メモだけ読んで急いで登校の準備をする。	すべてをスルーして，登校の準備をした。
A.M. 8：30	家を出る	登校のため家を出て，猛スピードでバス停まで走る。	バスの発車時間に間に合うよう，全速力で走った。
A.M. 8：40	バス停に到着	トントンと肩を叩かれたので後ろを向くと，父親ぐらいの年齢にも見える男性が息を切らして「これ君のかな？」とスマホを渡してくれた。男性は，私がスマホを落としたのを見かけて，走る私の後を懸命に追いかけて渡してくれたのだった。「ありがとうございます。ほんとうに助かりました」と大きくお辞儀をして受け取ったところ，男性は汗を拭きながら「うん，うん，よかった，よかった。追いつかないかと思ったよ。久しぶりに全速力で走ったよ，うちの中学生の息子もスマホ落としたことあってね」とニコニコして応答してくれた。私は何度も頭を下げて感謝を伝えようとした。	私のせいで父親ぐらいの年齢の人を急に走らせてしまって大丈夫だったかな，仕事に間に合ったのかな，などと，申し訳なく思った。自分が寝坊をしたことにより用意してくれた食事もできず，ラインで確認してきた母を心配させてしまったが，スマホを拾って追いかけて渡してくれた男性との思いがけない出会いがあった。
A.M. 8：45	バスへ乗車	いつもの混みあったバスに揺られながら，家を出てからバスに乗るまでのできごとについて，戻ってきたスマホを握りしめながら，振り返った。	1時間足らずのなかでも母，男性との人間関係が起伏をもって起こり，それは私自身の行動や感情に変化や影響をもたらすことに気づいた。

出所：事例1-1-1をもとに筆者作成。

2．人間関係の重要性

　このように，私たちは日々，人間関係のなかで生活しています。

　特に著しく発達途上にある乳幼児において，周りの特に身近な人間関係がどうであるかは生涯にわたり人格形成に中核的な役割を果たします。

　子どもは誕生後すぐから，身近な人（家族，保育者，友達など）との密接な関

わりを基にして，また仲立ちにしながら，周囲の環境や物へと関わり，成長していきます。これらの関わり合いのありようは，子どもの健やかな成長と幸福に大きな影響を与えます。

（1）「人間関係」の重要性についての研究

　人間関係の意義や重要性[1]についての研究は「児童の世紀」とされた20世紀の初頭から半ば頃にかけて，盛んになってきました。

　発達の初期における親子関係が，大人にとっての精神生活に大きな影響をもたらすことを最初に述べたのはジークムント・フロイト（Freud. S 1856–1939）です。フロイトは，子どもだったときに両親との関係において無意識のなかに抑圧された情緒や葛藤，不安などを，精神分析の方法により治療を行いました[2]。

　子どもの人間関係に関するものとして，チャールズ・クーリー（Cooley. C. H. 1864–1929）の研究があります[3]。クーリーは，社会学の視点から家族や遊び集団のように，対面的で親密な一体感のある人間関係がある集団を一時的集団としました。このような集団は，子どもにとって社会の基本的な価値を内面化するなどの人格形成の苗床としての重要な意義があるとしています。

　では，乳幼児や保育者でつくられる保育集団のような「集団」の人間関係についてはどのような研究の始まりがあったのでしょうか。

　エルトン・メイヨー（Mayo. G. E. 1880–1949）が行った研究（実験）[4]は，シカゴの家庭用電気機械器具を生産していたホーソン工場に働く大人の集団についてです。工場の生産性の向上にはどのような集団であることが重要なのか，いろいろな条件で実験しました。するとそれは，集団の一員として認められたい，仲間とうまくやっていきたいという社会的欲求に規定されること，また，メンバー自身と仲間やリーダーとの相互関係に規定されることが明らかになりまし

---

1 ）吉川晴美「人間関係とは何か」吉川晴美・松井知子編『人間関係の理解と心理臨床』慶応義塾大学出版会，2017年。
2 ）ジークムント・フロイド，高橋義孝・下坂幸三訳『精神分析入門（上・下巻）』新潮社，1977年。
3 ）C. H. COo1ey, *Human Natur and the Social Order*, 1902, p. 89.
4 ）エルトン・メイヨー，村本栄一訳『新訳・産業文明における人間問題——ホーソン実験とその展開』日本産業能率協会，1967年。

た。このことは子ども集団でも同様にいえるでしょう。皆で共同作業により一つの作品を制作しようとするときに，子どもたち同士の相互交流を活発にし，互いの存在や意見が尊重され，子どもたち自身で協働し，作品を創造していくことが，良い結果を生むことになるのではないかということが示唆されます。

　また，ヤコブ・モレノ（Moreno J. L. 1889–1974）は，精神科医ですが，精神病や心身症を対人関係の障害とみなし，自ら創始したサイコドラマで，対人関係の集団精神療法を行いました[5]。モレノは子どもたちが公園で想像力豊かに役割をとって自発的に演じるごっこ遊びにサイコドラマの原点を見出しました。問題の解決には，集団の人間関係の相互関係が重要であり，自発性に基づく劇的表現による役割をとって演じることにより，人間関係の改善，心の治療もなされていくとしました。保育活動においても，子どもたちの人間関係，特に対人多様性（様々な人間関係）の経験には，ごっこ遊びは欠かせません。保育内容「人間関係」の視点からも，子どもたちの自発性を活かしたごっこ遊びを保育活動にどのように展開していくかは重要なテーマとなります。

　松村康平（1917–2003）は，上述のモレノの創始したサイコドラマを心理劇として日本への導入に力を尽くしたひとりです。松村は人間を関係的な存在と定義し，特に子どもはその成長には大きく人間関係が影響することから，著しく関係的な存在であるとしました[6]。保育において子どもの成長を助け集団活動の発展をはかっていくには，保育者と子どもとの信頼し合える人間関係の構築の仕方，共に育ち合える関わり方についての理解と実践が必須といえます。

（2）共に育つかかわり方の理解と実践

　では，次の事例1−1−2から人間関係について考えてみましょう。

> **事例1−1−2　邪魔って？　　4歳　KW児**
>
> 　①KW児（4歳）と母親は，丸いテーブルに広げられた色とりどりの折り

5）J. L モレノ，増野肇監訳『サイコドラマ─精神集団療法とアクションメソッドの原点』白揚社，2006年。
6）松村康平・板垣葉子『心理劇──対人関係の変革』誠信書房，1961年。

紙を使い遊び始めます。ふたりで「何を作ろうかな」と考えながら，折り紙を選んでいる時，母親はビニール袋が折り紙に交じって置かれているのが気になりました。「これ邪魔だね」とビニール袋をどけようとしたとき，普段は温和なKW児が珍しく強い語調で「ママ，邪魔って言っちゃいけないんだよ」と訴えてきました。②一瞬，母親はびっくりしましたが，すぐに「園で邪魔と言う言葉を巡って何かあったんだな」と気づきました。そこで母親はKW児に「あ，そうか，(お友達に)邪魔って言っちゃいけないんだね，じゃあ，どう言ったらいいのかなあ」と聞きました。KW児は「やさしく，どいてねとか……」と少し考えながら言い，母親は「邪魔って言われたら，お友達はきっと，とても悲しくなるよね」といった会話がなされました。

　ここでは，二つの場（状況）でのエピソードが出てきます。一つは①KW児の家，もう一つは②KW児の通う園です。①では折り紙遊びを共に始めようとするKW児と母親の前に予想外のビニール袋（物）が登場します。母親が何気なくビニール袋を「邪魔」と言ったために，母親（人）にKW児（自己）が「邪魔」という言葉の使用についての問題を投げかけます。それは②園でのKW児（自己）と人（友達，保育者），物（遊び道具など）との関わり合いからKW児の自己の世界に導きだされた「邪魔と言ってはいけない」という感情や認識が示されています。また，②KW児は園場面での関わり合いで体験したことを①家庭では保育者の役割を取って伝えたのではないかとも考えることができるのではないでしょうか。

　KW児の園で育まれたいわば人間関係のルールといわれるものを否定したり無視せずに，あらためて意味あるものとして共有していくことが重要だと考えられます。家庭や園や地域での保育場面（状況）において，子どもにとって絶えず様々な自己，人，物との関わりがあり，そのなかで子どもの感情，認識，行為が育ち，豊かな発達の道筋が創られていきます。

　例えば事例1-1-2で母親が，もしくは園での保育者が「いちいちうるさい子ね，ビニール袋はいらないから邪魔って言っただけでしょ」と返したらどうでしょうか。思いもかけない子どもの言動に対して，大人はとっさにこのような応答をすることもあるでしょう。

　しかし，もし自分が頼りとする身近な人との間でこのような応答が繰り返さ
れれば，子どもは自分の思いや考えをわかってくれない，拒否されたと，不安
や隔たりを感じ，基本的な信頼関係が損なわれていくといった危機も生じるこ
とが心配されます。エリクソンの発達課題からいえば，身近な人に対しての不
信感は周囲の世界への不信感をも生じかねないとされます。乳幼児期では特に
身近な人，保育者との信頼関係や愛着（アタッチメント），絆の形成が重要です。
今ここで起こる場面や状況における自己，人，物との関係性の理解とその相互
の信頼関係の構築，発展がなされるよう保育を実践していくことが望まれます。

3．人間関係を育むには

（1）人間関係の原理——関係性とは何か

　保育とは「子どもの最善の利益を考慮し」「子どもが生涯にわたる人間形成
にとって極めて重要な時期」だけに，「子どもが現在を最もよく生き，望まし
い未来を作り出す力の基礎を培い」「環境を通して，養護及び教育を一体的に
行う[7]」ことであるといえます。そして，その基盤には子どもと保育者，子ども
たち同士の人間関係の育みがあり，互いに信頼しあえるような人間関係を築い
ていくことが重要です。とは言え，現実の場面でどのようにしたらよいのか，
難しいと感じる人も多いのではないかと思われます。そこで，ここでは先に述
べた事例1-1-2から，自己と人と物との「関わり」「関係」を理解し，人間
関係を育む上でどのようにしたらよいのかを考えます。

　私たちは子どもも大人も誰も，日常生活においてどれかの関係，かかわり方
で実際行動し，また状況や相手によって変化しながら生活しています。

　松村は人間関係を，状況における自己，人，物とのかかわり方，そのタイプ
には，三つに分けると一者関係型，二者関係型，三者関係型，また，五つに分
けると内在的，内接的，接在的，外接的，外在的かかわり方があるとしました[8]。
どのタイプや関わり方も人間の存在の仕方として意味があり，それらの関わり
方は成長に伴い変化，発展します。少し難しいかもしれませんが，実際に結び

7）厚生労働省『保育所保育指針（平成29年告示）』フレーベル館，2017年。
8）松村康平「人間関係の基礎」松村康平・板垣葉子共著『適応と変革』誠信書房，1960年。

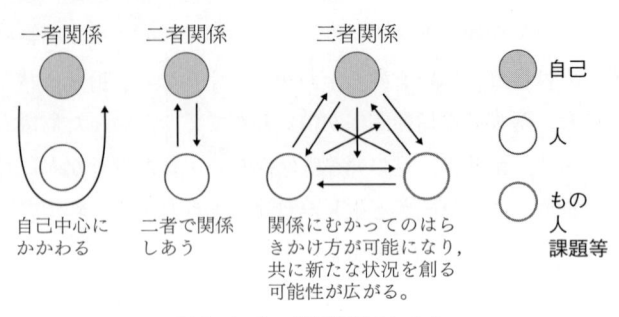

一者関係　二者関係　　三者関係

自己中心に　二者で関係　関係にむかってのはら
かかわる　　しあう　　　きかけ方が可能になり,
　　　　　　　　　　　　共に新たな状況を創る
　　　　　　　　　　　　可能性が広がる。

自己

人

もの
人
課題等

図 1-1-2　関係把握のしかた

出所：松村康平「人間関係の基礎」松村康平・板垣葉子『適応と変革』誠
信書房，1960年をもとに筆者作成。

つけながら理解し，実践してみると，理解が深まるでしょう。

（2）人間関係の三者関係的理解の重要性

　それではあらためて事例 1-1-2 から考えてみましょう。人間関係のみだけ
で考えると，母親は子の問題提起（意見）を聞き入れるか，無視するか，ある
いは同意するか反対するかなどの二者関係のみの展開になります。しかしよく
みると子と母親の二者の人間関係には，他に物（折り紙，ビニール袋，保育園で
の遊具など），子の意見（邪魔と言ってはいけないこと），園での保育者や友達，な
どとの関係が絡んで展開されています。これは三者関係と捉えることができ，
事例の展開のようにそれらを入れての三者関係的理解と対応，かかわり方の工
夫が望まれるのです。

　一者関係は，相手に対して一方的に自分の思い込みや自己中心的に関わるか
かわり方であり，二者関係は相手との相互の働きかけですが二者だけであると
二者択一，対立，比較等の関係が生じやすくなります。三者関係は，三者の相
互関係に加え，各々の関係の間に向かっての関わり（関係に関係する）が可能に
なり，かかわり方の可能性が飛躍的に広がります（図 1-1-2）。

（3）人間関係の多面的な理解——五つのかかわり方からの理解

　続いて，事例 1-1-2 を五つのかかわり方（図 1-1-3）から考えていきま

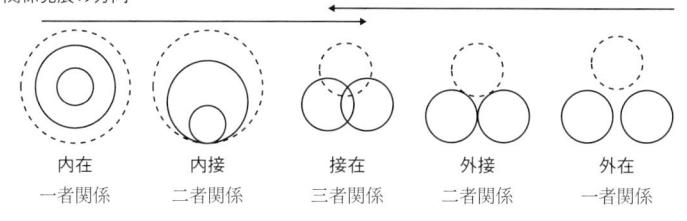

関係発展の方向

内在	内接	接在	外接	外在
一者関係	二者関係	三者関係	二者関係	一者関係

内在的かかわり方：ピッタリ一体的なかかわり方（演者的）
内接的かかわり方：内から支え合っているかかわり方（補助自我的）
接在的かかわり方：相互に交流し合い，ともに状況をつくるかかわり方（監督的）
外接的かかわり方：外側から事実に即して見，捉えるかかわり方（観客的）
外在的かかわり方：離れて独自にかかわるかかわり方（舞台的）

図1-1-3　五つのかかわり方

出所：松村康平「関係学の立場」松村康平・斎藤緑編著『人間関係』関係学研究所，1991年をもとに筆者作成。

しょう。

　①の母親と子KW児との人間関係は相互に親密な，一緒に折り紙をつくって楽しもうといった，内面を察し親しみ支え合う内接的な関係性で始まります。ビニール袋の登場で，KW児は母親の「邪魔」という言葉を聞いて「邪魔って言っちゃいけないんだよ」と母親に訴えるときは，その関係性は母親へ反論する「外接的」なかかわり方に変化したといえます。そのとき母親はどうしたでしょうか。「あ，そうか，（お友達に）邪魔って言っちゃいけないんだね」と，KW児の反論（訴え）を受けとめ気持ちに寄り添い，その意図や状況を明確化します。もし皆さんがKW児だったら，この母親の関わりをどう感じたでしょうか。このとき，KW児は，自分の気持ちや訴えの状況や意味をわかってくれたと安心したのではないでしょうか。このような互いに「内面を察し受け入れ支え合っている」関係性は，内接的なかかわり方といえます。続けて母は「じゃあ，どう言ったらいいのかなあ」とKW児に，「ともに先を考え（相談し）新たな状況をつくる」ような，接在的なかかわり方もしているといえます。園の保育者は，子どもたち同士で一方的な排除や激しい取り合いなどのケンカが起こらぬよう，「邪魔（距離を取ったり排除するような外在的に）」ではなく，「優しく（相手の気持ちも察してなら内接的）どいて（やって欲しいことを提案するように

なら外接的）」と伝える，という方法を提案したと思われます。この場合，さらにもう少し保育者が踏み込んで，子ども同士の互いの意見やつもりが交わされ，物や活動の状況が共有されていけるような過程をつくるかかわり方（接在共存状況の創造）も考えられるでしょうか。皆さんも，かかわり方をいろいろ考えてみましょう（演習問題）。

　それでは子どもの人間関係を育むにはどうしたらよいかを次にまとめます。

　一つには，保育者と子どもたちが関わり合う集団状況の関わり方の理解を通じて，共に育つ人間関係の構築の方法を学び実践できるようにすることです。例えば，他の子どもたちが遊んでいる方向に向けて積み木を投げようとしている子どもがいます。そのとき「ダメ，やめなさい」と積み木を取り上げる（外在・一者関係的）場合と，とっさに子どもが積み木を握る手を包むように握り「この積み木どうしたいかな」と寄り添い（内接的・二者関係的），子どもが皆で遊んでいるところに投げようとするなら「積み木はどうしたら届くかな。」「ぴゅーんと飛行機で届けるかな」「宅配便ですよ，とポストに入れようか」等と，子どもの自己（つもり）に寄り添い（接在的・三者関係的），同時に他の子どもたちや物，集団状況との関係を捉え対応する場合とではずいぶん違ってくるでしょう。

　二つには，問題だと思われる子どもの行動も，まず保育者自身の関わり方を工夫，変化させることにより，子どもの行動は大きく変化し，成長が促されることです。なぜかというと，保育者と子どもは密接な関係性において存在しているからです。子どもが不安そうにしているのは，保育者（自分）が緊張したり不安だからと気づかされることがあります。互いに密接に関係しあっているのです。

　子どもの行動が問題だからと「やってはダメ」と一方的に禁止し（外在的・一者関係的）子どもを変えようとするより，今ここでの子どもの存在を信頼し，「〜したかったんだね」「どうしたらいいかな」「相談してみよう」等と子どもの内面や行動を受けとめ，保育者自身の関わり方を工夫し変えてみることにより，信頼し理解されたと感じた子どもは主体的に自らの行動も変化させていきます。人間関係の育みは，子どもも保育者も共に変化，成長することによって

実現します。

　三つには，今ここの保育状況のなかで子どもの行動を関係性という視点から，肯定的，多面的に捉えることです。すると人間関係に新たな視点，局面が生まれます。事例 1 - 1 - 2 のように，関係性を一者関係（外在，内在的かかわり方）から二者関係（外接，内接的かかわり方）へ，二者関係から三者関係（接在的かかわり方）へと，変化が誘われるよう関わり合いがなされていく過程や実践の創造は，人間関係の発展がもたらされ，子どもの豊かな発達と人格形成の基礎が培われていく大きな力となっていきます。

演習問題

1．事例 1 - 1 - 3 場面で，自分が保育者となった場合，どのようにするか考えてみましょう。

> **事例 1 - 1 - 3　事例 1 - 1 - 2 の園での展開例**
>
> 　4 歳児クラスの子どもたち 3 人で砂山を作っています。そこに同じクラスの TE 児が遊びを遮るように 3 人の間に入ってきました。そのとき 3 人のなかのひとりの子どもは強い口調で「邪魔なんだよう」と TD 児を押し返しました。

①子どもたちにどのように関わりますか。
②そのかかわり方を，三者関係，五つのかかわり方から考えてみましょう。

2．小グループ（3 ～ 6 人）になり，1 について理解を深めましょう。
①意見を出し合って話し合ってみましょう。
②各グループで出された内容を全体に向けて発表しあいましょう。

第 2 節　人格形成と発達の基盤としての人間関係

1．人と関わる力の源

　人は他者と関わるためにどのような力を持って生まれてくるのでしょうか。

また，それはどのように発達していくのでしょうか。本節では，人が発達初期
から備えている他者と関わるための力の源について，概観します。

（1）乳児の能動性

　かつては，ヒトの乳児は非常に未熟で無能な存在と考えられていました。し
かし，様々な研究方法が開発されるにつれ，実は乳児は生まれたその瞬間から
積極的に外界の情報を集め，周囲の人々に働きかけていることが明らかになっ
てきました。

　例えば，生まれた直後の乳児に大人の顔の表情を見せると，その表情を真似
ます。これは「新生児模倣」と呼ばれ，新生児の能力の高さを示しています。
また，乳児は見慣れないものや興味のあるもの，好きなものを長く見つめる性
質があります。この注視時間を測定することによって，乳児の記憶能力などを
明らかにできます。その他にも近赤外線分光法などのように脳の血流量を測定
する装置の開発などによって，比較的簡単に様々な場面での乳児の脳の活動を
間接的に明らかにできるようになりました。

　そして，ヒトの乳児は，誕生のその瞬間から，人とコミュニケーションをと
るための能力を数多く備えています。

　例えば，感覚器官は誕生時点でほとんどの機能が完成しています。新生児の
視力は0.01〜0.03程度といわれています。この0.02程度の視力は約20cmの距
離に最も焦点が合わせやすい視力です。そして20cmとは，養育者や保育者に
抱かれた乳児の目から養育者や保育者の顔までの距離に相当します（写真1‑2‑
1）。すなわち，乳児は養育者や保育者の顔に注意を向けやすい視力で生まれ
てくるのです。乳児は最も重要な他者である養育者や保育者に対し注意を向け
やすい視力で生まれ，人の顔に対して特別な注意を向け続けながら視覚を発達
させていき，それがその後のコミュニケーションの基礎の一つとなっているの
です。

　さらに聴覚においては，誕生前から人への志向性を強く示します。胎児期に
最も早くから発達しているとされるのが聴覚で，胎齢20週頃にはすでに機能は
完成していて，24〜25週には音刺激に対して反応し[9]，特に，成人の女性の声の

高さに最も良く反応します。新生児も人の
言語音に敏感な反応を示し，低い音域の声
（男性の声）よりも高い音域の声（女性の声）
の方を好みます。特に，高くゆっくりした
抑揚の豊かな話し方はマザリーズと呼ばれ，
乳児が最も好む話し方であり，模倣しなが
ら成長する乳児の情動や社会性の発達に重
要な意味を持ちます。また，新生児は，言
語音であれば母語にはない音であっても区
別できます。生後6〜10か月の間に母語に

写真1-2-1　母親に抱かれた乳児
　　　　　　の視線の先には母親
　　　　　　の顔

写真提供：筆者撮影。

ない音は母語の音韻体系に同化して知覚されるようになります。これは，自分
の母語環境に適応する形で，聴覚能力が最適化されると言えます。このように，
最初期から発達している聴覚と人の言語音に対する特別な感受性は，その後の
言語発達や社会性の発達を支える基礎の一つとなっています。

（2）人への志向性と積極的働きかけ

　「新生児模倣」や「生理的微笑」は，他者とのコミュニケーションを支え，
その後の乳児の発達を促進する役割を担っています。「新生児模倣」とは，生
まれた直後の乳児に大人の顔の表情を見せるとその表情を真似する行動を指し
ます。この「新生児模倣」は新生児の能力の高さを示しています。「生理的微
笑」とは，満腹でまどろんでいるときに現れる微笑のような表情です。これら
の乳児の行動は意図的ではなく，ほとんど意味のない行動であるにもかかわら
ず，養育者や保育者は乳児の生理的微笑や模倣や発声を可愛らしく思い，さら
に頻繁に働きかけるようになります。この他者からの頻繁な働きかけが乳児の
様々な発達を支え，やがて，乳児は相手を見て微笑み（「社会的微笑」），意図を
持って相手を真似する（「意図的模倣」）ように発達していくのです。これらの

9）昆かおり・加我牧子「聴覚の発達」小林登・早川浩編『赤ちゃんの病気（からだの科学増刊）』
　　日本評論社，1994年，pp. 20–33。
10）室岡一「母と胎児のきずな」永野重史・依田明編『母と子の出会い』新曜社，1983年，pp. 1–17。

行動や反応は，養育者や保育者が自分自身に注意を向けてさらに養育行動をするように仕向けるために，生得的に備わっていると考えられています。

　このように，ヒトは生まれながらに既に他者との関わりの基盤を備えています。そして，養育を受けながら育つ過程で，周囲の人々からの働きかけに反応し，やがて自分から意図的に他者に働きかけをするように育っていきます。

２．安全基地と自発・自立

　乳児は養育者や保育者から，自分の欲求にあった応答的で随伴的な関わりを繰り返し受けることによって，次第に特定の養育者や保育者を求め，信頼するようになります。このように養育者や保育者などの特定の人との間に生まれる情緒的な結びつきや信頼関係を「愛着」と呼びます。

（１）安全基地としての愛着

　例えば，乳児にとって泣くことは自分を適切に養育してもらうための重要な手段です。乳児はあらゆる欲求を泣くことで表現します。養育者や保育者は乳児の欲求を敏感に読み取り，適切な対応を取っていく必要があります。これが応答的で随伴的な関わりであり，「愛着」の形成にもつながる非常に重要なものです。

　かつては，このような「愛着」はいわゆる連合学習の結果生じると考えられていました。不快な状況を避けて快適な状態をもたらしてくれるという経験と，常に養育を担う人とが対連合として学習された結果，「愛着」が生じると解釈されていたのです。しかし，その後の研究から，身辺の世話をするかどうかは「愛着」の形成には重要でないということが明らかとなりました。例えば，双生児同士は互いに世話をするわけではありませんが，相互に「愛着」を持つことが多いといわれています。このようなことから，近年では，乳児がコミュニケーション（多くは非言語的なもの）をとれる相手に「愛着」を形成するという考え方が有力となっています。

　乳児にとって「愛着」の対象となった他者は，乳児の「安全基地」としての役割を持ちます。例えば，一時的に見知らぬ人と遭遇したり慣れない環境に出

会ったりしても，愛着対象である他者がそばにいれば，乳児は安心して居続けることが出来ます。そばに信頼できる愛着対象がいれば，乳児の不安や恐れはすぐに解消されるからです。

（2）自立から仲間関係へ

　このようにしっかりと信頼できる愛着関係を十分に経験することによって，乳児は次第に愛着対象から少しずつ離れていくことが可能となります。「自律」や「自発」の第一歩です。この「自律」や「自発」を可能としているのは，十分な安心感を与える安全基地としての愛着対象であるといえます。愛着関係を土台にして，子どもをとりまく人間関係は幼児期の広く複雑なものへと広がっていきます。言い換えれば，乳幼児期からの養育者や保育者，身近な他者とのやり取りを通じて人間関係の基礎が作り上げられ，その後の子ども同士の関わりや社会における人との関わりへとつながっていきます。

　幼児期に入ると，人間関係は家庭から仲間へと広がります。子どもの移動能力や認知能力の拡大に伴って，遊びの空間や生活の空間が広がっていきます。さらに保育所や幼稚園などの集団保育への参加も増えて，仲間とのやり取りが増加します。

　仲間とのやり取りは，大人とのやり取りとは異なる影響を与えます。同年齢や近い年齢の子どもたちとのやり取りを通して，子どもたちは相互にひきつけ合い，真似をし合います。楽しいやり取りだけでなく，時にはいさかいも経験します。子ども同士のやり取りや仲間の存在によって，大人との関わりからは学ぶことの難しい社会性や思いやりなどの向社会的行動，交渉スキルなどを身に付けていきます。

3．乳幼児期の学び方

　乳幼児期に学んでおきたいことは数多くありますが，最も重要なものとして，基本的なコミュニケーションスキルの獲得や周囲との信頼関係の形成と，生活習慣の形成や生活スキルの獲得とが挙げられます。これらは主に，生活と遊びを通して自然な形で学んでいきます。

　乳幼児期の学び方の基本は，生活しながら，遊びながら，自分が学んでいるとは知らずにたくさんのことを学ぶという形をとります。「学ぼう」という意識的な努力なしに，子どもたちは環境や自分自身についてなど多様なことを学びます。そのため，活動が子どもたちにとって楽しいものであること，意味のあるものであること，興味をひくものであること，などが非常に重要になります。言い換えれば，保育において重要なのは，生活や遊びにおける無意識な学びを支えるような環境を整えることだと言えます。

（1）乳児期

　乳児期は，子どもが自分の周囲のものに出会い，生活や活動が発展する中で，学びの芽生えが育ちます。

　言語的には未発達であるため，生活や遊びの様々な場面を通して，乳児が自ら周囲の人やものに関わっていこうと興味を持ち，実際に感覚運動的に体験していくことで，自然で能動的な学びが進みます。

　そのため，まず子どもの豊かに芽生える好奇心と探求心を尊重し，自由に環境を探索できる人的・物的環境を保障することが重要です。また自発的な探索活動を引き出すためにも，前節で述べた信頼できる他者との愛着関係が基盤となります。

　具体的には，まず，感覚運動的な活動が挙げられます。身体を動かし感じ取ることの楽しさや心地よさを感じることそれ自体が，乳児の学びの本質です。全身運動に大切な粗大運動，手指などの細かい動きを可能とする微細運動を，その子どもの発達に応じて活動の中に取り入れていくことが大切です。同時に，生活のリズムを徐々に整えていきます。乳児期は個人差が非常に大きいので，活動だけでなく，生活全体のリズムやペースもその子どもに合わせていく必要があります。

　さらに，乳児期の学びにおいては，養育者や保育者の受容的で応答的な関わりが重要です。受容的とは，子どもの思いや欲求などをありのままに受け取るような関わりです。応答的とは，子どもの声や表情・動きなどから子どもの欲求・要求を読み取り，タイミングよく応える関わりです。これらは子どもの学

び，さらには発達そのものに大きく影響を与える大切な基本的信頼関係や「愛着」の形成において非常に重要です。愛着関係を十分に経験することが，子どもが自律的・自発的に探索活動をするための基礎となるからです。そしてそのような愛着関係が基盤となって，言語獲得が進みます。乳児期，特に最初の1年間は有意味語のない「前言語期」ですが，その間にもやがて「言葉」を話すときが来るまでの心身の準備が進んでいます。その一つが先述した「愛着」形成と言えるでしょう。

　さらに，乳児は様々なものに触れ，口に入れ，何度も同じ遊びを繰り返します。そのような活動を通して，ものに関わる喜びを感じ，表情や手足，身体を動かしたりすることを楽しむことから，自然に多様な事柄を学び，表現することを覚えます。

（2）幼児期

　幼児期でも，学びの中心は生活と遊びです。そのため，安定した生活を保障すること，その中で自由な遊びを展開することが大切です。人的にも物的にも安定して安心した環境のなかで生活することで，子どもたちは，多様な環境にも積極的かつ主体的に関わって遊ぶことができるようになります。

　幼児期には記憶力，概念形成，推論能力の向上が進み，幼児期後期にはメタ認知能力も芽生え始めます。そのような認知能力の発達を基礎として，知識量も思考力も格段に増進します。

　しかし，繰り返しになりますが，幼児期においても学びの中心は生活と遊びです。したがって，乳児期同様に，習得を目指す活動内容に対して興味づけや意味づけを促すような働き掛けが重要となります。

　例えば，文字の読み書きに関しては，子どもたちが「文字は特別なものらしい」という気づきを持った頃に合わせて，文字を実際に使うような遊びを経験することで，一気に加速することがよく見られます。「文字は便利だ」という意味づけを持てることで，子どもたちは「手紙ごっこ」「かるた」などの遊びを通して，自然に読み書きを覚えていきます（写真1‒2‒2）。

　ここでも大切なのは，養育者や保育者との信頼できる愛着関係です。生活や

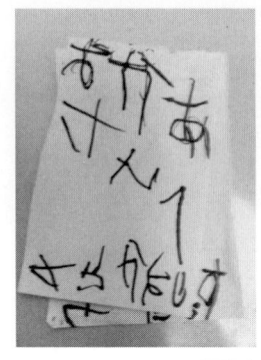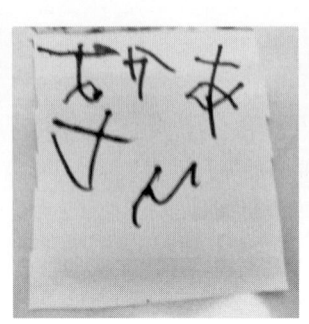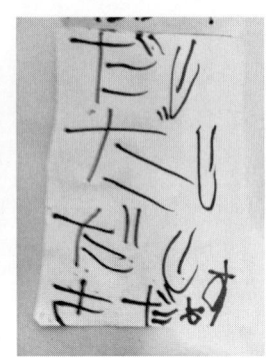

写真1-2-2　5歳女児が母（著者）にあてた手紙

注：左から「おかあさんへ　Ｓより」「おかあさん」「だいだいだいすきだよ」
写真提供：筆者撮影。

遊びの場を安心で安全な場に保障する役割として養育者や保育者は非常に重要です。生活や遊びの中で，子どもたちは時には不安を感じたり，失敗を経験したりするかもしれません。その時に，子どもたちの気持ちに寄り添って受け止めつつ，子どもたちの自己肯定感や自己承認を育てていくことが，不安や失敗を恐れずに挑戦し続けるしなやかな学びの姿勢を作ります。「面白そう」と思うものに積極的に関わろうとする子どもたちの「安全基地」として，養育者や保育者が役割を果たす必要があります。養育者や保育者は，子どもの自発的な活動としての遊びを通して，総合的な学びの実現を目指します。そして，遊びを通して子どもたちがどのような経験をしているかを共感的・総合的に捉え，働きかけを考えていきます。その際，子どもの主体性が十分に発揮できるように配慮することも大切です。

　また，幼児期の後半には，「意識的な学び」が可能になる子どもも増えてきます。例えば，入園式などで整列し声をそろえて歌う練習や，楽器の演奏を繰り返して行うなどの活動を，楽しそうにやり始めます。これらの活動は，「できない」自分から「できる」自分へ，意識的な努力感をともなったプロセスを経て移行できるという意味で，貴重といえます。しかし，一方で，過度に「知識の詰め込み」や「技術の習得」を狙った学習方法には注意が必要です。このような「詰め込み式」の学習方法は，子どもの生活と遊びをゆがめ，そもそも

有能な学習者である子どもの無意識の学びを貧困にしてしまう危険性も考えられるためです。したがって，意識的な学習が可能になり始める幼児期後半には，意識的な学習によって学習内容を詰め込むことより，意識的な学習が可能になる構えや態度を身に付けることを目指して活動を導入することが大切です。

（3）乳幼児期の愛着関係の重要性

　以上，人格形成と発達の基盤としての人間関係を概観してきました。

　一貫して言えるのは，乳幼児期に養育者や保育者といった身近な人々との安定した愛着関係を築いておくことの重要性です。子どもたちは様々な変化に出会います。変化はどのようなものであれ，子どもたちに大きなストレスを与える可能性があります。そのようなストレスを乗り越えて，しなやかにたくましく生きていく力を「レジリエンス」と呼びます。この「レジリエンス」によって，子ども自身が「自分は愛されている」「大切にされている」と感じていることが重要であると考えられています。そのような子どもは自己肯定感も高く，自分自身を大切にすることができます。そして，安定した愛着関係を経験した子どもは，その関係をモデルとして他の子どもとの人間関係を築くことが出来ます。乳幼児期に安定した愛着関係を経験した子どもの方が，児童期以降にクラスの中で肯定的な人間関係を築きやすいという報告は数多くあります。「自分は他者から愛されており，他者は信頼できる」という発達初期の体験が，その後の良好な人間関係の基礎となるのです。乳幼児期を通して，特に様々な能力が質的・量的に目覚ましく発達する幼児期後半に，身近な人々との愛着関係を十分に経験し，自己肯定感を育てておくことが，子どもたちの生涯において重要です。

　また，何事に対しても好奇心旺盛でいられるような性質を育てていく働きかけも重要です。人間関係に関しても同様で，他者との関わりを楽しみ，やり取りを発展させようとする気持ちは，他の子どもたちと共に遊び，協力して何かをやり遂げようという活動を通して育まれます。他者やものに対する子どもたちの興味や好奇心や意欲などに働きかけ，それらを伸ばしていくような関わりを大切にし，やり取りや物事を楽しむ姿勢，得た知識を使おうとする動機づけ

を育てていくような関わりこそが重要と言えます。

演習問題

1．日常生活の中で見かけた親子等，大人と子どもが一緒に過ごしている場面を，「子どもウォッチング」をしてみましょう。

①子どもが安心している，あるいは，興味や意欲を示している場面では，子どもの表情や，何に注目して行動をしているか等，子どもの視線の先をなぞりながら考えてみましょう。

② ①の子どもの様子について，子どもにはどのような思いやつもりがあるのか，また，子どもが周りのものや人をどのように感じたり考えたりしているか，想像してみましょう。

2．小グループ（3～6人）になり，1について理解を深めましょう。

①互いに子どもウォッチングの場面を紹介し，子どもにとっての「安全基地」，「愛着」，「信頼」，そして，子どもと大人の人間関係などについて，感じたこと，気づいたことを出し合ってみましょう。

②各グループで出された内容を全体に向けて発表し合う等，共有しながら理解を深めましょう。

第3節　乳幼児期の人間関係と人格形成——保育場面から

1．乳幼児の育ちと人格形成

（1）人として育つということ

　子どもは自ら育つ存在です。子どもは周囲の人やもの，環境と関わりのなかで自己を形成していきます。

　乳幼児期は子どもの人としての育ち，人格形成の基盤が作られていく時期です。人格とは，人間性，品性，徳性，人柄ともいわれ，人間としてのその人の在り方を示し，その形成は人が周囲と関わり自己を形成していく過程と大きく関連します。人格（personality）と似た言葉として「性格（charaker）」があります。「人格」が人間としての総体的な在り方を表わすことに対して，「性格」は

行動や考え方のその人その人の多様な個体差があるものとして示されます。

　この「性格」について，松村は「人間はだれでも自己とかかわり，人とかかわり，物とかかわりながら生活している」「幼児の性格は，自己と人と物とがかかわって，形成される。」「保育者にとっては，自己と人と物とのかかわり方が発展する理論や技法を必要とする。幼児教育が目指す自発性・創造性などが形成されるようにするためには。」と述べています。ここでは，子どもの人格形成，性格形成の基礎を培うことについて，具体的には，子どもの「自己形成」という言葉で述べていきます。

　まず，保育場面における子どもの活動から，子どもの自己が育つということについて考えてみましょう。私たちが子どもと出会うとき，目前にいる子どもの自己の世界とはどのようであるのでしょうか。津守は次のように述べています。[12]

　　　幼い子どもが目を開いて，自分の周囲の世界に気が付いたとき，そこにはすでに物があり，人がいる。子どもは，心ゆくまで，さわったり見たり動かしたりするうちに，次第にそのものの性質や可能性を発見してゆく。それと共に，子どもは，自分ができることと，できないことを確認し，自分が何をしたいのか，心の奥底で何を望んでいるかを知っていく。それは，自分の活動を十分に追求することによってなされる。子ども自身が生み出す活動を，大人が承認し，共に参加し，喜び会うときに，それは相互の世界の現実となる。こうして子どもは，生まれたときから，世界の中に生き，世界の理解を深めつつ，自己実現をし，活動を生み，現実をつくっていく。

　どの子どもも，誕生（胎児期からも）直後から，周囲の世界とつながりあい，人間として成長（自己形成，自己実現）していく存在です。この周囲の世界とのつながりあいには，乳幼児期の子どもに日々接し，人間関係を結ぶ保育者の役

11）松村康平『幼児の性格形成――関係発展の保育』日本私立幼稚園連合会編，ひかりのくに，1976年，pp. 18～20。
12）津守真『自我のめばえ――2～3歳児を育てる』岩波書店，1985年，p. 3。

割が大変重要であることはいうまでもありません。さらに，日々子どもと一緒に活動していくなかで，保育者も子どもと関わり，育ちあってこそ，少しずつ子どもの自己の世界が了解されることあるでしょう。

　倉橋は『育てのこころ』の「こころもち」のなかで次のように述べています。[13]

　　　子どもは心もちに生きている。その心もちを汲んでくれる人，その心もちに触れてくれる人だけが，子どもにとって，有難い人，嬉しい人である。子どもの心もちは，極めてかすかに，極めて短い。濃い心もち，久しい心もちは，誰でも見落とさない。かすかにして短き心もちを見落とさない人だけが，子どもと共にいる人である。

　また，津守は，保育者が子どもと接するときの心情や在り方を次のように述べています。[14]

　　　たまたま出会った子どもと，ほんのひとときでも一緒に落ち着いた時間を過ごすと，子どもは私に親しみを寄せ，手もとのつみきや，足もとの小石を差し出してくれる。その小さな時間と空間の中に，子どもは自らの世界を開いて見せる。おとなもまた，思いがけない異質な他者の小さな世界の中にはいりこむときに，生活の全体が温められるのを感じる。さらに子どもとの交わりをつづけることが許されるならば，子どもはその世界を創造的に展開して見せてくれるだろう。

　次に初めて集団生活を経験した AK 児（1歳4か月）の事例を紹介しましょう。

事例1-3-1　初めての集団生活との出会い　1歳4か月　AK 児
　4月の入園した頃は，親から離れるのを嫌がり，泣く AK 児を保育者が優し

---

13) 倉橋惣三『育てのこころ』フレーベル館，1988年，p. 34。
14) 津守真『子どもの世界をどうみるか──行為とその意味』NHK 出版，2007年，p. 9。

く抱っこしたり，家から持ってくることを許された馴染みのタオルを持ち，部屋の落ち着く場所で過ごしていた姿（写真1-3-1）がありました。5月になると，他の子どもも遊んでいる園内の人工芝が敷かれた小さな庭で，保育者が見守るなかで，元気に走る姿（写真1-3-2）が見られます。

写真1-3-1　タオルを持ち安心する（4月）
写真提供：さくらさくみらい目黒。

写真1-3-2　ヨーイドンで走る（5月）
写真提供：さくらさくみらい目黒。

事例1-3-1（写真1-3-1，1-3-2）のAK児1か月間の変化の背景には，親から離れ集団生活の中で体験しているAK児の自己の世界を意味あるものとして肯定的に感受し，また，AK児と他の子どもたちとの関わりを活かして，共に自発的・創造的な活動を実現しようとする保育者の存在があります。さらにAK児の表情や行動からは，安心感や自己肯定感が増していることがうかがえます。同時に，走るという運動面の成長，また，走りやすい安全に配慮された環境があります。また，あたたかく見守り「ふれーふれー」と応援する人（保育者，年上の子どもたち）の関わりという人的環境があります。

写真1-3-3　砂場で車を使って遊ぶ二人
写真提供：さくらさくみらい目黒。

園に入園し1年もたち，2，3歳に

なってくると，友達同士のつながりが大きく変化します。写真1‒3‒3のように，砂場で，子ども同士，玩具を仲立ちにして，遊びに没頭する姿も見られます。

（2）乳幼児期の人間関係を通した世界の広がりと人格形成

　子どもは，大人に日々の世話をされ，あやされながら，笑ったり泣いたり，声を出して自己主張したりと，人や物と関わりを持って育ちます。そして，大人を仲立ちに，新しいものに触れ，他の子どもたちと出会い人間関係を広げ，社会で生きていく上での入口である基本的生活習慣等のルール（挨拶やトイレでの排泄その他）を知ります。その中で，子どもは様々な感情を体験し，自分の思いや意思がはっきりしていきます。乳幼児期の自己，人，物が関わり合いながら育つ子どものありようについて，松村は，以下のように述べています[15]。

　　乳児の，例えば自分がいて，自分の思いのままに動き，おとながその活動を助成しながらいる，このような存在の仕方から身近なおとなが媒介となって新しい物（自然物や社会的なきまりなども含む）や人（子ども，仲間）に出会い，そういう人と物ともいっしょに活動する必要性に対応して，幼児の自己と人と物の相互的なかかわり方（接在性）が形成されていく。

　子どもは，子ども自身として育ちつつあり，同時に人や物と関わりながら育っています。この，自己，人，物の関わりは，子どもの成長発達に応じて，その関わり方が変化していきます。

2．乳幼児期の人間関係の特徴と人格形成
（1）乳児期（生まれてから歩き始めるまで，0歳児クラスの頃）

　乳児は，泣く，笑う，声を発する，見つめる，あるいは黙り込む，手を差し出す等，表情や行動で，自分の欲求や思いを表現しています。保護者や担当保

15）松村康平「保育実践の原理と発達に関する考察」山地田敏郎古希記念論文編纂会編『子ども──その発達・保育・福祉』玉川大学出版部，1973年。

育者は子どもの様々な表現に込められている子どもの思いや子どもなりの理由
を汲み取ろうと，子どもに寄り添い，受け入れ応じます（内接的かかわり方）。

　このような特定の人との寄り添い寄り添われる関係を通して，子どもは安心
できる人と感じ，大人は特別な子どもと感じ，親密な情緒的相互関係が培われ
ます。そして，子どもは基本的信頼感を確立し，さらに，未知の世界や未知の
ものにも好奇心を抱き，心の安全基地である人に見守られ付き添われながら，
新しい体験を重ねていくことができます。[16)]

> **事例 1-3-2　登園時の保護者との別れの場面　1歳0か月　AU 児**
>
> 　登園してきた AU 児は，まだうとうとしています。AU 児の保護者は，着替
> え等の荷物を棚に収め，急いで仕事に向かおうとしていました。保護者が離れ
> ようとしたとき，保育者に抱かれた AU 児は，はっとしたように目を覚まし，
> 泣き出しました。

　この事例では，保護者は，子どもが泣かないように子どもに気づかれないう
ちに出かけようとしたのですが，子どもにとっては，自分の知らない間に保護
者がいなくなったと不安に感じたかもしれません。保護者との分離不安から後
追いが激しくなることもしばしば見られます。

　それでは，子どもと保護者が別れる登園場面でも基本的信頼感を培うには，
どのような関わりができるでしょうか。

　ある園では，登園の時に，保育者が「パパ（ママ）はお仕事に行くよ。一緒
に行ってらっしゃいをしようね。それから大好きなおもちゃで遊ぼうか。」と，
子どもの寂しい気持ちを受け入れつつ，園で安心して過ごせるように笑顔で働
きかけます。さらに保護者と子どもの関係を橋渡しして「お迎えに来てくれる
から大丈夫」「行ってらっしゃーい，お仕事がんばってね。遊んで待ってるねー」
等，子どもと一緒に保護者に呼びかけています。担当保育者は，子どもの気持
ちに添って援助し，子どもにとって園での心の拠り所となります。また，保育
者は，保護者が子どもの気持ちに添った関わりをする手掛かりを伝えて，親子

---

16) Ericson, E. H, *The Life Cycle Completed*, 1982, 村瀬孝雄・近藤邦夫訳『ライフサイクル，その
　完結』みすず書房，1989年。

の仲立ちをし親子の信頼関係も強まるように支援をします。

（2）幼児前期（1歳児クラス～2歳児クラスの頃）

　子どもが自分で歩き始めると，毎日が新しい体験との出会いの連続です。ド
キドキわくわくしながら，何でも自分でやりたいといった自主性も伸びていき
ます。一方，保育者にとっては，食事や排泄，衣服の着脱などの子どもの基本
的な生活習慣の形成といった課題も出てきます。子ども同士の人間関係では，
言葉よりも行動で自分のつもりを表わします。ハイタッチや頭をなでたりする
一方，突き飛ばしたり，かみついたり，物を壊したりする行動も見受けられま
す。

　では，子どもの人格形成をふまえ，保育者はどのような人間関係を結んでいっ
たらよいのでしょうか。

　子どもの好奇心や意欲を尊重し受けとめつつ（内接的かかわり方），心の安全
基地となりながら新しく出合う困難さ（課題）との橋渡しをします。新しいも
のに子どもが関心を示すと，言葉を添えながら子どもと一緒に眺め，玩具など
を触って動かしてみます。気持ちに余裕がでてくると，子どもは安全基地であ
る人の元を少し離れて自分だけで出かけて試し，また何か不安なことがあると
安全基地に戻ることを繰り返しながら，活動範囲を広げていきます。

　子ども同士のもめごとの場面も増えます。子どもは「このようにしたい」と
いう思いを言葉で表現したり，相手の思いを汲み取ったりが十分でなく，とっ
さに手が出たり噛みついたりという形で自己主張してしまうのです。遊びたい
気持ちが，相手を追いかけ叩く，押す，急に抱きつく，という表現となること
もあります。保育者は，子どもの気持ちを受け止め言葉に置き換え（内接的か
かわり方），また，相手の思いを言葉にして子どもが相手の思いに気づくように
関わります。また，どのように振る舞うかを見せ，仲立ち（接在的かかわり方）
をします。

　子どもの間でかみつきなどの問題が出る場合には，いくつかの工夫が必要で
す。まず，空間に対して子どもの人数が多く混みあっている場面では，かみつ
きが多くなるので，子どもの個々の空間と安全を確保できるようコーナーや衝

立などを活用しながら環境構成の工夫を行うのも一案です。傷を確認し冷やすなどの保健的対応もします。かまれた子どもは驚きと痛みで大泣きをし，また，かみついた子どもも，相手が泣き出したことにはっとして，自分も泣き出したりその場から逃げ出したりします。保育者は，子どもが相手の様子を互いに気づくようにしながら（外接的かかわり方），それぞれの思いを言葉にしたり（内接的かかわり方），別の表現方法等を一緒に探したり（接在的かかわり方）します。

　仲間とのやり取りや基本的生活習慣などの社会のルールを身に付ける場面では，保護者や保育者は，どのようにしたらよいかモデルを示して物事を伝えるという外接的なかかわり方もしています。子どもがやりたいと思ったことが危険であるときには，決まり事や物事の良し悪しを，理由とともに簡潔に伝えます。そして，子どもが周囲の人をモデルに，社会のルールを納得して取り入れていけるように橋渡しをするという接在的かかわり方をする場面が増えていきます。

> **事例 1-3-3　パンツが濡れちゃった　2歳　AT児**
>
> 　AT児はおむつからパンツへと排泄の自立に向けて練習中です。友達がトイレで用を足すのを見て，自分もトイレでおしっこをしようと思っています。
> 　ところが，今日はトイレに行く途中で間に合わず，パンツが濡れてしまいました。

　このような場面で，保育者に「お漏らししちゃったの。駄目ね。」と言われれば，子どもは恥ずかしい気持ちでその後の意欲をなくしてしまうかもしれません。一方，「自分でトイレに行こうとしたのね。まだ出るかもしれないからトイレに座ってみよう。それから新しいパンツを履こうか。」と，話すこともできます。これは，子どもの自尊心を傷つけず，自分でやろうとした意欲を認め，自分でできる，やりたい気持ちを実現する提案をする関わりになっています。「失敗しても大丈夫」というメッセージも伝えられます。このようにして，子どもが，またやってみようという意欲や意思を持てるように関わることが大切です。

（3）幼児前期から後期への転換（2歳児クラス～3歳児クラス頃）

　2～3歳頃は，大人が仲立ちしつつ子ども同士の関わりが盛んになってきます。ほかの子どもたちが思い思いに遊んでいる様子に興味や関心を持ちます。子どもが自分の思いを発信し自己主張していく，自我の目覚めの時期です。大人，他児や社会のルールと自分の思いがぶつかる場面が多くなります。大人はこのような子どもの行動を，言うことを聞かなくなった，わがままになった，反抗している，などと感じることがあります。一方，子どもは，自分のことをわかってくれない大人への不信感が生じがちです。このような時期では，より一層，大人や保育者の関わり方は重要です。

> ### 事例1-3-4　2歳児のボール遊び
>
> 　AA児が青いボールを持って投げたり蹴ったりと遊んでいます。近くにいたBB児が赤いボールを持っているのに気づき，AA児はBB児のボールを取ろうと赤いボールを抱え込みます。保育者が「BBちゃん，こっちのボールどうぞ」と青いボールをBB児に渡し交換して，これでけんかにならずにすむかと思えば，AA児が今度はBB児の持っている青いボールがほしいと訴えます。
> 　保育者が「AAちゃん，BBちゃん，ボールが行くよ」と間をつなぎながら，ボールを二人に交互に転がすと，二人とも嬉しそうに，保育者や互いの様子を見ながらボールを追いかけて遊びました。その後も，AA児はBB児の後をついて歩き，いつしか，互いを意識しあって遊ぶようになりました。

　同じ玩具を持っていても，ほかの子どもが持っている物が欲しくなり取るなどということが起こります。「同じ」と説明しても，相手の子どもと玩具を取り替えても，相手の持つ玩具が欲しくなる，という様子です。これは，物への興味とともに仲間への関心が育ってきたからこその関わりです。人や物への興味や関心の広がりとともに自分自身の様々な思いを体験し「自分の意思」が明確になり，自己主張します。

　保育者は，その場面での子どものつもりや意図を受けとめ，内接的なかかわり方で，共感しながら子どもの気持ちを言葉にしてみます。また，相手の表情やしぐさにも気づくようにしながら相手にも相手の思いがあることを伝え，援助します。さらに，どのようにしたら，互いに納得できるかの解決に向けて，

提案や相談をしながら（接在的かかわり方），保育者も一緒に話し合ったり，関わり方を示して見せたりして，関係体験を豊富にするよう工夫していきます。

　このように，保育者とともに，日々の仲間との楽しい遊びと，時には激しいいざこざ等の人間関係の危機の両方を経験しながら，子どもの自我が育ちます。相手との人間関係の結び方，仲直りの仕方，互いを尊重する仲間関係等の接在的なかかわり方の原体験を重ねながら，幼児後期への自己形成が進んでいきます。保育者の関わり方は，子どもの人との関わり方のモデルとなり，子どもの人間関係の学びに重要な役割を果たします。

（4）幼児後期（4歳児クラス〜5歳児クラス頃）

　幼児期の子どもの生活は，子ども同士の遊びが中心となります。特に4，5歳児クラスの頃である幼児後期は，仲間とのやり取りや遊び，そして取り組みたいものへの挑戦の経験を積み重ねながら成長していきます。

　子どもたちは，主体性を発揮しながら保育者とアイデアを膨らませ，さらに仲間同士でもそれぞれの思いや意見を出し合いながら行動するようになっていきます。周囲から喜ばれ，褒められ，自分たちだけで何かを成し遂げようという意欲が増します。思い通りに行かず失敗したり，度が過ぎたり，良かれと思ってしたことが危ないことであったり他人に迷惑をかける結果となってしまうこともあります。このように，うまくいったり行かなかったりの両方の経験から学んで目的を意識して行動したり，遊びや生活の中で必要な役割や係を受け持ったり，自ら手伝いを買って出たりなど，仲間と共同してそれぞれの場面に必要な役割を果たしながら関わり合う姿も見られるようになります。

> **事例1-3-5　やってあげたら「自分でやりたかった」と泣かれてしまった
> 　　　　　　　5歳児**
>
> 　布団をたたむお手伝い係のAR児たち5歳児4人組が，3歳児クラスにやってきました。4人は張り切って手際よく布団をたたんでいきます。
> 　ところが，半分ほどの布団をたたんだところで，3歳児のBT児が「自分でやりたかったー」と大泣きしてしまいました。4人は予想外の展開に落ち込ん

でしまいました。
　「BT ちゃん，自分でたたみたかったのね」と３歳児の担任保育者が受けとめると，「BT ちゃんがたたむの，ここで見てるね，応援するからね」と AR 児たちも見守りました。
　BT 児は，おねえさん，おにいさんの注目の中，嬉しそうに得意げに自分で布団をたたんで見せました。
　５歳児４人組は，「この次は，３歳さんに，『たたもうか？　それとも一緒にたたむ？』って聞いて，お手伝いしようか。」「３歳さんでも『自分でやりたい』って言う子もいるもんね」「応援しながら待って，ちょっとだけ手伝ってあげるといいかな」等と話しながら，戻っていきました。

　保育者は，子どもたちを見守り，必要に応じて，子どもたち自身が共に考え，言葉にして伝え合う機会をつくります。子どもたちは，自ら行ったことに端を発した様々な戸惑いを経験し，保育者と共に自分の思いや考えを言語化し話し合う経験を重ねます。そして，子どもたちに，目的を意識し，共同して物事に取り組む力が育まれていきます。

　この時期の子どもの関わり方の特徴は，「接在的なかかわり方がまず大人（保育者）との関係で成立し，これを発展的基盤として，自己接在（自覚的な在り方，人との接在，物を活かし創造的につくること），子どもとの接在（物の共有，共同，役割遊び）などが可能になること[17]」といえます。

　「園などで，接在性を包含した自発的創造的な役割遊びが実践されることにより，人・物・自己が統合的にかかわって現実類似の世界が構成される活動が展開し，子どもの人間関係のゆたかな発達，対人多様性も促される[18]」でしょう。

　保育者自身も，子どもたちが直面する様々な状況や場面に応じて，臨機応変に，子どもたちが互いを尊重しながら協力して物事を解決していく力が育つように，関わったり見守ったりすることが必要となります。子どもが人の気持ちを知り，物事を探求し，様々な局面を協力して解決していこうとする力，自主

---

17) 前掲５。
18) 吉川晴美「幼児期の人間関係の発達」吉川晴美・松井知子編著『人間関係の理解と心理臨床』慶應義塾大学出版会，2017年，p. 86。

的に仲間関係を調整し，解決策を考えていく力，活動場面に必要な役割を担い
あって共同する力等の，接在性，対人多様性を育んでいくことが期待されます。[19]

演習問題

1．日常生活の中で見かけた，親子が一緒に過ごしている場面に出向き，「子ども
　ウォッチング」をしてみましょう。

2．子どもが成長するにつれて変化する子どもと大人の人間関係について，具体的
　な場面と照らし合わせて考えてみましょう。

3．小グループ（3〜6人）になり，1，2，について理解を深めましょう。
①互いに子どもウォッチングの場面を紹介し，子どもにとっての乳児期（0〜1歳
　頃），幼児前期（1〜2歳頃），幼児前期から後期への移行期（2〜3歳頃），幼
　児後期（4〜5歳頃）の各時期に特徴的な人間関係，どの時期も共通している人
　間関係などについて，感じたこと，気づいたことを出し合ってみましょう。
②各グループで出された内容を全体に向けて発表し合う等，共有しながら理解を深
　めましょう。

19）同前掲。

第 2 章

保育内容「人間関係」の理解

保育のよりどころである幼稚園教育要領，保育所保育指針，幼保連携型認定こども園教育・保育要領には，全ての子どもたちの育ちを支えるために，共通して保育内容 5 領域が示されています。そのねらいと内容には，社会の要請に応じて変化するものと，常に子どもにとって大切で変わらないものの両方が含まれています。保育内容「人間関係」について学びます。

第 1 節　領域「人間関係」のねらいと内容

　幼稚園教育要領，保育所保育指針，幼保連携型認定こども園教育・保育要領の領域「人間関係」には，幼児の人と関わる力を育むために保育者が指導する内容や幼児が経験を通して身に付ける事項がまとめられています。本節では，現代社会の課題を踏まえて，幼児教育・保育の社会的役割，保育者が担う役割を考察し，領域「人間関係」について理解を深めましょう。

1．子どもを取り巻く環境と現代的課題

　子どもを取り巻く環境から「時間」「空間」「仲間」の「3 間（サンマ）」が喪失したと言われる現代社会において，乳幼児が人と関わる力を向上させるためにどのようなことが課題となるのでしょうか。この三つの「間」の前に“遊ぶ”を加えて考えてみるとイメージが膨らむと思います。

　子どもたちが大人のライフスタイルに合わせている傾向にある現代の生活では，乳幼児が今やりたいことを実現しながら日々を過ごすことが難しいと言えるでしょう。また，現代の子どもたちは，子どもを取り巻く大人の価値観や教育観の変容により，習い事などで多忙な日々を過ごしています。つまり，日常生活の中で「“遊ぶ”時間」が確保されていないのです。地域の公園からは安

全面を重視し遊具が撤去されているばかりでなく，「○○してはいけません」といった禁止事項が書かれた看板の多さに驚く現状です。公園で遊ぶ子どもたちの声がうるさいと苦情が寄せられたことを理由に自治体が管理している公園が閉鎖されるニュースもありました。子どもたちの生活拠点である地域から安心して「"遊ぶ"空間」が姿を消しています。さらには，歯止めのかからない少子化の影響により，「"遊ぶ"仲間」もいない現状です。子どもたちの生活から遊ぶ時間，遊ぶ空間，遊ぶ仲間が喪失した現代社会において，今を生きる乳幼児たちは，いつ，どこで，どのように人と関わる力を身に付け，向上させるのでしょうか。

　また，現代社会では，デジタル化や効率化の影響が大きく，大人が子どもの育ちのために必要な「手間」をかける機会も減少しているように感じます。このことは乳幼児の経験不足につながる危機的な状況とも言えるでしょう。この手間というもう一つの「間」を加えた「4間」の喪失と言われる未来も想像に難くない現状があります。

　このような現代社会における課題を理解し，乳幼児の人と関わる力を育むためにはどのような経験が必要かを広い視野で理解するとともに，幼児教育・保育が人と関わる力を育むために果たす役割は，これまで以上に大きいことを保育者を目指している皆さんが理解する必要があります。

2．幼児教育の目標と人間関係

　幼稚園の目的（学校教育法第22条）である「幼児の健やかな成長のために適当な環境を与えて，その心身の発達を助長する」を達成するために，五項目の目標（学校教育法第23条）が挙げられています。それらの項目が各領域として具体化し，実践へとつながっています。今，皆さんが学修している領域「人間関係」にかかる目標が二項目目の「集団生活を通じて，喜んでこれに参加する態度を養うとともに家族や身近な人への信頼感を深め，自主，自律及び協同の精神並びに規範意識の芽生えを養うこと。」です。信頼感・自律・協同性・規範意識の芽生えが幼児教育における人と関わる力の育ちに関するキーワードとして挙げられます。これらは，人との関わりにおいて，方向性を与える重要な役割を

果たします。しかし，子どもを取り巻く環境の変容に伴い，家庭や地域社会で経験を通して身に付けることが難しくなりつつある現状も，現代社会における改善すべき課題と言えます。それらを幼児教育という集団生活の場において，「みんなが同じ」であることを経験を通して学ぶのではなく，「一人一人が唯一無二の存在」であることを前提として個性を尊重し，関わり合いを通して学び，人と関わるうえで大切な力を身に付けることの必要性を改めて考える必要があります。

学校教育法
第二十二条
　　幼稚園は，義務教育及びその後の教育の基礎を培うものとして，幼児を保育し，幼児の健やかな成長のために適当な環境を与えて，その心身の発達を助長することを目的とする。
第二十三条
　　幼稚園における教育は，前条に規定する目的を実現するため，次に掲げる目標を達成するよう行われるものとする。
　一　健康，安全で幸福な生活のために必要な基本的な習慣を養い，身体諸機能の調和的発達を図ること。
　二　集団生活を通じて，喜んでこれに参加する態度を養うとともに家族や身近な人への信頼感を深め，自主，自律及び協同の精神並びに規範意識の芽生えを養うこと。
　三　身近な社会生活，生命及び自然に対する興味を養い，それらに対する正しい理解と態度及び思考力の芽生えを養うこと。
　四　日常の会話や，絵本，童話等に親しむことを通じて，言葉の使い方を正しく導くとともに，相手の話を理解しようとする態度を養うこと。
　五　音楽，身体による表現，造形等に親しむことを通じて，豊かな感性と表現力の芽生えを養うこと。
注：下線は筆者。

3．保育所の目標と人間関係

　保育所の「子どもが現在を最も良く生き，望ましい未来をつくり出す力の基礎を培う」という目的を達成するために，六項目の目標が挙げられています。その三項目目が，保育における人と関わる力の育ちに関する目標です。愛情・

自立・協調性・道徳性の芽生えがキーワードとして挙げられます。

保育所保育指針　第 1 章　総則　1　保育所保育に関する基本原則

(2)　保育の目標

ア　保育所は，子どもが生涯にわたる人間形成にとって極めて重要な時期に，その生活時間の大半を過ごす場である。このため，保育所の保育は，子どもが現在を最も良く生き，望ましい未来をつくり出す力の基礎を培うために，次の目標を目指して行わなければならない。

（ア）十分に養護の行き届いた環境の下に，くつろいだ雰囲気の中で子どもの様々な欲求を満たし，生命の保持及び情緒の安定を図ること。

（イ）健康，安全など生活に必要な基本的な習慣や態度を養い，心身の健康の基礎を培うこと。

（ウ）人との関わりの中で，人に対する愛情と信頼感，そして人権を大切にする心を育てるとともに，自主，自立及び協調の態度を養い，道徳性の芽生えを培うこと。

（エ）生命，自然及び社会の事象についての興味や関心を育て，それらに対する豊かな心情や思考力の芽生えを培うこと。

（オ）生活の中で，言葉への興味や関心を育て，話したり，聞いたり，相手の話を理解しようとするなど，言葉の豊かさを養うこと。

（カ）様々な体験を通して，豊かな感性や表現力を育み，創造性の芽生えを培うこと。

注：下線は筆者。

4．領域「人間関係」として目指すこと

　幼児教育における人と関わる力の育ちに関する目標である「集団生活を通じて，喜んでこれに参加する態度を養うとともに家族や身近な人への信頼感を深め，自主，自律及び協同の精神並びに規範意識の芽生えを養うこと。」と，保育における人と関わる力の育ちに関する目標である「人との関わりの中で，人に対する愛情と信頼感，そして人権を大切にする心を育てるとともに，自主，自立及び協調の態度を養い，道徳性の芽生えを培うこと。」について考えます。

　幼児教育と保育における人と関わる力の育ちに関する目標は，それぞれが異なる事項を挙げていると捉えるべきでしょうか。キーワードを対比して考えてみましょう。

　まず，信頼感と愛情です。これらはどちらも人と関わるうえで必要不可欠です。乳児期に愛情豊かに応答的な関わりをしてもらうことにより，幼児期に周囲の人々に信頼をもって関わる力が身に付きます。

　次は自立と自律です。自立とは自分のことを自分の力でやり遂げることを意味します。一方で自律は，周囲との関わりの中で調和をとりながら自分のことを自分の力でやり遂げることを意味します。自分のことをどのような状況の中でやり遂げるかという点に違いがあります。つまり，乳幼児の発達過程を考えると自立から自律へと移行すると言えるのです。

　このように，幼児教育における人と関わる力の育ちに関する目標と保育における人と関わる力の育ちに関する目標は，表現は異なりますが目指す方向は同じであることがわかります。協同性と協調性，規範意識の芽生えと道徳性の芽生えについても同様です。この，表現の相違は，それぞれの場で生活する子どもたちの発達段階への配慮と考えることができます。

5．領域「人間関係」のねらい

　平成29（2017）年に告示され，平成30（2018）年4月1日から施行されている，幼稚園教育要領，保育所保育指針，幼保連携型認定こども園教育・保育要領（以下，三法令）は，初めて同時期に告示され，一斉に施行されました。このことは，幼稚園，保育所，こども園が幼児教育を行う施設として明確に位置付けられたことを意味します。そのため，「他の人々と親しみ，支えあって生活するために，自立心を育て，人と関わる力を養う。」という領域「人間関係」の目標と満3歳以上の領域「人間関係」のねらいは共通しています。

　幼稚園教育要領第2章に，ねらいは，「幼稚園教育において育みたい資質・能力を幼児の生活する姿から捉えたもの」と説明されています。領域「人間関係」のねらいは三項目です。平成30（2018）年4月1日から施行されている三法令では，二項目の下線部「工夫したり，協力したりして一緒に活動する楽しさを味わい，」が加筆されました。「3間」が喪失していると言われる現代社会においては，必要不可欠な経験と言えます。また，この部分が加筆されたことから，家庭や地域社会において経験することが難しいことを幼児教育・保育

の場で経験することの必要性と幼児教育・保育に対する社会的な期待の大きさがわかります。

幼稚園教育要領　第2章　ねらい及び内容　人間関係
1　ねらい
（1）　幼稚園生活を楽しみ，自分の力で行動することの充実感を味わう。
（2）　身近な人と親しみ，関わりを深め，<u>工夫したり，協力したりして一緒に活動する楽しさを味わい，</u>愛情や信頼感をもつ。
（3）　社会生活における望ましい習慣や態度を身に付ける。
　　注：下線は筆者。

6．領域「人間関係」の内容

　幼稚園教育要領第2章に内容は，「ねらいを達成するために指導する事項」と説明されています。これらの十三項目からは，幼児教育において自主・自律，根気強く物事に取り組む姿勢，共感性，他者理解，協調性と協同性，道徳性と規範意識，思いやり，共有する姿勢，周囲の人々との関わりと理解，などを経験を通して育むということが具体的に見えてきます。そして保育者は幼児期にこれらのことを育むために，個に応じた適切な援助をします。この援助が幼児教育における指導の方法であることも理解しておきましょう。

幼稚園教育要領　第2章　ねらい及び内容　人間関係
2　内容
（1）　先生や友達と共に過ごすことの喜びを味わう。
（2）　自分で考え，自分で行動する。
（3）　自分でできることは自分でする。
（4）　いろいろな遊びを楽しみながら物事をやり遂げようとする気持ちをもつ。
（5）　友達と積極的に関わりながら喜びや悲しみを共感し合う。
（6）　自分の思ったことを相手に伝え，相手の思っていることに気付く。
（7）　友達のよさに気付き，一緒に活動する楽しさを味わう。
（8）　友達と楽しく活動する中で，共通の目的を見いだし，工夫したり，協力したりなどする。
（9）　よいことや悪いことがあることに気付き，考えながら行動する。

- （10）　友達との関わりを深め，思いやりをもつ。
- （11）　友達と楽しく生活する中できまりの大切さに気付き，守ろうとする。
- （12）　共同の遊具や用具を大切にし，皆で使う。
- （13）　高齢者をはじめ地域の人々などの自分の生活に関係の深いいろいろな人に親しみをもつ。

7．3歳未満の保育に関わるねらい及び内容について

　3歳以上児に関しては，三法令に記載されている領域「人間関係」の領域としての目標，ねらいが共通であることはすでに述べた通りです。では3歳未満児の保育においては，人と関わる力を育むために，どのような事項が提示されているのでしょうか。

　保育所保育指針および幼保連携型認定こども園教育・保育要領の乳児または乳児期の保育については，3歳以上児とは異なり，領域としては示されていません。身体発達に関する視点，社会的発達に関する視点，精神的発達に関する視点という三つの視点でそれぞれのねらいと内容が示されています。この中の社会的発達の視点は，「身近な人と気持ちが通じ合う」としてまとめられ，「受容的・応答的な関わりの下で，何かを伝えようとする意欲や身近な大人との信頼関係を育て，人と関わる力の育ちの基礎を培う」という視点の目標が示されています。つまり，これが領域「人間関係」へとつながっていくことになるのです。

　保育所保育指針と幼保連携型認定こども園教育・保育要領の1歳以上3歳未満児の保育については，3歳以上児と同様に領域「人間関係」として示されています。領域の目標も同じです。ただし，ねらいと内容については，1歳以上3歳未満の発達過程に配慮した事項が示されています。

　乳幼児の人と関わる力の育ちは，年齢で区分できるものではありません。三法令においては，三つの段階として示されていますが，乳幼児の育ちは連続していることを理解し，ねらいと内容を理解することが必要です。

演習問題

1．約50年前の子どもを取り巻く環境や地域社会の様子，遊び，子どもたちの生活を調べてみましょう。

2．皆さんの幼少期を思い出し，子どもを取り巻く環境や地域社会の様子，遊び，子どもたちの生活をまとめてみましょう。

3．現代の子どもを取り巻く環境や地域社会の様子，遊び，子どもたちの生活を観察し，1．で調べた50年前と2．でまとめた皆さんの幼少期と比較して，人間関係に焦点を当てて考えてみましょう。

発展問題

1．幼児教育における人と関わる力の育ちに関する目標【学校教育法第23条二】と保育における人と関わる力の育ちに関する目標【保育所保育指針第1章1保育所保育に関する基本原則（2）保育の目標（ウ）】は，表現は異なりますが「目指す方向は同じ」であることを取り上げました。協同性と協調性，規範意識の芽生えと道徳性の芽生えについての意味を調べ，幼児教育と保育における人と関わる力の育ちに関する目標の共通点をあげ，「目指す方向は同じ」の意味を考察しましょう。

2．幼稚園教育要領の領域「人間関係」の内容の取扱いを読むと，「教師との信頼関係」や「自己を発揮する」が複数回記載されています。内容を取り扱うに当たって，これらに留意が必要な理由を考察し，グループで話し合ってみましょう。なお，考察する際には第2章にとどまらず，第1章も読んでみましょう。

第2節　幼児期に育みたい資質・能力と人間関係

1．幼児期に育みたい資質・能力

　OECD（経済協力開発機構）が2030年に向けて身に付けることが望まれる資質・能力（コンピテンシー）を検討したり，21世紀の社会において育むことが必要とされる能力をATC21s（Assessment and Teaching of 21st Century Skill）が「21世紀型スキル」として提唱したりと，AI社会とも言われる21世紀に育むことが必

要な能力が注目されるようになりました。これらの育むべき能力は非認知能力や社会情動的スキルと呼ばれ，IQ や学業成績のように明確に数値化することが難しいコミュニケーション力，問題解決能力，協調性，意欲，忍耐力などを意味します。IQ とは区別して EQ（こころの知能指数）と表されることもあります。乳幼児期にこれらの基礎が育まれると言われ，幼児教育・保育への新たな期待が高まっています。

　非認知能力が重要視されている社会的背景として，2030年には将来の変化を予測することが困難な時代を迎えることや今後ますます仕事の自動化が進む可能性が高いこと，また，それに関連して子どもたちの多くは今は存在していない職業に就くと考えられていることなどが挙げられます。この予測することが困難な社会を生き抜いていくことができる人間に育つよう，「身に付ける必要のある資質・能力」を明確にしました[1]。また，これらは幼児教育を行う施設が共通すべき事項として示され，「知識及び技能の基礎」「思考力，判断力，表現力等の基礎」「学びに向かう力，人間性等」の三項目が育みたい資質・能力として三法令に明記されています。さらに，これらの育みたい資質・能力は，幼児教育・保育において基礎が培われ，小学校・中学校・高等学校と一貫して育むことが平成29（2017）年に告示された三法令や学習指導要領に明記されています。これまでは「何を知っているか」という知識を重視してきたのに対し，その知識を「どのように活用するか」ということが重視されるようになり，学力の捉え方も変わりました。

　幼児教育・保育の三法令に示されている「領域」は，小学校以上の科目のように独立して取り扱われるものではありません。「健康」「人間関係」「環境」「言葉」「表現」の五つの領域が相互に関連を持ちながら次第に達成に向かうものです。また，幼児教育・保育においては，具体的な活動を通して総合的に指導されるものです。そのため，幼児期の学びは学童期以降の「自覚的な学び」とは異なり，学びを自覚しているわけではありませんが，遊びを通して概念や感覚を学んでいることから「学びの芽生え」と言われています。このような学び

1）文部科学省中央教育審議会「教育課程企画特別部会の論点整理」2015年，https://acrobat.adobe.com/id/urn：aaid：sc：AP：8dd76ae3-901b-48cf-90ea-453fed23d298（2024年8月9日閲覧）。

の芽生えの積み重ねが，育みたい資質・能力の基礎を培い，連続して育まれていくことになります。

　第 1 節で述べたように，子どもを取り巻く環境から「3 間」が喪失したことにより，コミュニケーション能力の不足，自制心や規範意識の不足，基本的な生活習慣の欠如，学びに対する意欲・関心の低下など[2]，子どもの「育ち」の課題が顕著になっています。これらの課題は，領域「人間関係」において育むことを目指している姿と一致します。もちろん領域「人間関係」のみで育むものではなく，各領域のねらい及び内容に基づく活動全体によって育むものであり，総合的に指導し育まれるものですが，現代的課題と21世紀の幼児教育・保育が育むべき資質・能力を理解して，未来の世界を担う乳幼児の力を大切に育んでいきたいものです。

幼稚園教育要領　第 1 章　総則　第 2　幼稚園教育において育みたい資質・能力及び「幼児期の終わりまでに育ってほしい姿」

1　幼稚園教育において育みたい資質・能力
（1）　豊かな体験を通じて，感じたり，気付いたり，分かったり，できるようになったりする「知識及び技能の基礎」
（2）　気付いたことや，できるようになったことなどを使い，考えたり，試したり，工夫したり，表現したりする「思考力，判断力，表現力等の基礎」
（3）　心情，意欲，態度が育つ中で，よりよい生活を営もうとする「学びに向かう力，人間性等」

2．「幼児期の終わりまでに育ってほしい姿」と小学校への接続

　学童期以降の教育による成果は明確に数値化されることから，これまでの「何を知っているか」という知識重視の教育においては，意義や価値を見出しやすいことが学童期以降の教育を理解するうえでプラスの要素となっていました。しかし，幼児教育・保育における「遊びを通して乳幼児が学ぶ」成果は，可視

2）文部科学省中央教育審議会「子どもを取り巻く環境の変化を踏まえた今後の幼児教育の在り方について（答申）（平成17年 1 月28日）」2005年，https : //www.mext.go.jp/b_menu/shingi/chukyo/chukyo0/toushin/05013102.htm（2024年 8 月 9 日閲覧）。

化や数値化をするのは難しいため，幼児教育・保育を理解するうえでのマイナスの要素となっていました。「どのように活用するか」という，その知識を使いこなす力が重視されるようになり，教育方法としてアクティブラーニング（主体的・対話的で深い学び）が注目されるようになると，「主体的な学び」の視点，「対話的な学び」の視点，「深い学び」の視点から，乳幼児期の学びの芽生えが理解されるようになりました。小学校教育との連携が必要とされていた時代から，小学校への接続が重要視される時代になりました。それに加えて，平成30(2019)年施行の三法令に示された「幼児期の終わりまでに育ってほしい姿」により，主体的な遊びを通して育つ具体的な姿を示して小学校との接続が図れるようになりました。

　「幼児期の終わりまでに育ってほしい姿」は到達目標ではなく，幼児教育・保育が進むべき方向を示すものです。幼児期の終わりまでに育てる姿ではなく，「幼児期の終わりまでに育ってほしい姿」であることの意味を考えてみましょう。乳幼児には自ら「育つ」意欲と可能性に満ち溢れています。保育者には，「育てる」使命感があります。幼児教育・保育は「育つ」と「育てる」の間にある営みです。だからこそ，「育ってほしい」には，大きな意味があるのです。

　その育ってほしい姿は，各領域のねらいと内容に基づく活動全体を通して資質・能力が育まれている幼児期の終わりごろの具体的な姿であり，保育者が指導を行う際に考慮するものです。しかし，幼児期の終わりに成果として突如として現れるものではなく，乳児期からの育ちの連続性の中で見られるようになる姿であることを留意しましょう。

　これらは特定の領域のみで育まれるものではないことはすでに述べた通りですが，今皆さんが学んでいる領域「人間関係」と特に関連深い姿として，自立心，協同性，道徳性・規範意識の芽生え，社会生活との関わりが挙げられます。以下，幼児期の終わりまでに育ってほしい姿を挙げ，領域「人間関係」と特に関連深い項目では，具体的な姿を記載します。第1節で取り上げた幼児教育・保育における人と関わる力の育ちに関する目標のキーワードと照らして，これまでの学びを点から線へとつないでください。

> 幼稚園教育要領　第1章　総則　第2　幼稚園教育において育みたい資質・能力及び「幼児期の終わりまでに育ってほしい姿」
>
> 3　幼児期の終わりまでに育ってほしい姿
> （1）　健康な心と体
> （2）　自立心
> 　身近な環境に主体的に関わり様々な活動を楽しむ中で，しなければならないことを自覚し，自分の力で行うために考えたり，工夫したりしながら，諦めずにやり遂げることで達成感を味わい，自信をもって行動するようになる。
> （3）　協同性
> 　友達と関わる中で，互いの思いや考えなどを共有し，共通の目的の実現に向けて，考えたり，工夫したり，協力したりし，充実感をもってやり遂げるようになる。
> （4）　道徳性・規範意識の芽生え
> 　友達と様々な体験を重ねる中で，してよいことや悪いことが分かり，自分の行動を振り返ったり，友達の気持ちに共感したりし，相手の立場に立って行動するようになる。また，きまりを守る必要性が分かり，自分の気持ちを調整し，友達と折り合いを付けながら，きまりをつくったり，守ったりするようになる。
> （5）　社会生活との関わり
> 　家族を大切にしようとする気持ちをもつとともに，地域の身近な人と触れ合う中で，人との様々な関わり方に気付き，相手の気持ちを考えて関わり，自分が役に立つ喜びを感じ，地域に親しみをもつようになる。また，幼稚園内外の様々な環境に関わる中で，遊びや生活に必要な情報を取り入れ，情報に基づき判断したり，情報を伝え合ったり，活用したりするなど，情報を役立てながら活動するようになるとともに，公共の施設を大切に利用するなどして，社会とのつながりなどを意識するようになる。
> （6）　思考力の芽生え
> （7）　自然との関わり・生命尊重
> （8）　数量や図形，標識や文字などへの関心・感覚
> （9）　言葉による伝え合い
> （10）　豊かな感性と表現

3．非認知能力の育ちと人間関係

　OECD は，2015年に未来を見据え育むことが必要な二つの力として，認知能力と非認知能力を示しました。

　非認知能力とは，集中力・根気強さ・直観力・協力できる力・人を頼れる力・わからないことを人に聞くことができる力・素直さ・失敗から学ぶ力・円滑に物事を進めようとする力，問題解決能力など，人が社会生活を送るために必要不可欠な力などと考えられています。第 1 節で取り上げた，領域「人間関係」にかかる幼児教育・保育の目標とそのキーワードや領域「人間関係」として身に付けるべきことと照らして考えると，子どもたちが AI 社会を生き抜くために，幼児教育・保育において領域「人間関係」が重要な役割を担う領域であることが理解できます。

　では，非認知能力は，どのように身に付けるのでしょうか。このことは領域「人間関係」として育むこととも関連します。非認知能力は，早期教育のような取り組みで身に付くものではなく，感情を動かしながら遊び，ともに遊ぶ仲間と考えを出し合い，遊びを深めたり広げたりするために試行錯誤する過程を通して身に付くと考えられています。そのため，保育者には子どもたちが遊び込める環境を整えることが求められます。また，非認知能力は，大人との日常の関わりの中で育まれるとも言われています。この大人とは，周囲にいる総称としての大人ではなく，子どもにとって信頼できる大人です。非認知能力の育ちには愛着が関連していることがこれまでの様々な研究からわかっています。幼児教育・保育において愛着の対象となる保育者と乳幼児の温かな関係が，乳幼児が安心して周囲の子どもたちと関わろうとする力を生み出します。そして，その関わりの積み重ねが非認知能力へとつながります。

4．幼児の姿から考え，理解を深める

　本章の第 1 節で取り上げた，領域「人間関係」として目指すことを，ある 5 歳児クラスの 5 場面の事例にみられる幼児の姿から考え，理解を深めていきましょう。そして，この事例を領域「人間関係」という窓から覗いてみてください。乳幼児期に育みたい事項が具体的な姿として見えるのではないでしょうか。

（1）遊び込む経験を通して育まれる人と関わる力

　まずは，事例 2 - 2 - 1 の場面 1 では「環境」と「人的環境としての保育者」

に焦点を当て，考えていきましょう。

事例2-2-1　場面1：園庭をお花畑にしよう！　5歳児クラス　6月

　A幼稚園では台所用洗剤の空き容器をマイ水鉄砲にして水遊びをすることが夏の楽しみの一つです。いつでも使いたいときに取り出せるように大きなかごに入れて各保育室前のテラスに置かれており，その日の遊びに応じて活用し，様々な遊びが繰り広げられます。

　6月下旬の暑い日のことです。あおぞら組の子どもたちは，その水鉄砲を持って広い園庭を走り回っていました。はじめは水をかけ合い，水の心地よさを味わっていましたが，昼食を摂るために他クラスが保育室に戻り，園庭にいるのがあおぞら組だけになると，ES児が「お庭をお花畑にしたい！」と提案しました。この一言に周囲の子どもたちが賛成し，水鉄砲で地面に花を描き始めました。次々と仲間が加わり，気づけばクラスの3人の男児以外は花を描くことに夢中になっていました。楽しい遊びには仲間が集まるものです。描いても，描いても，太陽の日差しで消されてしまうため，いつの間にか太陽との競争になり，まるで，あおぞら組VS太陽のゲームのようでした。

---

①環境

　この事例は，それまでは込み合っていた園庭にあおぞら組の子どもたちだけが残ったタイミングで，少人数での遊びからクラス規模での遊びに発展したものです。クラスの「仲間」同士で関わり合って遊びを展開させるには，現代社会では喪失していると言われている，「時間」「空間」といった環境が整うことも必要だということがわかります。このように環境を整え，人と関わる経験を支えることも保育者の役割と言えます。

②人的環境としての保育者

　一人の発想に共感し，遊びが次々に広がる姿には5歳児らしさを感じます。自分の提案が受け入れられる喜びは，また別の場面では人の提案を自分事として受けとめる姿勢となるのではないでしょうか。分け隔てなく一人一人が均等に自分の考えが仲間に受け入れられる経験ができるよう，保育者は「個」と「集団」の育ちを支えることが重要です。

幼稚園教育要領 第2章 ねらい及び内容 領域 「人間関係」 3 内容の取扱い
（1）教師との信頼関係に支えられて自分自身の生活を確立していくことが人と関わる基盤となることを考慮し，幼児が自ら周囲に働き掛けることにより多様な感情を体験し，試行錯誤しながら諦めずにやり遂げることの達成感や，前向きな見通しをもって自分の力で行うことの充実感を味わうことができるよう，幼児の行動を見守りながら適切な援助を行うようにすること。

　事例2-2-1場面1と上記の（1）を照らし合わせて考えることで，幼児が経験する事項や保育者の援助（指導），すなわち保育内容「人間関係」の理解につなげましょう。
　続いて，事例2-2-1の場面2では，「遊び込むための条件」と「他者への信頼」に焦点を当て，考えてみましょう。

事例2-2-1 場面2：お花畑ができた！ 5歳児クラス 6月

　5歳児のあおそら組では，特別な理由がない限りクラスの誰かが「おなかすいた」と言ったら遊びの区切りの良いところで片付け，保育室に戻り，順次昼食の準備をすることをルールとしていました。夢中になっている日の子どもたちは誰も「おなかすいた」とは言いません。そんな時はタイムリミットの段階で決まって担任保育者が「おなかすいた」と子どもたちにSOSを出します。この日も担任保育者の「おなかすいたよぉ」という声で子どもたちは遊びを切り上げました。
　太陽に完敗した子どもたちですが，汗だらけの顔にはやり遂げた充実感が見て取れました。そして，子どもたちが2階の保育室前のテラスに姿を見せた時，担任保育者は園庭の真ん中で「おーい」と手を振りました。その声に気づき園庭を見下ろした子どもたちから歓声が上がりました。水分はなくなり，描いた花が線として残ることはありませんでしたが，跡となって残っていたのです。そのことに気づいた子どもたちは園庭が花畑になっていることを喜び合い，互いを讃え合っているかのようでした。

③遊び込むための条件

　子どもたちが人と関わる力を向上させるために必要な経験を積み重ねるため

には，遊び込める環境を整えることが求められています。そのため，保育者がデイリープログラムを主導して進めていくのではなく，子どもたちの生活や遊びの様子を注視しながらともに日々の生活をつくっていく姿勢が必要であると考えます。保育者の受容的な関わりが生み出す子どものリズムで過ごす園生活には，幼児が自分自身と向き合う時間，保育者や他児との関わり，周囲の環境との関わり，楽しいこと，興味や関心があることとの関わりが豊かに存在します。この人・物・こととの関わりが豊かに存在することが遊び込むための条件と言えるのではないでしょうか。

④他者への信頼

　5歳児クラスの子どもたちは，ひとりで広い園庭を花畑にするのは不可能だと理解しています。しかし，日常の関わりの中で，仲間と一緒であればダイナミックなことができることを知っています。協力すれば大きな力になって太陽にも勝てる可能性があると信じています。たとえ劣勢になっても，それは自分たちの力が弱いのではなく，太陽の力が強いのです。だから諦めずに力を合わせて挑み続けるのです。自分たちから遊びを切り上げようとはしない姿から，内面をうかがい知ることができます。子どもたちは遊び込む経験を通して，自分を信じる力，仲間を信頼する力を蓄えていきます。

> 幼稚園教育要領　第2章　ねらい及び内容　領域「人間関係」　3　内容の取扱い
> （2）一人一人を生かした集団を形成しながら人と関わる力を育てていくようにすること。その際，集団の生活の中で，幼児が自己を発揮し，教師や他の幼児に認められる体験をし，自分のよさや特徴に気付き，自信をもって行動できるようにすること。

　事例2-2-1場面2から，上記の一人一人を生かした集団を形成する必要性が読み取れます。他者に認められる体験が自立心を育むことを改めて考えましょう。

（2）遊びが育む他者への信頼感と自己への期待

　事例2-2-1の場面3では，非認知能力の一つである「人を頼れる力」に焦点を当て，考えていきましょう。

事例2-2-1　場面3：一緒にやってくれないとできないんだよ！　5歳児クラス　6月

　一方で，花畑を作る遊びには参加していなかった3名の様子が気になった担任保育者が砂場に行ってみると……ため息をついて山を見つめていました。「お弁当の用意をして待っているね」とだけ伝えて，保育室で待っていると，戻ってきたSK児が「せんせいー，富士山できなかった」と言いました。担任保育者は「砂は全部使った？」と質問をして，様子を探ることを試みました。
　すると，SK児の表情は一変し，小走りでKT児とIT児のもとに行きました。

SK児　　　：「明日も富士山つくろうぜ」
KT児・IT児：「よし！」「うん。」
SK児　　　：「①でも，それにはみんなもお花畑作ってないで，一緒にやってくれないとできないんだよ」
MN児　　　：「なんで？」
SK児　　　：「だって，富士山は大きいんだよ。砂場の砂を全部使うんだよ」
MY児　　　：「やってもいいよ」
KR児　　　：「うん，やってもいいよ」
SI児　　　：「やってあげてもいいけど」

他の子たちも肯定的に捉えている様子です。それを感じ取ったかのように……。

SK児　　　：「じゃあ，明日は富士山ね」
担任保育者　：「先生は七夕の笹飾りが作りたい」
SK児　　　：「お天気でも？」

　クラスの子どもたちのやる気とみんなで富士山を作るという発想の面白さに，担任保育者は乗ってみることにしました。

　担任保育者がSK児の内面を探るつもりで発した言葉は，予想に反し，SK児にとっては問題点を明確にする言葉となったようです。波線部の発言から，「お花畑にする遊び」に3人が参加せずに砂場でため息をついていたのは，富

士山ができなかったからではなく，自分たちには援軍がなかったことの寂しさ
だったのかのかもしれないと感じます。また，一方で，たくさんの仲間の力で
花畑づくりが成功した他の子どもたちの反応には余裕が見られます。それと同
時に，自分たちとは違う遊びをしていた 3 人の言動が気になる様子と注目して
いることが読み取れます。下線部の「だって，富士山は大きいんだよ。砂場の
砂を全部使うんだよ」という SK 児の言葉には，3 人ではできなかったけれど，
みんなでやればできるんだという確信と自分への期待が感じ取れます。仲間を
信じて，協力してくれるように働きかけることも人と関わるうえでの大切な能
力です。幼児期に育みたいことの一つです。

（3）遊びを通して育つ人と関わる力と領域「人間関係」

　事例 2 - 2 - 1 の場面 4 では「協同」に，場面 5 では「自己肯定感」，「領域「人
間関係」のねらいと内容」，「5 領域の関係性」に焦点を当て，考えていきましょ
う。「領域「人間関係」のねらいと内容」，「5 領域の関係性」については，本
章第 1 節を復習し，理解を深めましょう。

> **事例 2 - 2 - 1　場面 4：みんなの力で富士山をつくる！　5 歳児クラス**
> **　　　　　　　　6 月**
> 　翌日，徒歩通園の子どもたちもいつになく早い時間に登園し，最後のバスコー
> スで登園する仲間を待ち，意気揚々と砂場に向かいました。バケツの砂を山頂
> から積み上げる係，そのバケツを中継する係，砂場用シャベルでバケツに砂を
> 入れる係，空になったバケツを戻す係，まるでブルドーザーのような動作で砂
> をかき集める係，それぞれができることを考えて共鳴しながら動きます。とこ
> ろが，すそ野が広がるばかりで一向に高さが出ません。UJ 児の「水をかける？」
> の提案で，たらいに水を入れて運んできた子たちが，重さに耐えかねて山の上
> から一気に水をかけると，一部が解けるように流れました。この場面ではたら
> いは不向きとわかり，作戦変更です。話し合いで，各クラスの栽培活動用のじょ
> うろを借りに行くことになりました。じょうろで水をかける係，山肌をたたい
> て固める係が増え少しずつ高くなってきました。

①協同

この事例2-2-1の場面4での子どもたちの姿からは，「友達と楽しく活動する中で，共通の目的を見いだし，工夫したり，協力したりなどする。(領域「人間関係」の内容（8))」の項目で期待されることをイメージできるのではないでしょうか。富士山をつくりたいという共通の目標をもち，仲間の動きを見ながらその場で自分ができることを見出し実行する子どもたちの姿は，まさに「協同」を解説してくれているようにも感じられます。幼児教育・保育の場で遊びを通して学んでいる姿とも言えるでしょう。

> 幼稚園教育要領　第2章　ねらい及び内容　領域「人間関係」　3　内容の取扱い
> （3）幼児が互いに関わりを深め，協同して遊ぶようになるため，自ら行動する力を育てるようにするとともに，他の幼児と試行錯誤しながら活動を展開する楽しさや共通の目的が実現する喜びを味わうことができるようにすること。

事例2-2-1場面4からは主体的な遊びの積み重ねにより，「幼児期の終わりまでに育ってほしい姿」のひとつである協同性の育ちへつながることがわかります。

事例2-2-1　場面5：富士山つくった人ってすごいね！　5歳児クラス 6月

ところが，同じ作業を繰り返しても，砂場の砂がすべて山になることはありません。もちろん富士山ができたとは言えない状況です。子どもたちも"山"と表現し，決して富士山とは言いません。
②提案者であるSK児が「あ～，おなかすいたなぁ」とつぶやいた途端，「おなかすいた」の声があちらこちらから聞こえてきました。
SK児　　　：「この山どうする？」
KT児・IT児：「このままにしたら，小さい組が壊すよ」
SK児　　　：しばらく考えて……，「じゃあ，みんなで山登りしよう！」
この声をきっかけにみんなが山を囲み，一斉に"山登り"を始めました。90分近くかけて作った"山"は一瞬にして消え，もとの平坦な砂場に戻りました。
SK児　　　：「せんせい～，あのさ，富士山つくった人ってすごいね！」

> KT 児　　　：「富士山を固めた人もすごいよ」
> IT 児　　　：「そうだよな，富士山はバスだって登れるんだ」
> 保育室は，充実感と一体感に包まれていました。
> 注：波線部は発展問題参照。

②自己肯定感

　この事例 2 - 2 - 1 の場面 5 では，あおぞら組の子どもたちは共通の目標である富士山をつくることはできませんでした。結果として捉えると失敗した遊びなのかもしれません。しかし，遊びの過程として捉えると，失敗体験ではなく，成功体験ではないかと考えています。SK 児の「富士山つくった人ってすごいね！」や KT 児の「富士山を固めた人もすごいよ」という発言に注目してみてください。自分たちが劣っているのではなく，自分たちも協力して大きな山をつくることをやり遂げたけれど，もっと大きな山（富士山）をつくることに成功した人がいる，その人への敬意が感じ取れるのではないでしょうか。自分たちを肯定し，他者を認める心情が読み取れるからこそ，あおぞら組の子どもたちにとっては，成功体験と捉えるべきではないかと考えます。このような成功体験の積み重ねと人と関わり合うことの楽しさが，「人と関わる力」の育ちを確かなものにします。

③領域「人間関係」のねらいと内容

　残念ながら事例 2 - 2 - 1 のように人と関わり合いながらダイナミックに展開する遊びは，現代の公園ではなかなか経験できないのではないでしょうか。自分のやりたいことを追求し，仲間の協力を得ながらダイナミックな挑戦ができるのも，遊ぶ時間，遊ぶ空間，遊ぶ時間が確保されている園環境があるからと言えるでしょう。では，子どもを取り巻く環境から失われてしまったことを補完し，育ちを支える役割を担うのはどこでしょうか。誰でしょうか。このような問いをもち，もう一度，第 2 章第 1 節を復習してみてください。新たな気付きがあるのではないでしょうか。

④五領域の関係性

　事例2-2-1の場面1：園庭をお花畑にしよう！，場面3：一緒にやってくれないとできないんだよ！，場面4：みんなの力で富士山をつくる！　の三つの場面に共通するのは，子どもたちが自発的に行動しているということです。保育者が，「園庭を花畑にしよう」や「みんなで富士山をつくろう」と提案していたら，同じ体験ができたでしょうか。この事例のあおぞら組の子どもたちに見られる，根気強さや集中力は見られなかったことが容易に想像できます。三つの場面はどれも子どもたちの自発的な活動としての「遊び」が仲間とともに協力し，関わり合いながら展開する経験になりました。皆さんが学んでいる領域「人間関係」以外の領域の視点で事例2-2-1を考察すると，別の経験や学びが浮かび上がることでしょう。

幼稚園教育要領　第1章　総則　第1　幼稚園教育の基本
　2　幼児の自発的な活動としての遊びは，心身の調和のとれた発達の基礎を培う重要な学習であることを考慮して，遊びを通しての指導を中心として第2章に示すねらいが総合的に達成されるようにすること。

　領域とは，小学校以降の教科のように独立して取り扱われるものではありません。各領域に示すねらいは，「幼稚園における生活の全体を通じ，幼児が様々な体験を積み重ねる中で相互に関連を持ちながら次第に達成に向かう」ものであること，内容は，「幼児が環境に関わって展開する具体的な活動を通して総合的に指導される」ものであること（幼稚園教育要領　第2章）を理解しましょう。保育所とこども園においても五つの領域が相互に関連し合いながら次第に達成に向かうという領域の関係性は同じです。五領域の関係性とその中に位置付けられる領域「人間関係」についても，理解を深めましょう。

演習問題
1. 事例2-2-1場面1を読み，子どもたちが経験していることを領域「人間関係」の視点で挙げてみましょう。

2. 事例2-2-1場面4を読み，子どもたちが経験していることを領域「人間関係」

の視点で挙げてみましょう。

発展問題
1．事例 2 - 2 - 1 場面 3 の下線部①の SK 児の言動と，事例 2 - 2 - 1 場面 5 の下線部
②の SK 児以外の子どもたちの言動から，「人と関わる力」の育ちを考察しましょう。

2．人と関わる力を育むために幼児教育・保育において，どのような体験を重ねる
ことが必要か，事例 2 - 2 - 1 の連続する 5 場面を手掛かりに考察してみましょう。

第 3 節　子どもの生活における様々な人との関わり

本節では，現代社会に生きる子どもの育ちを，地域とのつながりや家族との
関わりについて以下の幼稚園教育要領第 2 章の内容の最後の項目（13）に即し
て考えていきましょう。

幼稚園教育要領　第 2 章　ねらい及び内容
2　内容
（13）　高齢者をはじめ地域の人々などの自分の生活に関係の深いいろいろな人
に親しみをもつ。

3　内容の取扱い
（6）　高齢者をはじめ地域の人々などの自分の生活に関係の深いいろいろな人
と触れ合い，自分の感情や意志を表現しながら共に楽しみ，共感し合う体験を通
して，これらの人々などに親しみをもち，人と関わることの楽しさや人の役に立
つ喜びを味わうことができるようにすること。また，生活を通して親や祖父母な
どの家族の愛情に気付き，家族を大切にしようとする気持ちが育つようにするこ
と。

1．現代社会に生きる子どもの育ち

世界一の速さで進むといわれる日本の高齢化社会に生きているのが我々現代
の日本人です。年金問題や労働力の減少といった経済的側面からの問題ばかり
が取りざたされますが，子どもにとって，少子高齢社会に生きることの意味を

考え保育することは非常に重要な問題です。三法令の内容（13）と内容の取扱い（6）は，そうした社会問題を反映して，高齢者との関わりを意識的に行うことの必要性を示しています。

　家族の形態を歴史的にたどると，かつては祖父母や叔父・叔母，時には家業に必要な使用人やその家族も血縁に関係ない人も含め，多世帯で構成された家族は珍しくなく，祖父母世代から親世代，子世代へと子育てや暮らしの営みが日常生活を通して自ずと伝わっていました。また，地域のなかでよその子どもを預かったり，子ども同士も互いの家を行き来し，ごはんやおやつを食べたりするなどの交流が自然ととられ，よその家庭の雰囲気やその家の匂いや作法などの違いを含め，様々な「よその家の形」があることをしぜんと知ることができるようになっていました。そのようななかで，子どもは様々な他人の目に見守られながら地域と家庭で育ったものです。

　ところが現代は，核家族化や個人のプライバシーの観念や個人主義の進展等により，家庭というものも厚いベールで包まれがちであり，地域と家庭との分断が生じてしまう事態も多く見られます。その結果，子育ての責任や負担は家庭内の家族に集中し，各家庭のなかでどのような子育てが行われているのか見えにくくなってしまっています。一方で，インターネットの普及によりSNSを利用して，いつでもどこでも情報収集や他者との交流ができるようになりました。その結果，有益な情報を得ることもできますが，一部の情報に振り回されて，自信をなくしたり，焦燥感を覚えたりする保護者もいます。

　このような保護者の子育て不安が高い状況に生まれるのが現代の子どもたちということになります。子どもの社会化のプロセスとして，第一段階が家庭，第二段階が地域，第三段階が集団，そしてそれを経て子どもは社会人として自立していくとされました。最近はきょうだいや地域の異年齢の子ども同士で遊ぶことが少ないので，突然集団で友達という存在に会って，子ども同士が緊張するような事態が起きています。

　家族を捉える視点に，個々のメンバーが影響し合う一つの力動的なシステムと捉える家族システム論という考え方があります。家族システム論では，母子関係，父子関係，きょうだい関係等のサブシステムがあり，各サブシステムが

互いに影響し合うとするものです。例えば，子どもが二人いるとします。母子関係でも母親と長子，母親と次子の 2 つの関係性が存在することになります。母親・長子の関係が母親・次子の関係に影響することもあれば，その逆もあるということです。[3] また，関係学の「三者関係」の考え方では，さらに，母─子─子の三者の間には，母⇒（長子─次子），長子⇒（母─次子），次子⇒（母─長子）と，「1 人のメンバー」が「別の 2 人の関係」に影響を与える「間関係」という，関係の捉え方もあります。松村康平の『適応と変革』[4] を引用しつつ，三者関係の特性についてもう少し説明しましょう。

　私たちの日常生活には，この三者関係が展開している事実をたくさんみつけることができます。例えば，母と子どもの意見が対立したまま，関係が固定してしまい，対話もストップしてしまっている時，早く帰宅できた父が双方の関係にはたらきかけ，新しい観点からの父の意見を話すことで母の子どもへの認識が広がり，子どもも自分の気持ちを率直に表現し始めた場面を例としてあげることができるでしょう。その場面では，母と子どもの関係が父を媒介にして変化し，発展しているということを示します。もしこの場面で，父が母と全く同じ関わり方をした場合には，そこには力動的な三者関係的な変化は生まれにくく，3 人いても二者関係的な人間関係が展開しているということになります。

　またここに，母方の祖父母や，父方の祖父母というサブシステムが加わると，さらに多様な関係性が見込まれるでしょう。祖父母世代との同居によって，複雑な家族形態や人数が増えるということが，家族の中での人間関係をより多様にすることは明らかです。

　家族を一つのシステムとして捉える「システム論」や「関係学」の三者関係による家族内での人間関係の捉え方は，多様で複層的な関係性が子どもの人間関係を発展させることを基本としています。

3）立木茂雄『家族システムの理論的・実証的研究──オルソンの円環モデル妥当性の検討』萌書房，1999年。
4）松村康平・板垣葉子『適応と変革』誠心書房，1960年。

２．地域が支える子どもの成長

　家族の人数についても国勢調査の結果をもとに見ていきましょう。表2-3-1は，世帯別の家族の人数の移り変わりを示したものですが，年々その数は少なくなっていることがわかるでしょう。1世帯当たり人員を都道府県別に見た同調査によると，福井県が3.13人と最も多く，次いで山形県が3.09人，佐賀県が3.02人などとなっており，これらを含む34県で全国平均（2.60人）を上回っていますが，一方で，最も少ないのは東京都で2.17人，次いで鹿児島県が2.31人，北海道が2.33人などとなっています。平成12年と比べると，すべての都道府県で1世帯当たり人員は減少しているのが現状です。

　図2-3-1は，近所づきあいに関する調査ですが，「遠くの親戚より近くの他人」という助け合いの関係がもはや機能していない現状を示しています。近所づきあいをしようと考えれば，積極的に自分でボランティアや公民館，図書館などへ出向き，地域に入っていかないと交流することは難しくなっています。

　家族自体の人数が少なくなり，親せき付き合いもなく，近所付き合いもない，近所の子どもとしぜんと関わる経験も得られにくい状況の中で育つのが現代の子どもということが理解できたでしょう。同年代の子どもとの関わりも少ないが，生活する地域には多くの高齢者がいるにもかかわらず，直接の関わりを持つこともない。異年齢保育や保育参加という形で保護者や祖父母を幼稚園や保育所保育に参加できるような仕組みが必要とされる理由がここにあります。高齢者に接するときの配慮や，自分より幼い子ども，その反対に年が上の子どもとの関わりに必要な気遣いなどを自分なりに工夫する機会を意図的に園が地域と一体となってつくりあげることが求められています。

　そこで，ある幼稚園では以下のような行事を行い，高齢者をはじめ地域の人々と子どもとの関わりを深めていくようにしています。[5]

①地域散歩や見学会の実施

　幼稚園の周辺や近隣施設を訪れる地域散歩や見学会を計画します。公園や図

5）文部科学省施設企画課，事例集「これからの幼稚園施設」2019年，https://www.mext.go.jp/b_menu/shingi/chousa/shisetu/044/toushin/1421996.htm（2024年8月4日閲覧）。

表 2 - 3 - 1　世帯人員別一般世帯数の推移——全国（1985〜2005年）

	年次	総数	1 人	2 人	3 人	4 人	5 人	6 人	7 人以上
実数 （千世帯）	1985年	37,980	7,985	6,985	6,813	8,988	4,201	1,985	1,113
	1990年	40,670	9,390	8,370	7,351	8,788	3,805	1,903	1,064
	1995年	43,900	11,239	10,080	8,131	8,277	3,512	1,713	948
	2000年	6,782	12,911	11,743	8,810	7,925	3,167	1,449	776
	2005年	48,225	13,327	13,047	9,228	7,779	2,908	1,279	657
増減率 （%）	1985〜1990年	7.1	18.9	19.8	7.9	−2.2	−9.4	−4.1	−4.4
	1990〜1995年	7.9	19.7	20.4	10.6	−5.8	−7.7	−10	−10.9
	1995〜2000年	6.6	14.9	16.5	8.4	−4.3	−9.8	−15.4	−18.1
	2000〜2005年	3.1	3.2	11.1	4.7	−1.8	−8.2	−11.8	−15.4

出所：総務省統計「2005年国勢調査Ⅳ表 4 - 1　変化する世帯の姿」https://www.stat.go.jp/data/kokusei/2005/sokuhou/04.html（2024年 1 月25日閲覧）をもとに筆者作成。

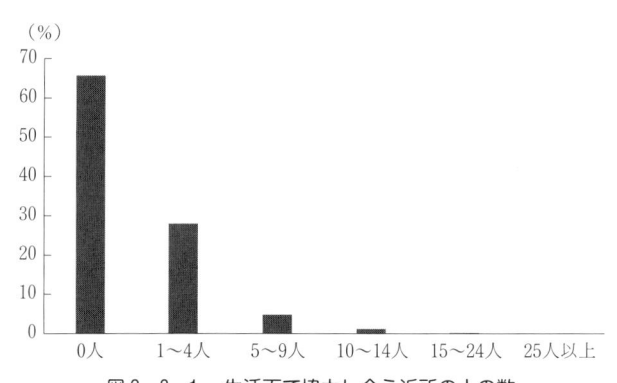

図 2 - 3 - 1　生活面で協力し合う近所の人の数

出所：内閣府「平成19年版国民生活白書」p. 64，https://www5.cao.go.jp/seikatsu/whitepaper/index.htm（2024年 1 月25日閲覧）をもとに筆者作成。

書館への遠足，近隣の小さなお店や工場の見学など，子どもたちにとって新鮮な経験を提供します。

②祖父母の日や親子遠足

　幼稚園で祖父母の日を開催し，祖父母を招いて一緒に過ごす機会を設けます。また，親子遠足や家族参加型のイベントを通じて，親子や祖父母との絆を深める場を提供します。

③地域の行事への参加

　地域の祭りやイベントに幼稚園として参加することで，地域社会との連携を図ります。子どもたちが踊りや歌を披露したり，手作りの作品を展示したりすることで，高齢者や地域の方々と交流する機会を得ることができます。

④地域ボランティア活動

　幼稚園の子どもたちと一緒に，地域清掃や植樹活動などのボランティア活動に参加することで，社会貢献の意識を育むと同時に，地域の方々とのコミュニケーションを促進します。

⑤地域の方々への感謝の意を示す活動

　季節ごとに手作りのプレゼントやお手紙を高齢者や地域の方々に贈る活動を行うことで，子どもたちの感謝の気持ちを表現し，交流を深めます。

　これらのアイデアを幼稚園の特性や地域の状況に合わせてカスタマイズすることで，地域の方や祖父母との交流づくりを効果的に進めることができます。幼稚園・保育所・こども園と地域社会が連携し，子どもたちの成長と地域の活性化に貢献することを目指して取り組んでいくことが重要です。

３．高齢者との関わりを深める実践事業

　鯖江市では，「日常生活支え合い実践事業」として，高齢者との関わりを深める事業を展開しています。このプログラムは，鯖江市内の鯖江幼稚園が主体となって実施しており，高齢者と子どもたちとの交流を促進するための活動を行っています。[6]

　この実践事業の主な目的は，高齢者と子どもたちとの交流を通じて，地域社会のつながりを深め，互いに豊かな人間関係を築くことです。具体的な活動内容を紹介します。

①近隣の高齢者や地域の人が交流できる居場所づくり

　テレビや CD デッキなどの備品を整備して，地域の高齢者や人々が集まり，交流できる場を提供しています。

②園内での高齢者と子どもたちとの交流会

　鯖江地区の高齢者グループ「SBE80」のメンバーを中心に，伝承遊びや昔遊びを子どもたちや地域の未就園児親子と共に楽しんでいます。折り紙遊びや自然素材を使った遊びなども行っています。

③交流学級

　地域ボランティア指導の下で，リズム遊びや伝承遊びを園児の祖父母や高齢者と共に楽しむ機会を提供しています。また，園児たちの活動の様子をテレビを通じて見たり，会話を楽しむことも行っています。

④絵本を楽しむ「おしゃべり会」

　絵本の読み聞かせや講演を通じて，子どもたちと共に絵本の楽しみを共有しています。

　これらの実践事業によって，成果と効果も分析されています。園児の祖父母を通じて，地域の高齢者への声かけが増えていること，高齢者との交流を通じて，園児たちの優しい気持ちや思いやりの気持ちが芽生えてきたと感じられることのほかに，地域の高齢者が園を訪問することが容易になったということで

6）滋賀県教育委員会『滋賀県「学校・家庭・地域の連携による教育支援活動促進事業」実践事例集——社会全体で子どもの育ちを支える環境づくり（平成24年度）』滋賀県教育委員会事務局生涯学習課，2013年。

す。

　地域の支え合いを推進するために，園児の祖父母を通じて地域の高齢者を誘うことで，交流のきっかけを作っていく試みには，子どもが地域の媒介役としての存在意義を示してくれています。一方で，地域に住む人同士の結びつきを深めて，高齢者を孤独にしないこと，それによって，日常的な世代間同士の交流を推進していく計画が予定されています。

　鯖江市の事業は，子どもたちと高齢者の交流を通じて地域全体の結びつきを深め，共に成長する場を提供している良い事例といえるでしょう。

演習問題
　あなたが卒園した保育所や幼稚園，または，あなたの住んでいる地域の保育所，幼稚園，認定こども園等では，今，高齢者や地域の人とどのような交流を図っていますか。調べてみましょう。

参考文献

厚生労働省『保育所保育指針（平成29年告示）』フレーベル館，2017年。

厚生労働省『保育所保育指針解説（平成30年3月）』フレーベル館，2018年。

内閣府・文部科学省・厚生労働省『幼保連携型認定こども園教育・保育要領（平成29年告示）』フレーベル館，2017年。

内閣府・文部科学省・厚生労働省『幼保連携型認定こども園教育・保育要領解説（平成30年3月）』フレーベル館，2018年。

松村康平・板垣葉子『適応と変革』誠心書房，1960年。

松村康平・斎藤緑編著『人間関係学』関係学研究所，なずな出版，1991年。

文部科学省『幼稚園教育要領（平成29年告示）』フレーベル館，2017年。

文部科学省『幼稚園教育要領解説（平成30年3月）』フレーベル館，2018年。

文部科学省中央教育審議会「教育課程企画特別部会　論点整理」2015年。

第Ⅱ部

演習・実践編

―事例とロール・プレイング，グループワークを通して―

　第Ⅱ部では，個と集団が関わり合って発展する保育実践を通してどのように子どもの人間関係が育まれるかを学びます。園での様々な保育活動，人間関係の展開における子どもたちの育ち，さらに保育者と保護者，地域の人々との共に育つ人間関係の状況づくりへと，学びを広げ深めていきます。

　第3章では，個と集団が関わり合い，共に育つ保育者の関わり方とチームワーク，子どもの人間関係の発達を踏まえ，園での保育において，どのように人間関係を育んでいくかを学びます。

　第4章では，保育実践の多様な要因（時間，空間，環境，人間関係等）から集団状況を捉え，個と集団が共に発展する保育活動の保育者の関わり方を学びます。

　第5章では，今までの学びが実際の保育に活かされるよう，集団や地域と連携し，共に育つ人間関係の状況づくりを進めるための方法と実践を学びます。

　第Ⅱ部にも豊富な事例を紹介するとともに，各節末の演習ではロール・プレイングの方法を示しています。各節の内容を実践的に学ぶうえで重要な手がかりになるでしょう。実施の際には巻末「ロール・プレイングの理解と実施に向けて」を必ず参照し，行うようにして下さい。

第3章

保育の実際と人間関係の育み

　　　　乳幼児期は，それぞれの時期に人格形成の土台となる人間関係の体験
　　　　を積み重ねています。愛着関係，自己発揮，他者への気づき，対立や協
　　　　力，集団成員としての役割や達成感など，その子なりの過程があります。
　　　　安定した人間関係の基で，主体的に自分の世界を広げていく力を養うた
　　　　めに，子どもの内面理解や保育者の寄り添い方，環境構成や活動援助な
　　　　どについて実例を通して学びながら，人間関係を担い，育てる保育者と
　　　　しての資質を磨いていきましょう。

第1節　保育者の連携（チームワーク）を活かす保育の実際

　保育は集団活動において実践され，集団での人間関係がどうであるかに大き
く影響されます。
　ここでは集団とは何かの理解をふまえ，保育者たち，子どもたちが関わり合
い，共に育ちあうために必要な保育者の連携（チームワーク），実際について学
んでいきましょう。

1．子どもたちにとっての集団生活の意味
（1）人と関わる力の育み——多様な人間関係の体験

　乳幼児期の園での集団生活の意味の一つは，家庭生活とは異なる新しい人間
関係の体験が得られることにあります。子どもは集団生活のなかで保育者（た
ち）との信頼関係を基盤として，他の子ども（たち）との多様な人間関係を体
験し，人と関わる力を育んでいきます。
　集団生活では「他の人々と親しみ，支え合って生活する」，また「自立心を
育て，人と関わる力を養う[1]」機会になるよう，保育がなされていくことが望ま
れます。ただ，実際の集団の場は，子どもにとって必ずしも思い通りにならな
い他者的存在に出会う場でもあります。予想がつかない未知なできごとや問題

に遭遇することも多々あり，日々の集団活動に参加する不安，抵抗は，どの子どもも大なり小なり経験することでしょう。このなかで，人間関係を意味あるものにするには保育者が集団全体と一人一人の子どもとの信頼関係をどのように築いていくか，また今ここで成立している多様な関係性をどのようにとらえ，関わり，保育を行っていくかが重要となってきます。

　それでは保育者にとって子どもたちとの集団活動はどのような場なのか，初任者研修に参加の保育者（3歳児クラス担任）から出されたある事例から考えてみましょう。

事例 3 - 1 - 1　朝の会で　3 歳児クラス

　朝の集まりの会を始めようとすると，部屋の隅で泣いている子どもがいるので近くに行ってどうしたのと声をかけました。すると，もう椅子に腰かけて始まるのを待っている他の子どもたちから「先生―，はやく来て―」と催促する声が聞こえます。AL児は泣き出してしまい，待ちきれず立ち上がって動き出す子どもたちもいて，一瞬「私（保育者）が3人いれば……」と焦りました。

　この保育者としては「朝の会を行うなかで，クラスの一人一人の存在に気づき，安心して他の人と親しみ，自発的に活動に取り組めるような1日のスタートラインにする」といった意図を持ち，活動を始めようとしていました。しかし，実際には予測されない子どもたちの姿や行動があり，どのように子どもたちに関わり集団活動を進めたらよいか悩んでいました。

　この事例の保育者の問いかけを皆さんはどのように考えるでしょうか。

　集団活動のなかで経験される多様な人間関係が，子どもの人と関わる力の育みとなるには，保育者の存在が重要であることは言うまでもありません。

　ここでは，まず，保育者が子どもの姿を多面的に捉え関わることが重要であると考え，三法令の保育内容「人間関係」に挙げられている三つの「ねらい」[2]

---

1 ）厚生労働省『保育所保育指針（平成29年告示）』フレーベル館，2017年。文部科学省『幼稚園教育要領（平成29年告示）』フレーベル館，2017年。内閣府・文部科学省・厚生労働省『幼保連携認定こども園教育・保育要領（平成29年告示）』フレーベル館，2017年。
2 ）同前掲。

と関連して，考えていきましょう。

（2）多面的視点の重要性──保育内容「人間関係」の三つの「ねらい」から

　三法令の保育内容「人間関係」では，前述の冒頭の言葉に続き，「ねらい」として，子どもが「①園生活を楽しみ，自分の力で行動することの充実感を味わう。②身近な人と親しみ，関わりを深め，工夫したり，協力したりして一緒に活動する楽しさを味わい，愛情や信頼感をもつ。③社会生活における望ましい習慣や態度を身に付ける」と示されています。

　ここでは，この三つの「ねらい」を通して，保育場面の子どもの姿をどのように捉え，人と関わる力を育んでいったらよいのか，考えていきましょう。

　三つのねらい（①～③）の内容をあらためてよく読んでみると，子どもの「自己と関わる力」「人と関わる力」「ものと関わる力」について述べていることに気づかされます。

　すなわち，「①園生活を楽しみ，自分の力で行動することの充実感を味わうこと」は，子どもの「自己と関わる力」，「②身近な人と親しみ，関わりを深め，工夫したり，協力したりして一緒に活動する楽しさを味わい，愛情や信頼感を持つこと」は，子どもの「人と関わる力」，「③社会生活における望ましい習慣や態度を身に付けること」は，子どもの「もの（ルール，生活習慣を含む）と関わる力」が育まれることが必要であることが示されていると考えます。

　このことからは保育内容「人間関係」の三つのねらいは，子どもの姿を人との関係のみではなく，自己，ものとの関係からも，すなわち自己，人，もの（ルール，習慣などを含む）との関係からも，多面的に捉え，これらが相互に関連し育まれていくことが示されていると捉えられます。

　つまり，集団活動のなかで，子どもの人間関係，「人と関わる力」を育むには，「いま，ここで成立する子どもたちの自己，人，ものとの関係を肯定的に捉え，その関係性を活かし援助，発展をはかり，保育活動を行っていくこと」が重要ではないかと考えられます。集団状況において一人一人のどの子どもの存在も，肯定的に理解，尊重し共に活動を創っていくことが，信頼関係の構築にとって重要です。以上の視点から，あらためて事例3-1-1について考えて

みましょう。

　保育者からの「朝の会を始めましょう。椅子を持って部屋の中央に集まり，席に着いて待ちましょう」といった提案（方向性，課題）に応じて，a. 椅子を運び，着席し待っている子は③もの，ルールとの関係が伸びていると捉えることができます。また，b. 保育者，友達と一緒に集まりたいと席に着く，「先生来てー」と呼ぶ子は②人（保育者，他の子ども）との関係が，c. 隅で泣いている子，席から立ち上がる子等，自分の気持ちや意志を，情緒や行動，言葉で表現する子は①自己との関係が伸びていると捉えることができるでしょう。

　このように，保育者が多面的な視点から，集団の一人一人のどの子の姿も，自己，人，ものとのどれか，またいくつかの関係で活動が展開されていると捉え，どの在り方も肯定的に受けとめることによって，今ここでの関わり方のヒントを得ることができます。

　乳幼児にとって集団活動を意味あるものにするには，保育者は，子どもの自己（各々の気持ち，つもり，動き），もの（椅子，朝の会といった課題，ルール），人（保育者，他の子どもの存在）との関係を肯定的，多面的に捉え，その関係を相互に関連させ，共に育ちあう状況を創る過程が大切です。

　多様な人間関係のなかで，子ども自ら主体的に人と関わる力が育まれていくよう，今日一日の保育を子どもたちと共に歩むことが望まれます。

2．個（一人一人）と集団の関係

　子どもは，皆違う多様な存在です。自発的で，主体的な存在，また周囲と密接に関係し合う存在です。保育者は多面的な視点を持って，子どもの自己，人，ものとの関係を捉えその発展を援助し，さらに場面ごとの物的，空間的な環境構成，教材や物の工夫といった，保育者の関わり方，役割を果たしていくことが大切です。

　幼稚園教育要領の「幼稚園教育の基本」では，「教師は，幼児の主体的な活動が確保されるよう幼児一人一人の行動の理解と予想に基づき，計画的に環境

3）文部科学省『幼稚園教育要領（平成29年告示）』フレーベル館，2017年。

を構成しなければならない。この場合において，教師は，幼児と人やものとの関わりが重要であることを踏まえ，教材を工夫し，物的・空間的環境を構成しなければならない。また，幼児一人一人の活動の場面に応じて，様々な役割を果たし，その活動を豊かにしなければならない。」とあります。

　個と集団の関係をふまえた集団活動では，保育者の役割の取り方，関わり方，環境（状況）の構成が重要な意味を持ちます。ここでは，これらをふまえ，個と集団の関係を活かし共に育ちあう活動が展開できるようにするにはどうしたらよいかについて述べていきます。

（1）集団とは何か

　あらためて集団とは何か，どのような特色があるのかについて考えてみましょう。そして集団の特色を活かして，子どもたちと共に育ちあう，生き生きとした保育活動を創っていくにはどうしらよいか考えてみましょう。

　園での保育は乳幼児の集団を対象として行う活動です。集団とは複数の人（通常は2人以上）の集まり，生活活動体であり，その成立，存続には共通の目標やルール，場所，時間，メンバー間の心理的関係，凝集性（まとまり）等が必要とされます。集団の構成には，全体集団と部分集団と個人があり，それらは力動的に関連しあって変化します。

（2）個人と小集団と全体集団

　個人は所属するいくつかの集団があり，また所属集団のなかには，いくつかの小集団が成立し，個人の行動に大きな影響を与えます。

　例えば，幼稚園の3歳児クラスに所属するYK児（3歳6か月）は，他に家庭やスイミングの集団に所属しています。ある日，YK児は幼稚園に行かないと渋っています。その理由を聞くと「スイミング教室に行きたくない」ということでした。この園では近くのスイミング教室と提携し，週1回はスイミング教室へ送迎付きで行けることになっています。ある親は幼稚園に行きながらおけいこごともできるということでこの園を選んだそうです。週1回とはいえ幼稚園とは違う場での一斉的な集団としての行動を求められることに，入園間も

ない 3 歳児にとっては，その適応に心の負担を強いてしまうこともあります。この場合，保育者は，幼稚園のクラス集団での一人一人が安心感を持って登園できるような配慮が必要です。そして，クラス集団で皆が安心して活動ができるようになった時期を見計らい，放課後の過ごし方として，「プールに行きたい人」「幼稚園で遊びたい人」「おうちで過ごしたい人」等の可能な選択肢をつくり，それを子ども自身で選択し活動できるようにするのも一つと考えます。

　それではもう一つ，ある園の 4 歳児クラスの自由遊びでの小集団（コーナー）を活かした活動（ごっこ遊び）の様子を見てみましょう。

事例 3-1-2　皆でごっこ遊び　4 歳児クラス

　①部屋で，子どもたち同士でアイデアを出し合い，次のようなコーナー活動が始まります。a. 積み木コーナー（大型積み木を使ってスーパーを作る），b. ままごとコーナー（マットを敷いて家族を決めてままごと遊びをする），c 病院コーナー（お医者さんセットや白衣を使って動物病院ごっこをする），なかには，ぬいぐるみの犬を抱いてひとりでいる子（d）や，まだ遊びを決めかねて皆の間を走る子（e），周りで様子を見ている子（f）もいます。

　②保育者の援助や仲立ちもあって，次第に，走り回っていた e は荷物を届ける宅配屋さんになったり，b. はままごとコーナーの庭にぬいぐるみの犬のおうち（犬小屋）を作ります。病院コーナーの隣のスペースを利用して薬局コーナーができ，周りで観ていた f は折り紙で薬をつくり始めます。各々のコーナー活動で様々な役割が担われ，子どもたちの活動は充実し，発展していきます。

　③次第に，コーナー間で行き来したり，交流しあいます。

　④病院に入院した犬の退院祝いに，積み木コーナーに作られた大きなレストランに，皆で集まりお祝いをすることになり，コーナー活動は全体的な集団活動へと統合されていきます。

　このように子どもたちの自発的，主体的な活動が活かされ，コーナー（小集団）活動やコーナー間交流，統合的活動へと，個人，小集団，全体集団がダイナミックに発展し，創造される集団活動においては，子どもたちの各々の在り方，役割が活かされ，一緒に活動過程を共有する喜び，共に育つ経験が得られます。そして，このような集団活動において，子どもの人と関わる力は，飛躍的に，豊かに育てられるでしょう。

3. 個と集団の相即的な発展

　園での保育集団とは，園の全体集団（全クラスの子どもたち，園長，主任，保育者，栄養士，看護師，園バスの運転手などのすべての先生，職員），クラス集団，縦割り集団，リトミックやスイミング等特別に編成される集団など様々あります。

　ここでは，集団において共通に捉えられる構造と機能，役割等の原理から，保育に有効な方法は何かについて考えていきます。日常の保育活動のなかで，事例 3-1-1 のように，個々の子どもの自発性や主体性と集団全体のまとまりや方向が一致せずに，個と集団との関係といった壁にぶつかり悩む保育者も多いのではないかと思われます。個人か，集団か，どちらか一方を優先，また対立させるのではなく，個人の自発的，主体的な在り方が活かされて集団全体の活動も発展し，そのことがまた個人の豊かな成長に結びついていくような集団活動であることが望まれます。子どもは，今ここで，まわりの人，もの，集団状況に関わって存在している関係的存在です。集団の個々のそれぞれの在り方が尊重され，集団活動に力動的に活かされていくことにより，個人の関わり方も発展していくような，集団も個人も共に伸び，育ちあっていけるような集団づくり，仲間づくりが大切です。

　このような個と集団の関係を，「個と集団の相即的な発展」がはかられる関係にあると言い，それは，集団全体が発展することにより一人一人が伸び，一人一人が伸びることにより集団全体の発展が促されるようなダイナミックな関係を意味します。

4. 保育者の連携（チームワーク）を活かす三つの機能と保育者（リーダー）の関わり方

　保育者の連携（チームワーク）を活かす保育のしかたについて考えていきます。

　集団活動において保育者と子ども（たち）との間には，保育する—保育されるといった二者関係に固定されずに，三者関係[4]，また多様な関係が展開するよ

---

4) 児童集団研究会「集団指導の理論・技法・実践」お茶の水女子大学児童臨床研究室，1965年，p. 2.

うな保育者の関わり方，チームワークが重要だと考えます。ここでは，集団全体も一人一人も，共に育つ「個と集団の相即的な発展」の過程や内容を促進する保育活動の保育者（リーダー）の関わり方，チームワークについて述べていきます。[5)6)7)]

①三つの機能

　「個と集団の相即的な発展」が促されていくには集団活動を促進する機能として次の「三つの機能（方向性，関係性，内容性）」が必要です。
・方向性機能：集団活動の方向を明らかにする機能
・関係性機能：集団活動において，人，もの，コーナー，場面や方向との関係など，様々な関係の発展を促進する機能
・内容性機能：集団活動における子どもたちの自発活動を促進し，内容をつくる機能

②保育者（リーダー）の関わり方

　個と集団の相即的な発展の活動が展開していくためには，保育者（リーダー）はどのように「三つの機能」を担い合っていけばよいでしょうか。保育者の役割が三者関係的に展開されるよう，三つに分けL1，L2，L3とします。保育者（L1，L2，L3）は集団活動の展開に応じて，チームで「三つの機能」が十分促進されるように連携して役割を担い合います。なお，L1，L2，L3はどの役割も個と集団の相即的な発展に必要な役割であり，上下関係はありません。L1，L2，L3は表3-1-1のように役割を担い合います。

　L1は，集団活動の全体をとらえ，その活動の方向を明らかにしたり（方向

5）松村康平「保育集団の指導」日本私立幼稚園連合編『幼児の性格形成──関係発展の保育』ひかりのくに，1976年，pp. 101-125。
6）吉川晴美「集団生活と保育」武藤安子・吉川晴美・松永あけみ編『家庭支援の保育学』建帛社，2016年，pp. 42-48。
7）望月愛里・吉川晴美・田尻さやか「保育実践力の養成について──幼児集団活動におけるリーダー体験との関連から」『関係学研究』第46巻第1号，2020年。

表3-1-1 三つの機能とリーダー（L1，L2，L3）チーム

	L1	L2	L3
①方向性機能	集団活動の全体を捉え，活動の方向を明らかにする。		
②内容性機能		コーナー活動における子どもたちの自発活動を促進する。	周辺にいる子どもに即して動き，自発的活動を促進する。
③関係性機能	コーナー間の関係発展を促進する場面設定，役割付与をする。	子どもたち同士の関係が発展する役割付与，場面設定をする。	子どもと他のコーナーとの関係，全体集団状況との関係をはかる。
活動場面			
リーダー（L1，L2，L3）のかかわり方の例	L1は，舞台に楽器を持って上がる子と席に着く子，それ以外のコーナーの子どもたちを捉えて「これから音楽会が（舞台で）始まります。」とアナウンスし，全体の活動の方向を明らかにする（①）。さらに「音楽会に，ままごとで作ったごちそうを持ってきたり，バスで来たりしてもいいよ，待ってるね」など提案し，各コーナーや場所の活動が活かされ，関係発展が促進される場面設定，役割付与をする（②）。	L2は，積み木で遊ぶ子に寄り沿い「何ができるかな」などと話しながら自発活動を促進する（②）。積み木を積むうちに「ジュース屋さん」のコーナーになり，他のコーナーの子が「くださいな」とジュースを買いに来る。L2は子と一緒に「お店屋さん役」になり，子どもたち同士の関係が発展する役割を取ったり，場面設定をしたり，活動内容を促進したりする（②，③）。	L3は，皆から離れて，一人でバスを動かす子の傍らで，他コーナーと繋ぐバスの道（白線）を敷き，子の気持ちや動きに沿って，一緒にバスを動かす（②）。子が前に進んだり戻ったりといった行動を繰り返した後，次第に他の子どもたちやコーナーを見つめる瞬間を捉えて，L3は「あ，何かな？」などと，子どもに即して寄り添い，子と他のコーナーとの関係や全体集団状況との関係をはかる（②，③）。

出所：松村康平「保育集団の指導」日本私立幼稚園連合編『幼児の性格形成——関係発展の保育』ひかりのくに，1976年，pp. 112-125をもとに筆者作成。
写真提供：幼児グループ　2，3親子グループ（東京家政学院大学）。

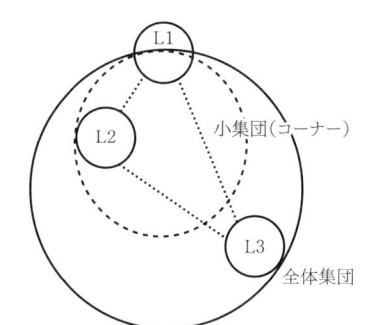

図3-1-1　集団における保育者
（リーダー）チーム

出所：松村康平「保育集団の指導」日本私立幼稚園連
合編『幼児の性格形成──関係発展の保育』ひ
かりのくに，1976年，p. 118をもとに筆者作成。

性機能を担う），コーナー間の関係発展を促進する場面設定，役割付与をする
（関係性機能を担う）

L2は，コーナー活動における，子どもたちの自発的活動を促進したり（内
容性機能を担う），子どもたち同士の関係が発展する役割付与，場面設定する
（関係性機能を担う）

L3は，周辺的にいる子どもに即して動き，その子の自発的活動を促進しな
がら（内容性機能を担う）

他コーナーとの関係，全体集団状況との関係発展をはかる（関係性機能を担
う）[8]」

これらの役割連担を図で表すと図3-1-1のようになります。

③複数の保育者によるリーダーチームの場合

保育者が3名の場合には，各々がL1，L2，L3のどれかの役割を任うとよ
いですが，2名であれば，1名はL1，もう1名はL2とL3を，4名以上で

8）前掲5）

あれば，L1は1名で，L2とL3は各々が複数であってもかまいません。また
は，それ以外に，参加観察者的な役割を加えてもよいでしょう。このように「三
つの機能」を担い合い協力しながら，チームで集団活動の発展を促していきま
す。三つの役割を固定せず交代しながら進めていくのもよいでしょう。

④保育者1名の場合

　実際の保育では，クラスの年齢により保育者は1名です。保育者が1名でも，
上記の集団活動の諸機能を認識し，場面に応じて適宜L1，L2，L3の役割を
担って関わります。また，実際に集団活動が展開していく過程をよく見ると，
このL1，L2，L3の役割は，保育者だけではなく，子どもたち自身で，また
もの（遊具，ルールなど）でこれらの役割を担いあっている場合もあることに気
づかされます。保育者だけではなく，子どもたちも，またものも，個と集団の
相即的な発展を担う，共に関わって育ちあうL1，L2，L3の役割を担う存在
（メンバー）なのです。保育者（リーダー）自身が，この「三つの機能」を意識
して振る舞うことにより，次第に，状況や場面に応じて，子どもたち，ものた
ちも，L1，L2，L3の役割が担われ，皆で連携して集団活動が発展していく
過程を体験できるでしょう。

　例えば，1名の保育者の場合，園庭で旗を立てて（L1），子どもたちが遊ん
でいる側に交じり子どもたちの間を縫いながら（L2），「赤い旗が見えるかな，
赤い旗（L1）までどうやって行こうかな。飛行機，電車，歩いて，お友達と
手をつないでも行けるかな（L2）。さあ，ヨーイドン（L1）。」後方や周辺で迷っ
たり，困っている子どもには「どうしようかな」等と傍らで声をかけ，皆の様
子を望遠鏡で見てみます（L3）。そのなかで，ある子どもは「電車が出発する
よー」と電車に乗るお客さんを募り，電車になって赤い旗の駅まで走ります。
その場合この子どもは全体集団のなかではL2，電車グループのなかではL1
の役割を果たしていると捉えられます。電車，飛行機，走り等，それぞれの行
き方で向かう子どもの役割はL2，行こうか迷っている子を「～ちゃん，どう
したかな」と気にかけ近づこうとする子どもがいればその子はL3の役割を
担っていると言えるでしょう。

　実際に，4歳児，5歳児集団へと，個と集団の相即的な発展が進んできた集団においては，子どもたちが自らL1，L2，L3の役割を担いあって，主体的に活動を展開する場合も見られます。

　保育者は今ここでの集団活動の状況を捉えて，さらに子どもたちの活動の内容が豊かになるように，環境の再構成や，新たな課題活動の提案，また外集団（他園，高齢者施設，小学校等）との交流を促進することが大切です。

　以上のように，保育者たち，子どもたち，周りの環境や物との関わりを活かして，状況に応じて，共にL1，L2，L3の役割を担い合い，一人一人と集団全体がダイナミックに関わり合って活動が創られていくことで，子どもの発達を促し，人と多様に関わる力を養っていきます。

演習問題　（ロール・プレイング）（詳しい手順や注意点は，巻末を参照）
　本節で取り上げた，集団活動を促進する三つの役割（機能）について，3人一組のロール・プレイングで学びましょう。
①会場設定と集団構成（人数）
　会場：小グループで同時に演じる，話し合いをする空間が確保できる講義室，演習室
　　　　等。
　集団構成：3人から最大50人。
②ねらいの設定
　リーダーチーム（L1，L2，L3）の役割を体験する。
③ウォーミングアップ
　巻末 p. 232を参照。
④場面設定
　保育者（L1，L2，L3）が全園児を前に遠足に行くことのお話を行なってみる。
⑤役割設定
　監督：1人（教員，ロールプレイの指導者，訓練を積んだ学生，等）
　演者：3人一組になり，保育者L1，L2，L3の役割を決める
　観客：なし
⑥ドラマの開始と展開
　各グループ（3人）でL1，L2，L3の役割を取って実際に行ってみましょう。
　a. 遠足に行く場面をL1，L2，L3の下記のセリフで行ってみましょう。
　　L1（方向性機能）：遠足に行きます。九時に集まりましょう。
　　L2（内容性機能）：お弁当は何にしましょう。のりまきに，それともサンドイッチ
　　　にしようかな。
　　L3（関係性機能）：三台のバスに，どのクラスが，だれとだれが，いっしょにのり

ましょうか。
　　b.　役割交代をして，３人が三つの役割を体験しましょう。
　　c.　他の場面を自分たちで考え，L1，L2，L3の役割を取ってやってみましょう。
　　例：絵本の読み聞かせを始める場面，遊びから片付けに導入する場面，等
⑦全体でのシェアリング
　　a.　各グループで，L1，L2，L3の役割を取ってみての感想，発見を話し合いましょう。
　　b.　各グループのL1，L2，L3の役割を取っての感想，発見を，全体に発表し，共有しましょう。
⑧役割解除
　　監督は，演じてもらった感謝と現実の○○さんに戻ることを伝えます。
⑨ディスカッション，まとめと今後の課題
　　⑦で発表，共有したことを，再度振り返り，各々の役割の取り方，チームワークについて，確認しましょう。
＊時間があれば，子ども役も設定し，保育者（L1，L2，L3），観客の役割を決め，別の保育の場面でやってみましょう。

第2節　子どもにとっての安心の保育の場（3歳未満児を通して）
——保育者，仲間とのつながり

　小さな子どもたちが過ごす場所に欠かせない大切な，なくてはならないもの，それは保育者の笑顔です。「今日も楽しくすごそうね」と保育者の穏やかなやさしい笑顔があって，小さな子どもにとっての安心な場所・環境となり，それが人間関係の基礎となっていきます。
　本節では，保育者や仲間との関わりを通して，①身近な人と親しみ，関わりを深め，気持ちを通わせようとする姿，②保育所等での生活を楽しみ，人と関わる心地よさを感じる姿，③子どものふとした行為やことばから始まる，仲間とのつながりを楽しむ姿，などがみられる保育場面のエピソードを紹介していきます。

1．人との関わり（保育者，仲間）の始まり
　保育所やこども園の０歳児クラスで生活する子どもの月齢は様々で，発達は著しく個人差があり，育ちの様子も異なります。はじめての保育者，仲間との

出会い，関わりを通して，「身近な人と親しみ，関わりを深め，愛情や信頼感が芽生えていく姿」を実際の0歳児クラスの事例から考えてみましょう。

> ### 事例3-2-1　いないいないばあ　0歳児
>
> 　保育室には，『いないいないばあ[9]』の絵本が置いてありました。はじめは，大きく描かれたくまやねこの姿にじっと釘付けになるTH児でしたが，だんだんとTH児の驚く姿に合わせて「ばあ」と動物との出会いを演出するYM先生の顔を見ていました。何度も何度も繰り返し「読んで」「もう一回」と言うように，TH児もページをめくっては「ばあ！」のタイミングを楽しんでいました。
>
> 　TH児がふと振り返ると，天井からふわふわとした感触で，少し向こう側がすけて見える布がハンモックのように下がっていました。そのやさしく包まれるような感覚の布にひきつけられるようにTH児はハイハイで近づいていき，布のハンモックを間にYM先生と「あっちとこっち」になりました。すると，「あっち」にいたTH児は，YM先生のいる「こっち」に向かって「ばあ」と顔を出しました。それに合わせてYM先生は「ばあ」と笑って応えました。「いたね！」と出会いを楽しみ，しだいに部屋のトンネルや壁などを使って「いないいないばあ」が繰り返し楽しまれていきます。

　「いないいないばあは赤ちゃんが出会いの楽しさを発見する遊びです。赤ちゃんの笑顔や呼びかけは，人の笑いかけ，語りかけを誘い，それが赤ちゃんと人とのかかわりを豊かにしていきます[10]。」また，「人との出会いの楽しさをつくりだす遊びです[11]。」だんだんと慣れると，赤ちゃんたちは動作を少し変化させ，どんどん遊びを広げていきます。やがて，つかまり立ちや歩くことが楽しい時期になると，ついたて越しにしゃがんで，身体全身で立ち上がり「ばあ！」と大人に見つけてもらう，いないいないばあが始まることもあります。

　0歳児クラスの子どもが安心してすごせるように，保育者は自らの立ち居振る舞いや環境づくりにも気を配っています。保育者は，穏やかにゆったりとした雰囲気をつくりながら，今，ここでの子どもの気持ちや動きに即して敏感に

9）松谷みよ子・ぶん，瀬川康男・え『いないいないばあ』童心社，1967年。
10）松村康平監修『初めての赤ちゃん　心の育児学』婦人倶楽部編，講談社，1983年，pp. 4-5, pp. 9-10。
11）同前掲。

感じ，受け応え，振る舞います。

　子どもは，おなかがすいたとき，眠いとき，暑いとき，排せつをして気持ち
が悪いときなども，泣いたり，顔をしかめたり，じっとしたり，激しく動いた
りして自分の気持ちや思いを表わしています。保育者は子どもの状況や気持ち，
したいことを感じ取って，心地良い，安心する状況をつくり，「おなかがすい
たのね」「すっきりとして，気持ちがいいね」と語りかけたりします。このよ
うにして身近な人との間に情緒的な絆がつくられます。転んだりぶつかったり
して痛いとき，新しく見知らぬものや人に出会ったとき，子どもはこのように
安心ができ，頼りになる人のところへ助けを求めます。子どもはこのような関
わりをする大人を基地として，安心して探索活動をしたり，周囲の環境や人に
働きかけ，遊びを通して人や物との関係を楽しみ合います。

2．保育者や仲間との豊かな関係性

　床に近い姿勢からだんだんと歩けるようになり，行動できる世界が大きく広
がって，さらに自分の手を使って様々な操作ができるようになる1歳児。大人
が伝えようとする簡単な言葉を理解し，自分のしたいこと，やりたいことを指
差しや身振り手振り，声で表現できるようになります。身近な大人だけでなく，
友達をはじめとする周囲の人や物へ積極的に関わり，他の子どもや大人の思い
とぶつかりながらその力を発揮していきます。

　子どもにとっては，目にするものすべてが新しく，興味をひかれるものであ
り，関心を向けたものにはとことん突き進んでいきます。子どもの周りをすっ
きりと整理するなど安全への配慮は大人にできることです。また，子どもたち
は保育者との関係の中で，受容的・応答的な関わりを積み重ねて安定感をもっ
て過ごすころです。子どもたちは，新しいもの，こととの出会いの途中でふと
気づいたかのように身近な大人を探し，そして目が合い，「おもしろいね」と
見守られ安心してまた遊び始めます。

事例 3−2−2　みんな一緒！　1歳児

　MK 先生が広いひろばで走りだすと，SH 児が「まてまて，きゃー」と追いかけます。ふと止まると，少し高い段差を見つけました。そこに乗って「そろりそろり」と歩くと，やがて二人も友達がやってきました。三人並んで皆で「そろりそろり」と歩きだし，一番前の SH 児がピタッと止まると後ろに続く2人もピタッと止まります。なんだか一緒でうれしい！　の瞬間です。

　1歳児クラスの子どもは，保育者の行動に誘われて遊び始めることが多くあります。そしてその面白そうな気配を発見した他の子どもたちも寄ってきて，「同じ」「一緒に」と遊びの楽しさが広がっていきます。

事例 3−2−3　自分で！　1歳児

　1歳児クラスの DI 児はおいしく給食を食べ，気持ちよくふとんに行こうとしているところです。でも，その日の給食のスープやソースがエプロンに染み込んで，食事前に午睡用に着替えた服にもぺったりとついています。

　「きれいな服に着替えようね」と SH 先生の誘いに納得した様子の DI 児は，自分の荷物置きをのぞきこんで，着替える！　としっかりと気持ちを表しているようです。SH 先生が「車と恐竜どっちにする？」と服を出すと，DI 児は「きょうりゅう」と服を指さして，SH 先生へ伝えます。

　SH 先生は，焦っていたようで，さっと DI 児の頭から恐竜の服をかぶせようとしたその時です。「じぶんで」と SH 先生の手と DI 児の手がぶつかりました。その姿にはっとした SH 先生は，前と後が反対にならないように「この向きで着ようね」と DI 児の服を手にかけました。頭が出てくるまでに少し時間はかかったけれど，SH 先生が絶妙に DI 児を見守り，少しだけ助けて（DI 児にはわからないように！）無事に着替えが終えられ，誇らしげな表情の DI 児は，ゆったりとした気持ちでふとんに横になりました。

　行動できる世界が大きく広がり，「自分」の気持ちがはっきりとしてきて，なんでも自分でやりたいこの時期の子どもは，保育者と安定した関係の中で，自分の思いを発揮し，生活をしています。そして，自分の思いを行動や表情，言葉でとても強く表現します。大人の思いや「今」の集団の状況と異なる子どもの思いがあるとき，まず子どもの思いが保育者に受け止められ，分かっても

らえると，折り合いをつけられるようになっていきます。

3．仲間とのつながり——遊びのなかで育つ仲間との関係

　2歳児は，生活の流れに慣れ，体力もついてきて，多くの子どもがだいたい同じ生活リズムで過ごせるようになってきます。友達と一緒にという気持ちをもつようにもなるので，排泄や食事など基本的な生活の仕方も友達に刺激され，自分もやってみようと思うようになってきます。

　子どもたちは毎日，様々なことを発見していきます。大人には日常で当たり前のことに見えても子どもたちの見る世界は様々で，つぶやきに耳を傾けるとびっくりさせられることがたくさんあります。

　また，身近な大人のことをよく見ていて，真似をします。見聞きしたことがどんどん吸収される時期です。時にはびっくりするような言葉を使い始めて，「どこで，覚えたの？」ということもあります。不思議と大人にとって「困ったこと」「悪いこと」が盛り上がり，皆に共有されていくと感じることがあります。地震・台風・病気など，生活の中で体験した「困ったこと」「悪いこと」が再現され，行動・行為そのものが「リアルな行為」となり，「遊び」となっていくことがあります。[12]

事例3-2-4　たこが踊りだした遊び　2歳児

　KI児が突然，手に持っていたブロックをくねくねと動かすと，SA先生がちょっと面白そうな顔をして「なんだか気味が悪い！」と言いました。すると，たちまちブロックはKI児によって「たこ」に見立てられ，「たこが踊りだした」という事件になりました。少し離れたところにいた友達もかけつけ，その手にはブロックが握られています。互いに「たこ」を躍らせ，驚かしあっています。偶然にも風が吹いてきて新聞紙が舞い散り，そこに興奮しながらSU児が木製の中型積み木をたたいてみると，積み木が太鼓に見えてきました。さらにこわい雷の場面が頭にわいてきて，「太鼓みたい！　雷みたい！」と嵐の中で「たこがおどっている！」遊びになりました。

---

12) 田尻さやか「就園前幼児の集団活動に関する研究Ⅰ——「困ったできごと」が心理劇的遊びへと変化するまで—」『関係学研究』第42巻第1号，関係学会，2017年，pp. 33-44。

　この場面では，偶然的・突発的に起こった行為がその状況と重なりあって「リアル」「本物みたい」に見え，「リアルな行為」となり，それが集団の中で何度も繰り返され，象徴的に「遊び」のテーマとなる場面になっていったととらえられます。日常生活で体験された自分の力ではどうしようもできないできごとが保育場面の遊びの中で体験され，仲間たちと試行錯誤しながら新しく活動を展開する楽しさや喜びを味わうことがあるのではないでしょうか。「遊び」のなかで「ほんものらしく表出した遊び」は，偶然的・突発的で，人の行為とそれを支える状況が皆のつながりの中で意味づけられ，何度も行われるなかで本物らしく発展し，ドキドキ・ワクワクする感情がみんなのなかで体験されていきます。

　子どもたちの遊びの中で繰り返し起こった，「床に寝転がり，死んじゃったと目を閉じる」行為について考えます。

事例 3 - 2 - 5 　「死んじゃった」遊び　2歳児

　大雨が降った夏の日のころ，テレビで大きな川が決壊したとニュースが流れた後，2歳児クラスではお花紙をビリビリやぶいて遊んでいました。ダイナミックに紙が部屋に舞っていたときに，SN 児がつるんとすべって転んでしまいました。すると，SN 児は「死んじゃった」とつぶやきました。

　秋になっても，床に寝転がっていく行為が繰り返されるうちに，子どもが目をつぶり，体をぴんと緊張させて「死んじゃった」と命名していきました。その後の遊びの経過の中で MI 先生は「あら，川の中にいるみたい！」「だいじょうぶかな」などと関わり，状況設定や子どもの気持ちの明確化を促すような関わりをすることなどをしましたが，「死んじゃった」と命名された遊びを繰り返し，自分からおこなったのは SN 児です。それは，半年間にわたって続きました。

　この「死んじゃった」と名づけられた遊びは，一見すると大人にとって「困った」ととらえられがちなテーマです。しかし，心理臨床や保育の中で「死と再生」がテーマになる遊びの事例については，様々に報告され，関心がもたれています。

　子どもたちは日常生活の中で，特にテレビやインターネット・ゲームの世界

で気軽に「死ぬこと」を目にして，それを日常のふとした当たり前の一コマの
ように再現しています。その経過の中で相手が驚いたり，子ども同士で真似る
など影響しあって遊ぶうちに，ただの「遊び」だったことが，一つの大切な人
間関係の体験をすることにもつながっているように見えます。

　SN児は繰り返し，自ら「死んでいるの！」と命名し「床に寝ころんで目を
閉じる」行為を半年間，71回にわたって続けました。そのプロセスでは他の友
達や集団との関わりが変化し，SN児の遊びや感情の表現なども大きく変化し
ていきました。

　「死んじゃった」と子どもがつぶやいた背景には，病気の時の体験のイメー
ジや相手に気が付いてほしい，相手に世話してほしいという気持ちがあり，「リ
アルな行為」として繰り返し起こったのだと思われます。また，遊びの合間や
次の遊びにがらりと切り替わる前触れのような行為であったことも特徴として
挙げられ，子どもにとって「死んじゃった遊び」のテーマは「遊びをはじめか
らリセットしたい」という願いも含まれていたようにもとらえられます。[13]

事例3-2-6　ここはおうちですか？　2歳児

　部屋の隅にあるおうちスペースにごちそうや電車，ぬいぐるみ，ジュースな
どたくさんのおもちゃを運び込んでいるKU児，その動きに気づき同じよう
に運び込むRG児がいます。
　MK先生（L3）は「ここはおうちですか？」と尋ねながら場面に参加し，
KU児に頼まれていたジュースを配達していた時です。KU児「ここはどろぼ
うの家です，入らないでください」と言うと，RG児は無理やり身体を押し込
みながら「ゴミ収集車なの!!　たくさんゴミが入っているでしょう!!」とそれ
ぞれの思いが交錯していきます。
　KU児は強い口調で「ここはどろぼうの家なの，誰も入れない」と言います。
RG児はその強い口調に対抗するように，ペットボトルのおもちゃと自分の体
をおうちに押し込むように入れます。さらにKU児はRG児の体に乗りかか
るようにして，おうちに入らないように物とRG児をさえぎります。
　MK先生が「ここはおうちかな？」というと，RG児が泣きながら「ゴミ収

13）同前掲。

集車なの！　ゴミがたくさん集まっているでしょう」とたくさんのおもちゃを指さしながら訴えます。KU児は「違うったら！　どろぼうの家!!!」とどんどん激しくなっていきます。MK先生は2人の安全を考えて，KU児とRG児を少し見えるところへ離します。

　そこで，YU先生（L1）が，「もうすぐ夜が来ます」とおうちのあたりにいるみんなに向かってアナウンスしました。MK先生「夜が来たら，どうしようか」，KU児は「地震が来る」とつぶやきます。HM先生（L2）はKJ児がRG児の様子を見ていることを確認しながら「地震がくるって」と話すと，RG児は「そしたら助けに行く」と考えをHM先生に伝えます。

　助けに行くと考えてはみても，KU児がおうちに入ったままであることに，納得がいかないRG児。泣きながら，「ゴミ〜，ゴミが〜」と運び込まれている物や場所に入ることを気にしているので，KU児にはMK先生が地震が来るどろぼうの家をどうするのか，一緒に考え，RG児にはHM先生が「KUくんが夜がきたらどうなるかみてみよう」と落ち着いて状況が見えるようにそばにいます。RG児は少し考えた後，涙をふいて，新しい考えを思いついたように，別のところにある新しいゴミを探しに行きました。

※L1，L2，L3については，pp. 102〜107を参照。

　場所を占有していたKU児とそこに入ろうとしているRG児の動きを「けんかはいけません」とトラブルを止め，KU児もRG児もその場から引き離す方法もあったかもしれません。また，「RGくんも入れましょう」とKU児の「入れたくない」気持ちとは違った提案をする可能性もあったと考えられます。

　しかし，この場面では「夜になります」とL1（YU先生）が場面を設定し，新しい状況を子どもと共に創り，子どもたちの考えをとらえながらコーナーとして機能させていくL2（HM先生），RG児に沿いながら新しい関わりの可能性を共に考えるL3（MK先生）の存在がありました。

　「夜」「地震」などのイメージがKU児にも，RG児にも取り入れられていき，それぞれのつもりや関わりが分断されることなく，つながっていきました。しかし，混乱の中，子どもと子どものやり取りだけでは，解決に向かうことは難しいので，保育者がチームになって子どもの遊びの場面に関わり，遊びを支えていったできごとでした。

　いろいろなことに興味がわき，手を伸ばすことが多くなることで，周りの子

どもとトラブルになったり，思うようにできなくてイライラしたり，そんな姿も増えていきます。しかし，これらの姿は，決してマイナスな姿ではありません。保育者は，けんかしないようにと考えがちですが，自分で経験することで悔しい，悲しい，残念な気持ちを味わうと同時に，事例3-2-6のような保育状況のなかで自分なりに考えたり，そうならないように工夫したりする力もついてきます。

　子どもたちの成長は日々見られます。子どもたち自身の自発的な遊びや行為・行動が保育場面で子どもと仲間，保育者たちとの間で，多様な状況が創られ，様々な活動につながり，それは子どもにとって，より確かな成長になっていきます。

演習問題（ロール・プレイング）（詳しい手順や注意点は，巻末を参照）
　「あれがほしい！（子どもと子どもの物の取り合い）」といった自分が興味を持った物がまず目に入るこの時期の子どもは，友達が持っていることに気が付かず，物に手を伸ばし持つ，使いだすなどが原因でいざこざが起こることがあります。その場面の子どもの気持ち，関わる保育者の気持ちを実際にやってみて，感じ，考えてみましょう。
①会場設定と集団構成（人数）
　会場：演じる舞台空間と観客席が確保できる講義室，演習室等。
　集団構成：4人から最大50人。
②ねらいの設定
　1～2歳児のいざこざの場面の子どもの気持ち，関わる保育者の気持ちを実際にやってみて，感じ，考えてみる。
③ウォーミングアップ
　グループ（3～4人）に分かれ，これまでのいざこざや物の取り合いについての体験について話し合ってみましょう。
④場面設定
　保育室での自由遊びの場面。遊ぶ物は何か決める。
⑤役割設定（5分）
　監督：1人（教員，ロールプレイの指導者，訓練を積んだ学生，等）
　演者：A児：遊んでいたところ，友達に物を取られる
　　　　B児：A児の遊ぶ物に興味をもつ，それを取る
　　　　保育者：1人
　観客：4人以上のグループの場合，この場面を客観的に観察する
⑥ドラマの開始と展開

いざこざの場面を演じましょう。
　展開：すべての役割が取れるよう，場面を3～4回繰り返します。場面のストーリーは毎回変えてみましょう。
⑦全体でのシェアリング
　それぞれの役割を演じてみて，場面全体を通して感じたこと，考えたことを伝え合いましょう。
⑧役割解除
　監督は，演じてもらった感謝と現実の○○さんに戻ることを伝えます。
⑨ディスカッション，まとめと今後の課題
　⑦で発表，共有したことを，再度振り返り，1～2歳児のいざこざの場面の子どもの気持ち，関わる保育者の気持ちについて，確認しましょう。

第3節　子どもの自我，主体的育ちと仲間とのつながりを支える保育（3歳児を通して）──自立，葛藤と飛躍

　3歳児は幼児期前期から後期への転換期にあたり，子どもの自我の育ちがめざましく，時には保育者や他の子どもとの関係でぶつかり合いとなり，適切な問題解決が求められる保育場面も増えてきます。保育者はどのように子どもの姿，また人間関係をとらえ，関わったらよいのかを考えてみましょう。

1．乳児期から幼児期への発達と保育者の関わり方──自立に向けて

（1）乳児期から幼児期へ

　子どもは，自分の身の回りの世話や不快感を取り除いてくれるなど，子ども自身にとっての心地よい環境を作ってくれる大人（親や保育者等）に対して信頼感を獲得していきます。身近な大人との信頼感のもとで，子ども自身が判断できない状況に置かれた場合に信頼できる相手の反応を手掛かりに自身の行動を決める，確認する（社会的参照行動）ようになっていきます。

　子どもは，身近な大人との愛着関係を拠り所にして安心感（安全基地）のもと興味や関心のあるところへと探索行動を広げ，友達や保育者など周りの人たちとの関わりを広げていきます。集団生活の中では，保育者が安全基地になったり，また，仲立ちとなり友達との関わりが広がったり，深まったりする場合

も多くみられます。例えば，友達と遊んでいても不安になると保育者のもとへ助けを求め，子どもの心が安定安心するとまた友達と一緒に遊ぶ，また一人で遊んでいるという状態を繰り返していても，その場と友達と遊んでいる場所との道を保育者がつくってみると，子どもたち同士での行き来が始まったといった場合もみられます。徐々に保育者の姿が見えなくても友達と一緒に遊ぶことができるようになってきます。

　また，子どもが幼児期になっても保育者を頼る姿は「甘え」にも見えることでしょう。子どもは保育者に対しても「心の安全基地（信頼関係）」としての存在を必要としており，それを拠り所として自分でやりたいという自立心が育っていくことも忘れてはならないでしょう。

　子どもは，自立に向けて様々な「できた」「みてみて」など保育者や友達に対して社会的承認欲求（認めてもらう）を表すようになります。社会的承認欲求は，例えば，マズローによれば精神的欲求の一つで，他者から認められたい，自分を価値のある存在として認めたいという願望とも言われます。自分で様々なことができるようになってくると，今まで身体的接触による依存であったものが，認めて欲しい，共感をして欲しいといった内面的な心理的依存欲求へと変化していきます。自立というと，何でも自分一人でできるようになることと捉えがちですが，様々なことを行う際に，自分一人でできるのかまたは周りの人に助けを求めたり頼ったりするかを判断できるようになることも自立心が育つということになります。保育者は子どもの自立への願いを認め，励まし，見守りながら同時に今成立している子どもの保育者や他の子どもとの人間関係を捉え，共に育ち合っていけるような関わりを工夫することが必要になります。

2．自己の育ちと他者理解——自己主張，葛藤，自己抑制，他者理解

　子どもは，「自分の存在」に気付くようになります。鏡に映っている子どもが自分であると認識できるようになると，例えば，保育者の「鼻に付いているシールを剥がして」という言葉がけで子どもは鏡のなかの子どもの鼻を触るのではなく，自分の鼻に付いているシールを剥がすことができるようになります。また自分の好きなものや「自分のもの」という意識を持ち，大人の様子を伺う

社会的参照行動等，やっていいかどうかの確認をすることもみられます。また，何でも「自分で，自分が，自分から」と主張する子どもの内面の育ち，すなわち「自我」の育ちがみられるようになります。子どもの「自分はこうしたい」という気持ちがどんどんと強まり，またそれを実行する行動力もあるので，大人の考えや指示に従わなくなり「いや」「だめ」など大人の要求を拒否する言葉や行動も表れてきます。そのため，大人と衝突することもでてきます。しかし，大人が「先にするね」と子どもに伝えると「だめ」と大人の元へかけてくる姿も見られ，子どもは一方的な大人からの指示で動くのではなく，自分の意志で決めたい，自分で判断したいという気持ちが「やだ」に表れています。そんな子どもの気持ちを拒否したり抑えたりするのではなく，子どもの気持ちを受けとめ，子どもの気持ちが切り替わるような言葉かけをしたり，どうしたいのかを子どもに聞くことが保育者の関わりとして必要になります。このように子どもの自我の形成を援助していくことが大切になります。

　幼稚園教育要領第1章総則第3．3には，「特に，自我が芽生え，他者の存在を意識し，自己を抑制しようとする気持ちが生まれる幼児期の発達の特性を踏まえ，入園から修了に至るまでの長期的な視野をもって充実した生活が展開できるように配慮するものとする。」とあります。自我が芽生えることで子どもは自分のやりたいことを主張したり，自分の気持ちを抑制するなかで他の子どもの存在を意識し，相手の思いを受けとめながら関わるようになります。

（1）自己主張（自己発揮）

　子どもの自我形成が進むと子どもは自分の意志に従って行動するようになり，様々な場面で自己主張をし始めます。自分の思いやイメージを主張し，思い通りにならないと癇癪を起こしたり，周りの人に対し感情的に攻撃したりするようになっていきます。集団のなかでそれぞれの子どもが自己主張や自己発揮をし出すと，衝突やいざこざが起こるようになります。

> **事例3-3-1　「僕のだもん」　3歳児クラス　KA児・KB児**
>
> 　KA児が新幹線（ドクターイエロー）をレール上で走らせて遊んでいます。そこへKB児がやってきて新幹線をさっとKA児から取りました。新幹線が自分の手元からなくなったことに気が付いたKA児は周りを見渡し，KB児が持っていることに気が付くとKB児を叩き，新幹線を取り返そうとしました。絶対に渡したくないKB児は新幹線を自分のからだで隠すように抱え，KA児を押したり蹴っ飛ばしたりともみ合いになり，互いに泣きながら「僕のだもん」と大声で主張し合っています。

　KA児とKB児は電車が好きで，特に新幹線がお気に入りの玩具です。他にも新幹線（こまち，はやぶさ等）はありますが，KA児が先に遊んでいたこの新幹線（ドクターイエロー）でKB児も遊びたいと物の取り合いが起こり，感情を爆発し，両者とも身体的攻撃を行ってしまいました。このように子ども自身が自分のやりたいことを主張し，衝突が起こります。保育者は，叩く，押す，蹴るなどの身体的攻撃は「してはいけないこと」と明確に示しながら，子どものこの玩具で遊びたいという気持ちに寄り添ったり受けとめたりしながら，子どもの気持ちを理解し関わっていくことが大切になります。そして，子どもと共にどのように解決したらよいか具体的な方法を考え，一緒に行動していくことで，子どもは保育者との信頼関係のなかで安心して他の子どもと関われるようになっていきます。また，何でも自分でやろうとして保育者に反発を示す一方で，「手伝って」と甘えてきたり，「見てて」と要求してきたりします。このような時には各々の子どもの自分でやりたい気持ちに寄り添い「〜ちゃんは〜をやりたいんだね」「でも，〜ちゃんもやりたいんだよね，どうしたらいいかな」などと，各々の子どもの気持ちを代弁したりします。すると子どもは保育者に対し「わかってくれた」と自分が受け入れられているという安心感を持つようになります。このように保育者の関わりが大事になってきます。そして，相互の主張がはっきりとすれば，解決するためにはどうしたらよいかを保育者，KA児，KB児と相談しながら解決の方法を決めていくこともできるようになってくるでしょう。では，もう少し，衝突やいざこざのときに生ずる葛藤について

考えてみましょう。

（2）自己と他者との葛藤

　仲間関係の芽生えはじめは，子ども同士の思いのぶつかり合いにより他の子どもを叩く，ひっかくなど乱暴な行為になることがあります。このような自分の思い通りにならない経験は，他の子どもと自分自身との気持ちの「葛藤」を引き起こします。幼稚園教育要領第2章ねらい及び内容人間関係3には「特に，人に対する信頼感や思いやりの気持ちは葛藤やつまずきをも体験し，それらを乗り越えることにより次第に芽生えてくることに配慮すること。」とあります。

　葛藤の体験を通して，子ども自身が相手にも言い分があることに気付き，それを共感するなかで人に対する思いやり，思い合い，相互理解が育っていく機会となります。保育者は子どものいざこざに対する援助や子ども自身が葛藤するなかでそれを乗り越える力が育っていくような人との関わりについても援助していく必要があります。

（3）他者理解（思いやり），相互理解（思い合い）の芽生え

　自我形成されると子どもは自己主張をすることや自己抑制をすることを友達や身近な大人との関わりの中で体験し，人との関わりの基礎を築いていきます。その体験を通して，自分自身の立場から物事を見るのではなく，相手の立場から物事を見るようになるなかで相手の気持ちを自分のこととして感じる，つまり共感するようになってきます。こうして自分以外の他者も自分と同じ思いをしているということに気付き始めます。

事例3-3-2　一緒だね　3歳児クラス　JC児・JD児

　JC児がままごとをして遊んでいました。近くにJD児が来て，ままごと遊びを始めました。JC児がコンロの上にフライパンを置き料理をしているとJD児はJC児の遊んでいる様子を眺めています。その様子に気が付いたJC児は「JDちゃん，欲しいの？」と声をかけると，JD児はこくりとうなずきます。JC児は他にもコンロとフライパンがあるか棚へ探しに行きます。JC児は近

くにいた保育者に「JDちゃんもこれやりたいって」と言い，保育者はJC児とJD児に他にもあるか一緒に探しに行こうと誘いますが，JC児が「でもこれ一つしかなかった。どうしよう…」とつぶやいています。保育者は「一つしかないみたい，どうしようか」と二人に言うと，JC児は棚から「これは？」と言い，ままごと道具のまな板を持ってきました。そしてJD児に「これで一緒にやろう」と提案するとJD児はこくりとうなずきました。JC児はフライパンをJD児に渡し，「順番こでやればいいよね」とJC児はまな板をフライパンに見立てて，順番にコンロにまな板やフライパンを置き，そこにおもちゃの食べ物を置いて料理をして遊んでいました。

　JC児はコンロやフライパンを使いままごとをして遊んでいましたが，JD児が自分の遊びを見ていることでJD児の気持ち（同じ道具を使ってままごとをして遊びたい）に気付き声をかけています。しかし，コンロやフライパンを探しても他の場所にも見つからないため保育者に他に道具があるか助けを求めています。保育者は二人に声をかけ一緒に探すことにしますが同じものはありません。そこで子ども自身が考えて解決策を探せるような言葉かけをします。JC児はJD児の遊びたいという気持ちに寄り添いながらも自分自身も遊びたいため，他の道具で妥協できないかまた一緒に遊べるかを考え，自分の気持ちにも折り合いをつけながら，JD児にまな板をフライパンに見立てて遊ぶことを提案したのでしょう。また子どもたちのやりたいことが重なったときに解決する言葉「順番にする」ということが3歳になると理解できるため，自分の思いや相手の思いを共感し共有する，納得する方法を見出していることがわかります。

　保育者は，一人一人の子どもに対し，心から共感的かつ肯定的に子どもの気持ちを受けとめ関わり，その姿を子どもに自ら示すことで子どもは相手の身になって考えるようになります。友達が転んでけがをすると「○○ちゃんかわいそう，はやく治るといいね」「お薬塗ってはやく治そう」などの友達を思いやる，また問題を解決する関わりや言葉を発する姿などが見られてきます。

　このように保育場面で子どもは自分の持つイメージを主張する，友達の意見に耳を傾ける，自分とは異なる意見を持つ友達の考えを受け入れる，問題を解決するなどの姿が見られるようになり，これは「自己主張」「自己抑制」「他者

理解」「相互理解への芽生え」「新しい方向をつくる」ことが可能になることであり，友達との関係が大きく変化していきます。

3．仲間関係の発展（仲間とのつながりを支える保育）——ごっこ遊びから

　子どもは，自我が芽生えてくると自分の興味や関心が向く遊びや玩具で遊ぶようになります。しかし，まだ友達と遊ぶというよりは一人でまたは保育者など周りの大人と一緒にいることが多く見られます。そして，2歳頃から子ども同士の物の奪い合いや場所の取り合いなど自己主張のぶつかり合いが多く見られてきます。子どもの物への執着心や所有欲が高まるためです。これは自我の成長とも言えます。これまで一人で好きな遊びをしていた子どもが，物の奪い合いのなかから他の子どもが遊んでいる玩具（物）を通して，その玩具の先にいる他の子どもに目が向き，自分と同じ遊びをしている他の子どもがいるということに次第に気が付き始めます。そして，自分と好きな遊びが同じである友達と一緒に遊びたいという気持ちが育っていきます。このように子ども同士のぶつかり合いを通して仲間関係が芽生え，発展してきます。

　一方，子どもの遊びは，2歳頃からごっこ遊びが増えてきます。ごっこ遊びでは，お母さんごっこ，お医者さんごっこ，子どもの憧れのヒーローごっこなど，子どもは経験したことや見たり聞いたりしたことのなかから興味や関心のあることを真似たり，実際にある物のイメージを持って別のものとして見立てたり，絵本やお話の世界を再現して遊んだりします（象徴遊び，見立て遊び，再現遊び）。ごっこ遊びを通して子どもは友達とのやり取りのなかでイメージを共有し，表現する楽しさや仲間関係が広がるような関わり等を身に付けます。子どもの成長発達に応じて，段々と一人での遊びから同じ遊びをしている友達に気づき，一緒に遊び，目的をもって協力して遊ぶ等，個から集団での関わりへと変化していきます。このように子どもは自分の思いやつもりのなかで遊んでいるため，保育者は多方面から子どもの遊びを捉え，個々の子どもや全体の遊びに即し，相互の関わりを拡げたりすることで，個々も集団全体も育ちあう遊びを展開することが大切になります。次にごっこ遊びの一コマを紹介します。

事例3-3-3　「お店屋さんです」　3歳児クラス

　JC児はままごとが好きで，新聞紙を破ったり丸めたりしたものをお皿に入れ一人でままごとをしています。別の場所でJD児もコップを並べままごとをしています。KA児はブロックを繋げ道路をつくり，車を走らせ遊んでいます。KA児の道路が長くなり，JC児やJD児の側まで伸びています。KB児は車を持ちKA児がつくった道路を車で走らせ，「もっと（道路を）長くしよう」とブロックを繋げます。そしてKB児はJC児に対し「そこどいて，どいてよ」と手で払うようにJC児を押します。JC児が嫌がり「あっちでやって」とKB児の手を押し戻します。近くにいた保育者がKA児とKB児に「（JC児を指し）あそこにお店屋さんがあるみたい，何のお店かな」と言葉をかけると，JC児は「レストランなの」と答えます。保育者が「ここに駅があるとレストランに行きやすいな，駅があるといいな」と言うと，KA児とKB児は「ここに駅をつくる」と二人は早速駅をつくり始めました。次に保育者は「ここ（JD児）は何のお店ですか」と聞くと，JD児は「ジュース屋さんです」，保育者は「ジュース屋さんに行きたいけど，道路がないから行けないなあ，道路があるといいな」と言います。それを聞いていたKA児とKB児は「次に（道路）つくるね」とJC児やJD児のお店を繋ぐ道をつくります。JC児は「レストランです。何が欲しいですか。」と声をかけると，KA児は「うどんください」，JC児「いくつ欲しいですか」など言い，お店屋さんごっこが始まりました。そのうちJD児も「ジュース屋さんです」と周りに声をかけ，周りにいた他の子どもたちがお店屋さんに気が付き「りんごジュースください」と遊びに加わります。KB児は「ごみを回収します，ゴミ回収車です」とお店屋さんの周りを車で走らせ，JC児やJD児に声をかけながら一緒に遊んでいます。

　ここでは，五つのかかわり方（第1章図1-1-2）から仲間関係の発展と保育者の関わりを見ていきましょう（図3-3-1）。

　①子どもたちはそれぞれの場所で遊んでいます（外在的）。KA児とKB児の道を長くしたいという欲求から他の子どもと場所の取り合いとなり，互いに手が出る乱暴な行為（外在的）になりましたが，②いざこざから他の子どもの存在に気が付きます（外接的）。②保育者は子どもの様子を見守りながら（外接的）いざこざを止める言葉かけはせず，個々の子どもの遊びを把握します。③④同時に子ども同士がつながるように（内接的），そして仲間遊びが発展するように

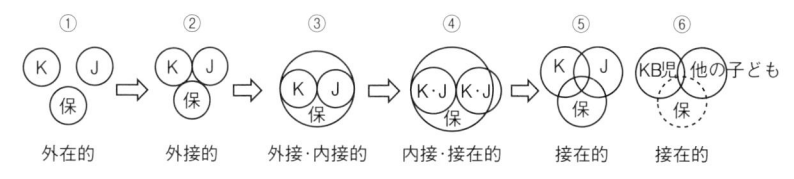

図 3-3-1　事例 3-3-3 の保育者や子ども同士の関わり方の変化

注：K グループ（コーナー）：男児 KA 児・KB 児，J グループ（コーナー）：女児 JC 児・JD 児，
　　保：保育者
出所：筆者作成。

「駅が欲しい，道があるといいな」とコーナーの間をつなぐ関わりをしています（接在的）。⑤その保育者の言葉，関わりをきっかけとして子どもは他の子どもの遊びやコーナー活動に気が付き（内接的），自分のやりたい遊びを行いながらも他の子どもとその遊びに関心を持ち，関わるようになります（接在的）。そして，⑥遊びが発展することにより KB 児は他の子どもの間をつなぐ役割を担うようになっていきます（接在的）。

　このように保育者の関わりや遊びのきっかけづくりにより子どもの遊びは，⑥個から集団での仲間遊びへと拡がり発展していきます（接在的）。保育者は子どもの遊びを把握し，子どもの気持ちを受け止めながら保育者自身が遊び仲間の一人として子ども間の遊びのつながりを支え，仲間関係が発展するような援助をすることが求められています。

　また，保育者は子どもたちが遊び空間を楽しいと思えるような環境づくりや雰囲気づくりを行うことが必要になります。例えば，子どもが人形やぬいぐるみを赤ちゃんに見立て（見立て遊び），母親役になり本物の母親らしく再現した遊びを楽しそうにしています。見立て遊びでは多くのお母さんが出現します。母親役の KA 児が抱っこひもを用いて人形を抱っこしています。それを見た SB 児や JC 児も母親役になりたいと抱っこひもを探しますが，抱っこひもは残り1 本しかありません。KB 児と JC 児が 1 本の抱っこひもの取り合いをします。JC 児が取り，KB 児は取れませんでした。KB 児はどうしても抱っこひもが欲しかったため，今度は KA 児が使っている抱っこひもが奪い合いの対象になってしまいました。このように物の数が少ないと子ども同士の奪い合いになりま

す。保育者は予め子どもの発達や遊びへの興味や関心を捉え状況に応じた物の準備をする等，遊び環境を整えることは保育者の重要な役割になります。そうした保育者の環境設定により，子どもは遊びのなかで充実感や満足感を持ち，子どもの遊びや仲間関係が発展していきます。

演習問題　（ロール・プレイング）（詳しい手順や注意点は，巻末を参照）
　ごっこ遊びでの子どもの人間関係はどのようなものでしょうか。ごっこ遊びは，想像遊び，役割遊びとも言われ，子どもたちが主体となり，いろいろなドラマや場面，役割が展開し，人間関係が発展します。本節を参考にして，3歳児の子どもや保育者の役割を取り，ごっこ遊びでの子どもたちのつもりや人間関係，保育者の関わりを体験し学びましょう。

1．全体集団で演じてみましょう。
①会場設定と集団構成（人数）
　会場：小グループで同時に話し合える，また演じる舞台空間と観客席が確保できる講
　　　　義室，演習室等。
　集団構成：3人から最大50人。
②ねらいの設定
　3歳児の子どもや保育者の役割を取り，ごっこ遊びでの子どもたちのつもりや人間関係，保育者の関わりを体験し学ぶ。
③ウォーミングアップ
　小グループ（3〜6人）で，これまでの自身の体験や園での実習，観察等を通して3歳児のごっこ遊びはどのようなものなのかを小グループで話し合い，イメージを広げましょう。
④場面設定
　小グループで話された典型的なごっこ遊びをひとつ取り上げる。
　　　例　お店屋さんごっこ，ままごと，等
⑤役割設定
　監督：1人（教員，ロールプレイの指導者，訓練を積んだ学生，等）
　演者：3歳児の子ども（3〜4人），保育者（1人）
　観客：演者以外
⑥ドラマの開始と展開
　3歳児の子どもたちと保育者で自由に演じます。
　展開：全員が演者，または観客の役割が取れるようにします。
⑦全体でのシェアリング
　1．観客は，観てどうであったか，3〜4名の人に気付いたこと，感じたことを話しましょう。その際，「よかった点，新たに気付いた点」など付け加えるとよいです。

　　２．演者は，子どもや保育者の役割を取ってみて，感じたこと，気付いたことを発表
　　　してみましょう。
⑧役割解除
　　監督は，演じてもらった感謝と現実の○○さんに戻ることを伝えます。
⑨ディスカッション，まとめと今後の課題
　　⑦で発表，共有したことを，再度振り返り，３歳児のごっこ遊びの人間関係の特色や
課題について，確認しましょう。

　２．小グループで演じてみましょう。
①会場設定と集団構成（人数）
　　会場：小グループが同時に演じる空間が確保できる講義室，演習室
　　集団構成：３人から最大50人。
②ねらいの設定
　　３歳児にありがちな場面についての子どもの気持ち，保育者の関わり方について体験
し，理解する。
③ウォーミングアップ
　　巻末 p. 232を参照。
④場面設定
　　３歳児にありがちな場面
　　　例：仲間に入れる，入れない，等の場面
⑤役割設定
　　監督：１人（教員，ロールプレイの指導者，訓練を積んだ学生，等）
　　演者：子ども（３〜５人），保育者（１人）
　　観客：演者以外
⑥ドラマの開始と展開
　　設定されたごっこ遊びの場面を演じます。
⑦全体でのシェアリング
　　１．それぞれの役割（演者，観客）からの感想や場面全体を通して感じたこと，考え
　　　たこと等を話し合います。
　　２．それぞれのグループで行われたことを全体に発表します。
⑧役割解除
　　監督は，演じてもらった感謝と現実の○○さんに戻ることを伝えます。
⑨ディスカッション，まとめと今後の課題
　　⑦で発表，共有したことを，再度振り返り，３歳児のごっこ遊びの人間関係の特色や
課題について，確認しましょう。

第4節　自他の意識，仲間への気付き，相互の育ち（4歳児を通して）
——集団意識，集団のルール，役割

1．集団の中の自我

　4歳頃になると，これまでの信頼できる人との関係を土台としながら，より周囲の人に興味や関心を示すようになり，自ら関わろうとします。そして，そうした人との関わりを通して，自分以外の人にも感情があることに気付きはじめます。さらに，同年齢の友達だけではなく，年下の子どもや高齢者の方などとの関わりから，思いやりや感謝の気持ちが育まれます。

　このような生活を繰り返すことで，子ども自ら集団を意識し始め，集団の中における自分の役割を見つけていきます。そのために大切なことは，子ども一人一人が個として受け止められ，日々の生活や遊びが充実しているかということです。保育者は，子どもが集団の中で自分らしさを発揮できるような状況設定や，関わりを意識することを心がける必要があります。

　事例3-4-1から，集団における役割や，自分らしさを発揮できるとはどのようなことか考えてみましょう。

事例3-4-1　自分らしさを発揮できるとは？　4歳児　AM児

　1歳からこども園に入園したAM児は，周囲の音などに敏感に反応するなど，繊細な部分がありました。泣きたくても我慢してしまい，集団の中で自分の気持ちを出せずにいることも多かったです。担当保育者の応答的な関わりの中で，入園から1か月ほど経過すると徐々に慣れ，少人数の中では少しずつ自分の思いを出すようになってきました。

　毎年のクラス進級の際には，こども園全体でもAM児の気持ちに寄り添える環境を大切にしたいと考え，担任は1歳クラスから持ち上がり，AM児にとって安心できる環境に配慮してきました。

　2歳児クラスから3歳児クラスに進級しても繊細な姿は変わらず，友達の様子は気になるものの，自分から関わろうとすることは少ない状況でした。

　そんなAM児の姿から，クラス担任間で話し合い，AM児に手伝いや役割

をお願いし，達成感を味わうことで自信につながってほしいと考え，植物の水やりをお願いしました。毎日水やりをしている AM 児に，感謝の言葉や自信につながるような言葉かけなどしましたが，特に AM 児の姿に変化はありませんでした。

　　4 歳児クラスに進級したある日の延長保育の時に，たまたま AM 児の目の前で，0 歳児の RK 児がミルクを飲んでいました。保育者が「AM ちゃん哺乳瓶持つ手伝ってくれる？」と聞くと，うなずき飲み終わるまでずっと哺乳瓶を持っていてくれました。それ以降，授乳している乳児を見ると，哺乳瓶を持つ手伝いを自らするようになり，お世話を率先してするようになりました。同時にクラス集団の中でも，自分から友達の遊びに少しずつ入るようになり，表情も明るくたくましく，自信があらわれているようでした。

　4 歳頃になると，それまでの人との関係や経験から，自分が「できること」と，「できないこと」がわかり始めてきます。友達と自分を比較する姿も見られ，理想と現実の自己に葛藤することもあります。保育者は，目の前の子どものおかれている状況を判断し，年齢に関係なく，まずは個の充実を図ることが求められます。

　例えば，事例 3－4－1 のような子どもに対して，保育者は，自信を持ってほしい，達成感を感じてほしい，友達と遊ぶことを楽しんでほしいなどと願います。そして，4 歳という年齢を踏まえ，日々の生活の中で手伝いや役割を検討するでしょう。そこで大切なことは，手伝いや役割を考える時，どうしてもクラス内での役割を考えてしまう傾向があります。ですが，どの子どももクラス内で自己を発揮できるとは限りません。その子どもがおかれている環境や，これまでの育ちによっては，同年齢の集団の中では自己を発揮できない子どももいます。そのような時には，クラス内だけではなく，他のクラスや異年齢の集団にも目を向けるなど，集団の考えを保育者側が広げることも必要です。そうすることで，子ども一人一人が集団の中で自己を発揮でき，自我を意識できるようになってきます。反対に自分の役割に固執してしまう子どももいるので，保育者は，子ども一人一人を理解し，目の前の子どもの状況から，その子どもが今何を求めているのか判断することが大切です。

また，手伝いや役割は，させることではなく，子どもが自らしてみたいと思うような場面が，日常的に整っているかが重要です。そのためには，子どもをよく観察し，内面の変化を捉えることが大切です。

２．仲間との関係を通しての育ち

　自我が確立され，自他の意識が明確になってくる４歳頃には，気の合う仲間や，仲の良い友達ができてきます。語彙も増え言葉を用いて会話を楽しみ，好きな遊びをより楽しむようになります。自分と周囲の関係性を理解するようにもなり，個と集団の認識が芽生え始めてきます。誰かと一緒に過ごすことの嬉しさや，遊ぶことの楽しさを知り，常に友達とつるんで遊ぶようになってきます。

　一方で，他者の目を気にするようにもなります。ほめられたり認められると喜びますが，わかっていることを指摘されたり，期待通りにいかないと攻撃的な言葉を口にするなど，感情の起伏が激しくなることが多くなってきます。友達関係においても，仲間集団を乱すような行動や言動に対して，激しく非難することも増え，いざこざも増えてきます。不安な時には自分自身に，励ますような言葉をかける姿も見られてきます。

　このように，個と集団の認識が芽生える時期では，葛藤場面も多く感情がアンバランスになる傾向があります。ですが，このような関係を通して，より仲間意識が芽生える時期でもあります。保育者はそのような心の葛藤を理解し，個と集団が結びつくような関わりを意識することが，必要になります。

　次の事例から，仲間との関係がどのように育つのか，個と集団，保育者の関わりについて考えてみましょう。

事例 3-4-2　玉入れ練習から　４歳児　NH 児　DT 児

　６月の運動会に向けて，４歳児クマ組では玉入れの練習をしていました。何度練習を重ねても中々玉が入らず，子どもたちのやる気はどんどん下降していきました。そこで，どのようにすると玉がたくさん入るのか，クラスで話し合うことにしました。子どもたちが考えやすいように保育者が実際に見本を見せ，

　意見を聞き出していきました。子どもはそれぞれ考えを発言し，次第にやる気になり次の練習を楽しみにしていました。
　練習当日，これまで一番玉入れが上手だった NH 児が急にふざけはじめ，玉を友達に当てて遊びだしました。すると，DT 児が NH 児に対して，厳しい口調で責め立てました。NH 児は，自分は練習しなくてもできると主張しましたが，他の子どもたちも NH 児に対して厳しく非難し，練習は中断してしまいました。
　保育者はまず，NH 児と保育室に戻りふざけた理由を聞きました。すると，これまでは自分が一番多く玉が入っていたのに，友達が上手になったことが嫌だったということでした。でも，運動会では一番になりたいと，泣きながら話しました。保育者は NH 児の思いをクラスの子どもたちに伝えても良いか確認し，他の子どもたちの所に戻り NH 児の思いを伝えました。そして，他の子どもたちにも自分の思いを伝える時の話し方や，友達にも思いがあることを話し，もう一度一番を目指して頑張ろうと励ましました。
　その後は，NH 児も一生懸命練習し，クラス内で玉を拾う担当と入れる担当で役割分担をするなど，子ども主導で練習が進んでいきました。

　事例 3-4-2 のように，4歳頃になると仲間意識が強くなると同時に，集団におけるルールを理解し始めます。そして，ルールを守ることが，気持ちよく遊ぶことにつながることも理解してきます。一方で，プライドも高くなり周囲を気にするようになるため，大勢の前で非難されると，自分の意にそぐわない行動をとることもあります。ですが，このような経験を繰り返すなかで，子どもはより集団を意識し，自分もその集団の一員であると認識します。つまり，集団として大きく育つ時でもあります。保育者は，集団を意識しながらも，子ども一人一人の変化や，心の動きを敏感に捉え，仲間関係が深まるような関わりを心がけることが大切です。
　例えば，事前 3-4-2 の保育者は，NH 児の話を聞く際に，集団から離れ一対一で話を聞いています。これは，プライドが高くなる4歳児の発達と，NH 児に対する理解が，保育者の中に明確に存在しないと難しいことです。保育者が集団をつくろうと意識しすぎてしまうと，個を見落としがちになってしまうので，集団として育とうとしている瞬間を逃さないよう，個と集団の両方を観

察するようにしましょう。

3．仲間関係を育む保育の実際

　4歳児は，運動機能が発達する時期で，ケンケンで前に進むことや，走る，跳ぶ，投げるなど全身を使って遊ぶことを好みます。さらに，複数の動きを組み合わせることも可能になります。指先も器用になり，はさみを使う製作活動や，折り紙など造形活動も楽しめるようになります。自分で考えたものや，見たものを再現して作ることもできるようになり，お店屋さんごっこの品物など作る姿も見られるようになります。また，これまでの生活を通して，例えばひまわりとチューリップは花というように，概念が形成され始めるので，概念を用いた遊びをし始めます。語彙も増え，数や文字にも興味を持ち始めるため，伝言ゲームや言葉遊びなど友達と一緒に遊ぶようになります。

　そして，仲間との遊びが活発になり，例えば，友達と協力して一つのものを作ることや，集団ゲームなどをより好むようにもなります。そのような遊びの繰り返しから，仲間と協力することの大切さや，道徳性などが育まれていきます。ですが，まだまだ友達と意見が合わないことや，自分の思いがうまく伝わらず，いざこざになるなど，葛藤場面が多い時期でもあります。保育者は，子ども同士の関係や，場面状況に適した環境かどうかなど，見極めることが大切です。

　次の事例から，遊びを通して仲間関係がどのように育つのか考えてみましょう。

事例3-4-3　ブロックで動物園を作ろう！
4歳児　DK児・ER児・FU児・GO児

　4歳児ライオン組では，ブロック遊びが流行っていました。4月当初は一人で好きなものを作る姿が多かったのですが，7月頃には数人で協力して車などを作り，完成すると誇らしげに保育者に見せてくるようになりました。保育者は，完成したブロックをクラス内に飾り，保護者や他の保育者にも見てもらえるようにしました。子どもたちは，いろいろな人に見てほしくて，毎日かわる

がわる作っていました。

　動物園遠足の次の日，DK 児，ER 児，FU 児の三人で話し合いをしながら，ブロックでワニを作っていました。すると，その様子を見ていた GO 児が，他の動物を作ると言ってキリンを作り始めました。さらに，他の子どもたちも集まってきて，みんなで動物園を作ろうということになりました。保育者は他の活動をする予定でしたが，遊びを変更せずに，傍らであえて言葉をかけずに見守っていました。

　何度も崩れてしまったり，思うような動物にならない場面では，子どもたち同士でアイデアを出しながら何とか完成しました。そして，いつものブロックを飾っているコーナーに持って行こうとしたところ，運べないことに気が付きました。がっかりしている子どもたちの姿を見て，保育者が完成したブロックの下に紙を入れて，引っ張って移動する案を出しました。すると，子どもたち同士で協力しながら紙を入れ，コーナーに移動することができました。

　その後は，動物だけにとどまらず，入り口のアーケードや，各動物の囲みを作るなど，協力しながら動物園を作っていました。

　4 歳頃になると記憶力が高くなってきます。「きのう〇〇たべた」「まえ〇〇ちゃんとすべりだいした」など，体験した出来事など話すことに喜びを感じるようになるため，子どもが話したくなるような行事など，年齢に応じた計画をたてることが大切です。

　そして，事例 3 - 4 - 3 の子どもたちは，経験したことを別の遊びで表現しています。このように，保育者の誘導がなくても自ら考え，遊びにつなげていく姿も見られるようになってきます。この姿から，例えばこの時にブロックの数が少ない場合，動物園は完成しなかったと予想できます。つまり，子どもが存分に活動でき，満足できるような環境を整えることで，より子どもの遊びが広がっていきます。保育者は，目の前の子どもの姿から，少し先の子どもの姿を見通すことも大切です。

　次にこの事例 3 - 4 - 3 から，仲間関係の育ちについて考えてみたいと思います。

　まず，前提にあることは，動物園遠足という楽しい経験を子どもたちが共有しているということです。共通のイメージが子ども同士を結びつけています。

そして，クラスで流行っているブロックというものがあったことと，それらが，日常的に子どもが自由に手に取ることができる環境であったことが大きいです。さらに，保育者の関わりもポイントです。事例3‒4‒3では，保育者はあえて言葉をかけず，傍らで見守っています。傍らというほど良い距離感が，子どもに安心という雰囲気を与えています。ですが，どうしても子どもだけでは解決できないことも発生します。この場合は，移動ができなかったということです。この時に，保育者が良いタイミングで手段を提案しており，その提案によって，遊びが継続しています。

　このように，仲間関係が育つ背景には，一つの要因だけではなく，複数の要因が絡み合っているということを理解しておく必要があります。集団や仲間関係は作るものではなく，日々の楽しい遊びや経験から育まれるもので，そこには，保育者の子ども理解と関わりが，重要な役割を果たしていることを覚えておきましょう。

演習問題

1．4歳児の遊びを考えましょう。（グループワーク）
①4歳児が楽しむことができる，ルールのある遊び，概念遊び，言葉遊びを調べてみましょう。
②グループで調べた遊びを発表し，実際に遊びます。
③遊びから気が付いたことなどを意見交換し，子どもにとって遊びがどのようなものなのか，考えてみましょう。

2．自身の幼少期を振り返り，遊びの意義を考えましょう。
①自身の幼少期を思い出し，好きだったごっこ遊びを書き出します。
②どのような部分が楽しかったのか考え，グループで意見交換しましょう。

3．小グループ（3〜5人）になり，ままごとを体験し，仲間関係の育ち，保育者が介入するタイミングなどを考えましょう。（ロール・プレイング）（詳しい手順や注意点は，巻末を参照）
①会場設定と集団構成（人数）
　会場：小グループで同時に演じる空間を確保できる講義室，演習室。
　集団構成：3人から最大50人。

②ねらいの設定

　ままごとを体験し，仲間関係の育ち，保育者が介入するタイミングなどを考える。

③ウォーミングアップ

　ままごとでのそれぞれの役割を考え，書き出します。ままごとが充実するような環境設定や，ものを考えます。ままごとコーナーを実際に作ってみましょう。

④場面設定

　場面設定を考えてみましょう。

⑤役割設定

　監督：1人（教員，ロールプレイの指導者，訓練を積んだ学生，等）

　他の役割については，グループ内で役割を発表し，役を決めます。その際には，保育者役も決めます。

⑥ドラマの開始と展開

　グループごとで実際にままごとをしてみましょう。

　グループの全員が全ての役を体験できるように，繰り返します。

⑦全体でのシェアリング

　演じた感想や，より楽しめる空間，保育者が入るタイミング，具体的な関わりの内容について意見を出し合いましょう。

⑧役割解除

　監督は，演じてもらった感謝と現実の○○さんに戻ることを伝えます。

⑨ディスカッション，まとめと今後の課題

　保育者の介入のタイミングや環境設定などについて，よかった点や工夫するとよい点など意見交換を行い，集団遊びについて理解を深めましょう。

第5節　個と集団のダイナミックな発展（5歳児を通して）
──自己と人ともの（環境）の相互関係性，創造性を紡ぐ

　5歳児は，これまでの園生活の中で培ってきた自我や集団の中の自己表現と自己発揮，そして他者意識とルールへの意識を基に，仲間関係が深まる園生活の中で，幼児期の集大成として自己実現に向う時間を過ごします。遊び仲間や生活グループを中心とした小集団での密度の高いやり取りが展開します。さらに，クラスや園の活動を進める役割を担いながら協力する経験を重ねていきます。また，行事などのクラス全体で取り組む活動についてクラスで向き合う中で，クラスの仲間への相互理解が進みます。子どもたちが自らどのように皆が過ごしやすい生活にするかを考え，表明し合い，試したり工夫を重ねながら，何を大切に考えながら進めたらよいかを考えだす過程の中で，それぞれの子ど

もの自己形成もなされています。その陰には，子どもたちそれぞれの自己充実と子どもの相互性の深まりに向けて，保育の中で心を配り環境を構成し，保育を計画している保育者の働きが欠かせません。5歳児クラスの保育事例を見ながら子どもたちの個と集団の発展のプロセスと子どもの育ちを考えていきましょう。

1．5歳児期の重要性——幼児期の結実の年長児期として

　5歳児クラスの子どもたちは，運動能力や言語能力が発達し，生活習慣の自立や園生活の経験による社会的習慣の習得などから，自発的に自分の活動を選択して取り組み自己充実を図る力を蓄えています。また，「5歳の子どもはこんなにも他人の気持ちを理解し，温かい関心を持っているのかと驚かされることがある。子どもが他人との間で体験してきたことの積み重ねの上に成り立っている」[14]と述べられるように，他者の内面理解，自分との関係の意識も深くなります。子ども同士の考えを相互に調整する，遊びが組織化してくる，大人の要請に応えることができるようになるなど，子ども同士の関係は「共に」，「相手のために」，「全体の中で」と広がっていきます。人間の生きる原型として「自己実現」と「他者との関与」の両面の統合があるとの視点からは[15]，5歳児期は遊びを中心とした生活の中で，両面の統合による活動を展開し経験することができる貴重な時期として，「生涯にわたる人格形成の基礎」となる重要な日々となります。

　こうした時期の保育は，保育者による子どもたちの興味に即した動機づけや環境設定で，互いに力を出し合って「子どもたちでこんなことをやり遂げた。作り上げることができた」と驚くような成果を上げることができます。

　その一方で，そこに関わっている子ども一人一人の内面の状態を捉え，内的な充足が図れるような保育者の視点と配慮も重要になります。保育において，保育者が計画を提案するとその熱意に触発されて，子どももやり始め，保育者も子どもも張り切って大きな活動を盛り上げることができると嬉しく，熱中し

14）津守真『保育の体験と思索』大日本図書，1980年，p. 266。
15）岡本夏生『幼児期』岩波書店，2005年，p. 68。

ます。また，保育者が活動の成果に目が行くと，個々の子どもの生活や心の状態が見えにくくなることがあります。そうなると保育者の存在は子どもにとって内面的には外圧となって働いて，子どもは自分の本心を表わせなくなります。そうしたことが内からの成長を妨げてしまうことがあります。

　子どもたちの中には表面的にはしっかり行動していても目立たないところで友達に高圧的，命令的に当たる，片付けなどの仕事は避けようとするなど，内面に問題を抱えている場合もあります。5歳児クラスになっても保育者が十分に向き合い，手をかけることも必要になります。幼児期の保育の成果の中心は，子どもの内的成熟であることを大切に，一人一人の自己追求と，それが受け入れられる相互の関係性，集団活動の形成が5歳児期の課題になります。

2．5歳児期の育ちと課題——子どもの姿から
（1）自分の役割への意欲から仲間との人間関係の育ちへ
　5歳児期になると，目的や意味を踏まえた活動への取り組みに興味を持ち，意欲的に行うようになります。当番活動のような役割行動は結果が問われ，責任意識や周囲への気配りから自分の行動の客観化につながります。また，役割を仲間で協力して行うことで相互的な関係性が育まれます。

> ### 事例3-5-1　「鶏当番でーす！」　5歳児クラス
> 　4月末のある日。「どいて！　どいて！」威勢の良い声とともに，2人の5歳児が鶏の大きな水飲み器をおみこしのようにわっせわっせと外の水場に運んできました。水遊びの水をコップにくもうかと水場に寄ってきた3歳児は，何事かとびっくりした表情で固まっています。鶏の水飲み器の影で周りがよく見えていないのか，もう少しで3歳児をなぎ倒しそうな勢いです。「どいてどいて！」と近づく5歳児に，保育者が「お当番さんね。3歳児さんもいるから気を付けてね」と声を掛けると，誇らしげに「鶏当番でーす！」と言いながら，3歳児を避けつつ，水場に到着。「ブラシはこれ！」と当番仲間に渡して，てきぱきと掃除を進めていきました。
> 　途中で，水がはねたり，洗い残しに気づいて，「MAちゃんどいて！」「SJちゃん下手！」などのいざこざが起きることもあります。また，見ている4歳

> 児にかつての自分を重ねて，「大きい組になったらやってね」と声を掛けたり，「一緒に鶏さんの方に行ってみようか」など気配りをしたり，「HI君はこうしているから，私はこうするね」など相手を見ての判断や分担が生まれたりします。

　これまで4歳児としてあこがれの眼差しで5歳児の姿を見ていた子どもたちが，いよいよ進級して年長となりました。この喜びと，弾けるようなパワーがみなぎります。堂々と役割を果たし，何でも知っていて，上手にできて，年下の子どもたちにも優しい「あこがれの年長さん」が，「こうありたい自分」です。実際には，初めは思いばかりが先走り，やり方がよく分からなかったり，気が回らず失敗してしまったりすることもあります。一つ一つ，試行錯誤しながら学び，乗り越え，上達し，「あこがれの年長さん」に近づいていきます。

　個々の思いが強いだけに，やり方の違い，上手・下手，早い・遅いなどを比較し，ぶつかり合いもあります。この事例でぶつかり合いが劣等感や仲間関係の亀裂にならず，助け合う，教え合うといったプラスの関係になっているのは，鶏や園の皆のために一緒にお世話をしたい，との強い思いに支えられているからです。ルールに即した集団遊びなどでも，子どもにとって勝ち負けの体験は厳しいものです。しかし，友達と遊びたい，上手くなりたいとの自らの意欲に支えられることで，また，その思いを受け止めてくれる仲間や大人が傍にいることによって，厳しい体験を乗り越えていきます。

（2）提案された活動と自分の思いとの調整

事例3-5-2　鯉のぼり作り　5歳児クラス
　例年5月には鯉のぼり作りをして部屋に飾ったり，家に持ち帰ったりしています。そして，今年は保育者と子どもが大きな鯉のぼりを作っています。
　JK児　：「こんなに大きくなっちゃった。」
　保育者：「いいわね，JKちゃん。それくらいが。貼るのをやっても塗るのをやってもいいわよ」

> JK児　：「お母さんには貼るのをやって，お父さんには塗るのにしようかな」
> 保育者：「それもいいわね。長いのできれいに泳ぐでしょうね。（JK児が黒
> 　　　　い紙をうろこにしているのを見て）「こういうのもいいわね。うろ
> 　　　　こが重なるんですって（みんなに見せる）。」
> JK児とLA児は話しながら作っています。
> JK児　：「僕の方が大きいね。」
> LA児　：「ちょっとだけね。」（JK児は顔を赤くしてうろこを貼っていたが，
> 　　　　途中で先生のところに持っていく。）
> 保育者：「素敵になりましたね。折角こんなにきれいにできているから，明
> 　　　　日続きをしましょうね。」（と棚に置く。）
> 　JK児は飛ぶようにして庭に出ていき，砂場で男児たちが砂山を作って頂上
> の窪みから水を流しているのを見て，JK児はその遊びに入っていき，「こち
> らは工事中だから水入れないで」などと叫んでいます。

　事例3-5-2で，JK児は鯉のぼりを作ろうという保育者の意図や，他の子どもたちの様子に合わせて，自分の発想で製作をしていても他のことをして遊びたくなっています。それは屋外の子どもたちの誘発だからなのか，もしくは，鯉のぼり作りは自分からの思いではないので，自分らしい活動に戻りたかったのかもしれません。5歳児には自分の要求と外側（大人の要請や課題）からの要求との両方を受け入れながら，活動を成り立たせている姿があります。保育者が鯉のぼりの完成にこだわらずに，「JK児が途中で止めてしまう」との見方をしないで，次に繋がることと捉えたことで，JK児は安心して砂場で仲間と遊び，充実した時間を過ごしたと考えられます。このように，子どもの行動の内側の思いを尊重する関わりが大切になります。

（3）共通体験から個々の発想を共有する——目的意識から協力へ

事例3-5-3　「きゅうりの赤ちゃんがカラスに食べられた！」　5歳児クラス

　6月，あじさい組の野菜畑に，ミニトマト，なす，きゅうりが育っています。

赤くなったミニトマトを収穫し，きゅうりにも水をやろうと様子を見ると，なんと小さなきゅうりの実が，地面にぽとんと落ちていました。カラスが時々畑に来ていたのでした。以下は子どもと保育者の話し合いです。

「カラスがきゅうりの赤ちゃんを食べちゃった！」

「他のきゅうりは大丈夫？」

「つまみ食いして，慌てて逃げて行ったのかな？」

保育者も，「どうしようか？」と皆に問いかけます。

「鶏のお家みたいに，大きな屋根を付けたら，カラスも入らないんじゃない？」

「先生が，きゅうりをずっと見張っていればいいよ」

「かかしとか，おいてみたら？」

保育者は，「うーん，それでは，明日までまた考えて，カラス避けをしてみようか」と，子どもたちが続きを考え合える余白を残して，保育室に戻りました。

　5歳児は，仲間同士で話し合い互いの考えを生かし合いながら遊ぶことの楽しさの経験の上に立って，自分なりに考え，発表することに自信を持ち意欲的になってきます。保育者が，どのような考えも否定せず受けとめ，皆で考え試しながら，継続して考えていこうという方針で話し合いを支えることの意味は，大きくなります。話し合うテーマが，クラスの共通の目標に向かうものであると，クラスの仲間を批判したり攻撃したりされたりすることなく，安心してとことん話し，実際に試しながら，さらに話し合いを重ねていくことができます。それぞれの子どもの中で，思考する力や表現する力，他の子どもの考えや思いに耳を傾ける力が育つ中で，共通の課題意識に取り組む姿勢も同時に培われていきます。また，クラスの皆の前ではなかなか発言しない子どもも，「先生，あのね……」と，自分が考えていることや家庭で家族と話したアイデアを伝えてきたりします。保育者は「その考え，すてきね。皆にも聞かせてあげて」と励ましながら他の子どもたちにも自ら伝える機会を作ります。少人数の仲間やクラス全体の中でのいろいろな機会を活用します。少しずつ大きい集団の中で意見を交わし合い，共通の目的に向けて試行錯誤する関わり体験を重ね，協同性の基盤が確かなものになるように配慮していきます。

（4）仲間集団の活動が交差し育つ——行事でのクラス集団としての育ち

　園行事は，子どもたちの生活を彩り，非日常的な生活経験が子どもの飛躍的な成長の契機ともなります。中でも運動会や発表会などは，5歳児は行事の展開を担う主役であることを自覚して，主体的に計画や準備に意欲的に関わっていきます。園行事は，日ごろの生活を通して培ってきた諸能力の発揮として，遊びの延長線上にあります。遊びの活動の展開はそれぞれ子どもの即時的な発想を生かし合う，子ども相互の関係内での充足に重点があります。それに対して，行事は目的に合わせた活動の枠組みに合わせ，成果に向かって過程を積み上げることに重点があるところに違いがあります。それだけに集団の一体感と目的の共有が求められます。子どもたちが自分たちの行事を自分たちで考えて皆で創る，という実感が持てるように進めることによって，一人一人の持つ能力や個性が引き出され，これまで現れなかった子どもの一面が発揮されることもあります。

　行事に向けての話し合いでは，クラス全体で一つの共通のテーマについて話す場面が出てきます。様々な保育活動や行事の準備では，子どもたちが必要な状況を把握して個々のアイデアを出し合い，それぞれの個性や得意不得意も考慮しながら必要な係や当番などの役割を考えて受け持ち，やってみるという体験を重ねていきます。実際にやってみると上手くいくことも，いかないこともあります。それでも保育者は安全に配慮し，気をつけることを子どもに伝えながら，子どもたちが試行錯誤のプロセスを味わい，主体的に活動を展開するように支えます。

事例3-5-4　運動会の作戦会議と試行錯誤の中での価値観の転換　5歳児クラス

　2学期に入り自分の意見を活発に言える子どもも多くなりました。9月の後半からは，10月の運動会の全員リレーについての作戦会議と練習の繰り返しの中で，朝の会や帰りの会で，どのように走って勝つかを考え続けました。クラスには片まひでゆっくり歩くAY児もいます。話し合いと練習試合，さらに練習を重ねる中で，子どもたちは，どのようにしたら他のクラスに勝てるか，と

> いう意識から，どうしたら全員が完走できるかを考えるようになりました。

　事例3-5-4では，リレーの順位という結果に目が行きがちな場合であっても，子どもたちが作戦会議や練習のプロセスで，一人一人の思いや考えに丁寧に耳を傾け合い助け合うよう，担任保育者の見守りと仲立ちがありました。

　運動会を経て，その後のクラスの活動の内容を考えるときも，担任保育者が子どもたちに「一緒に考えたいこと」を投げかけながら子どもたち同士で意見を出し合い，考え合うことができるようになってきました。子どもたちの中では，AY児の意見も聞きながら話し合うことが日常のことになっていきました。

　園全体の行事は，他学年，クラスとの兼ね合いで時間的空間的な制約が大きい中で，子どもそれぞれの思いやアイデア，特性を考える必要が出てきます。それでも，これまでの丁寧な人間関係を基盤とした様々な経験があれば，子どもたちには仲間への理解と一体感が培われてきています。そして，大人の発想を超えて多様性を認め活かし合うアイデアを生み，子どもたちの主体的な活動が展開していくことも可能です。

　以下の事例は，これまでの保育で育まれた細やかな人間関係と，一人一人が大切にされた経験などから，子どもたちに平等意識が培われたことがあらわれたエピソードです。

事例3-5-5　メンバーの特徴を踏まえて発表会の出し物を考える　5歳児クラス

　この園では，12月の発表会では，5歳児クラスは創作劇を行います。発表会まであと2週間。担任保育者は，舞台の出入りだけでAY児がかなり時間を要する中，どのように劇活動を行うか，考えあぐねていました。

　舞台の下見を終えての話し合いで，担任が「発表する時間が決まっているから出てくるだけで時間がかかると，舞台で演技する時間がちょっとになっちゃうでしょう。何かいい考えはないかな。」とつぶやきました。子どもたちも担任も考え込みます。しばらく間があってから，1人が「そうだ，じゃあ，真ん中に木とか置いてさ，AYちゃんはその後ろから出てくればいい。」他の子ど

もたちも「いいねいいね」と，子どもたちは喜びました。AY 児も仲良しの BO 児，CU 児と「良かったねー」とニコニコ手を取り合い一緒に飛び跳ねて喜びました。そして，劇は「真ん中に木があるお話」に決まりました。

3．自分・人・ものの相互関係性，創造性を紡ぐ——子どもの思いの実現援助

（1）仲間と遊びこむ人間関係を通して人格形成の基礎を培う

　先の事例3-5-5では，子どもたちは劇の内容について，全員が平等に参加できることを当然としてその後のストーリーを作っていきました。そこでは「みんなで仲良く暮らす」という人として最も大切な倫理の芽が培われています。幼児期の終わりには人としての倫理の根底の育ちが期待されます。

　子どもは遊びの生活の中でも矛盾や障害があります。現実的には物の取り合いがあったり，自分が正しいと思ったことが受け入れられなかったり，能力差などによる不利益や対立が避けられません。

　また，4歳児のころに集団におけるルールを理解し始めた子どもたちは，5歳児になった頃は社会化の過程が進み，ルールをしっかり守る子どもであろうと自らを律していきます。それと並行して，何が正解か，何が大人が良しとして望むことか，何が良くないこととされて叱られるか等に敏感にもなって，自分を自由に表現することをためらう姿が見られることもあります。こうした経験の中で子どもの倫理が育つために，「子どもが友達と対等に自分を発揮して遊びこむ」重要性が指摘されています[16]。

　子どもは友達との交わりでは，相手の嫌がることは避ける，仲良くする，暴力は振るわないようにする，遊具は自分独りの物ではない，譲ったり順番を待ったり，謝ったり感謝したりするなど，最小限のいくつかを守ろうとしています。それが友達との遊びを成立させている原動力だからです。

　そして，遊ぶために実行している「みんなと仲良く」ということが，人間生活の大前提であることを自身の行動を通して体感し理解していきます。それを

16）同前掲，pp. 96-97。

支えているのは自分への誇りと自尊心であると考えられます。5歳児ならでは
の大人数による力強い集団遊びや緻密に考え合いながら作り上げている製作な
どでは，子どもたちの「やった！　やった！」との熱気が感じられます。

　自分たちで力を出し合えるようになる時期には，保育者の控えめな援助が「自
分たちへの信頼」として子どもを後押し，自覚的な行動にもつながっていきま
す。

　社会生活に向けて，規範やマナーの保護者によるしつけや保育者による指導
も欠かせません。それが外圧とならずに子どもの内面に定着するためには，そ
れを共有する素地，前節までに述べられてきた愛着関係や信頼関係の確立と自
我の育ちへの援助が欠かせないことが改めて強調されます。

（2）5歳児期の遊びにおける保育者の役割——共に育ちあう状況づくり

　幼児期の終わりになると，集団における子どもの自己は，自分自身と他の人，
もの(ルールなども含め)とが相互に関係し合っている自己としての特徴が強まっ
てきます。運動機能や思考力，表現力を存分に発揮しつつ人と繋がり，物を生
かして共に活動を創り上げていく経験は，子どもの社会の中での自己実現への
自信をつけます。この時期は，やってみたいことや遊びのイメージをそれぞれ
に持っていますから，子どもが実現したいことの意図に添った援助によって，
満足感や達成感が高まります。個々の子どもの自己の思いや主体性が発揮され，
様々な人（仲間，保育者）や物，環境が相互に関わり合いながら，個人も集団
全体も共に育ちあっていけるような状況づくりのための援助が求められます。

　個と集団の育ちあいの援助を考えるためのアプローチとして，第3章第1節
で述べたように個と集団の相即的な発展を促進する機能である，方向性，関係
性，内容性の「三つの機能」から考える方法があります。5歳児期の具体的な
遊びの展開過程では，子どもたち相互である程度この三つの機能が分有・発揮
されています。保育者は，一人一人の子どもと集団全体の動きや状況をよく捉
えて，「三つの機能」のうちの補いが必要な機能を担い，遊びの充実と展開を
支えます。活動のイメージが豊かであるほどその実現のための具体的方法（運
動技能や製作技術，素材の知識など）や環境要件（時間や場所，他の活動との折り合

いなど）との関係など，子どもの力では及ばない現実があります。子どもたち
が自分で実現したい遊びの中の思いを読み取りながら，子どもが気付いていな
い，また，気付いて欲しい，具体的な物の性質や扱い，互いの気持ちや関係，
全体状況や他の園活動との繋がりなどを考慮しながら，子どもたちの活動がさ
らに豊かになるよう，保育者自身の行動，物の活用，環境調整などによって柔
軟に援助します。

　次の例から，子どもたちと保育者が行っている集団遊びの展開を促進する「三
つの機能（方向性，内容性，関係性）」について読み取ってみましょう（下線波線
は保育者，単線は子どもによる個と集団の相即的発展の促進の機能）。

事例3−5−6　5歳児の遊びの例　5歳児クラス

①ルール遊びに向かって

　野球をやりたい子どもたちが，はじめは上手く打てないために途切れてしま
いゲームになりません。そこで子どもたちは，保育者に投げる役を頼んでみま
す。保育者がどの子に対しても適切に投げるうちに，子どもたちは打つコツが
わかり，打つ─走る─拾う─タッチすると行動が広がります。ベース（保育者
と一緒に手作り）を置き，勝ち負け等の子どもの知っている範囲での野球のルー
ルを自分達で決めます。その時々で参加メンバーが入れ替わりながら何日も続
くようになります。

②本物に近づいて

　ギターやドラムを作って演奏をしてみたい男児二人が，保育者の知恵を借り，
手伝って貰いながら厚紙を切り，色を塗り，木材や紐，雑材を活用して組み立
て，張り付けて，時間をかけてしっかり作り上げます。二人が音楽に合わせて
ドラムを叩いたり弾きながら歌うと，周りの子も傍によって叩いたり，動いた
りします。さらに二人が廊下に積み木で演奏場所を作ると，他の子どもたちも
楽器を持ち出して入れかわりながら好きな音楽を鳴らしました。廊下を通る子
どもに配慮することを保育者が注意します。

③ごっこの広がり

　既成の道具でご馳走作りを始めた二人に，保育者がレタスの葉を薄紙に色染
めして実物に似せて数枚作って見せると，喜んでそれを完成させました。他の

子も加わってきて，ニンジンを工夫して作ることから，思い思いのケーキ作りに広がると入ってくる子が増えてパーティへの気分になります。保育者は材料の要求に応じ，場が散乱しないように，作業しやすいようにとそれとなく整えていきます。以前作ったドアで囲い，布をドレス風にまとったりしてパーティになります。そこに猫ごっこをしていた子どもが入り込もうとするいざこざから，「猫ちゃんはここに，食べ物はどうしよう？」と考え合って受け入れています。猫たちはいろいろなものを運んできたり，「明日は遠足ね」などのアドリブにも互いに対応しながら自分たちが作った場を楽しみました。

演習問題　（ロール・プレイング）（詳しい手順や注意点は，巻末を参照）

　子どもたちの話し合い場面のロール・プレイングを行い，子どもたちが互いの良さに気づき協力していく話し合いの展開に向けての保育者の援助について検討し，学びを深めましょう。

①会場設定と集団構成（人数）

　会場：小グループで同時に演じる，話し合いをする空間が確保できる講義室，演習室
　　　　等。

　集団構成：3人から最大25人で小グループ（3〜6人）に分かれて行います。

②ねらいの設定

　子どもたちが互いの良さに気づき協力していく集団活動への援助を考える。

③ウォーミングアップ

　巻末 p. 232を参照。

④場面設定

　運動会が近づき5歳児ではリレーごっこが流行っている。チーム対抗でリレーごっこをするとA児はいつも走るのが遅く，相手チームに負けてしまうことが多いので，作戦会議をする。事例3–5–4の再現劇ではなく自由に設定。

⑤役割設定

　総監督：授業者（1人）

　　　　　全体のタイムキーパーを担いながら，各グループで互いの良さに気づき協力していく子どもたちの関わり方，保育者の関わり方を体験できるよう，見守ります。この場合，特定な演者（A児役）などにおいて，個別的に援助が必要だと予測されたり，また展開途中で一方的に否定されたり，孤立する等の危機的場面が生じた場合，他の演者（保育者役や子ども役）に「A児の気持ちの代弁役」を頼んだり，またそれぞれの演者の気持ちを聞きながら，場面転換や役割交代をするなどし，互いの良さに気づき，多様な関わり方，話し合いの体験ができるように配慮をし，進行します（巻末 p. 227参照）。

　監督：各グループに1人

演者：5歳児（3〜23人，A児を含む），保育者（2人）
観客：上記以外
⑥ドラマの開始と展開
　連続ドラマのような続き物の3つの短い場面を，ロール・プレイングで行ってみましょう。
　場面1）リレーごっこをした日の帰りの会（それぞれの思いを出し合う）
　場面2）翌日のクラス内でのリレーごっこの練習（それぞれの思いを持ちながら練習に参加する）
　場面3）練習後のクラスでの話し合い（それぞれの思いや特徴を尊重しながら前向きに考え合う）
⑦全体でのシェアリング
　観客，子ども役，保育者役の感想をそれぞれ発表しましょう。
⑧役割解除
　監督は，演じてもらった感謝と現実の○○さんに戻ることを伝えます。
⑨ディスカッション，まとめと今後の課題
　話し合いと練習を交互に試行錯誤する中での子どもの思いの変化や子どもの仲間関係への配慮と関わり等について，どのようなことを感じ，気づいたか話し合ってみましょう。また，実際にこのような場面に出会ったらどのようにしてみたいか，それはなぜか等も話し合ってみましょう。

第6節　保育の計画─実践─振り返り

　幼稚園，保育所，認定こども園等では，保育・教育の目的，目標に沿った教育課程や長期の指導計画と，実践に結び付く短期の指導計画を作成して保育にあたっています。保育はその時の子どもと保育者の相互作用による創造的な活動展開ですから，保育における計画は，実践の充実と次への発展のための環境構成，保育者の援助の方針などの準備と言えます。また，保育における振り返りは，一般的な「計画の確実な実行」の視点ではなく，実践実態を尊重しながら計画がどのように有効であったかを把握して次の計画につなげます。ここでは保育内容「人間関係」に関わる計画と振り返りの要点を考えます。

1．計画と振り返りの意味

　保育の計画は長期計画と短期計画があります。長期計画は入園から卒園まで，年間，各期，各月の子どもの育ちの見通しとそれに対応した主な活動の予定を

示したものです。短期計画には具体的実践計画として週案と日案があります。

　保育者は，個々の子どもの育ちの過程，その時期の人間関係などを把握しながら保育者としての願いを持って実践し，実践後は子どもたちの活動を次のステップへ進めるためにその時の状況を詳細に振り返って省察し，客観化することが求められています。この過程が，保育におけるＰ（Plan：計画）─Ｄ（Do：実行）─Ｃ（Check：振り返り・省察）─Ａ（Action：改善・進行）サイクルです。

　領域「人間関係」のねらいである，自己活動の充実，他者との積極的関係性，社会生活習慣の確立は様々な保育状況において養われるものですが，子ども自身の充実感や人との関係性は複雑で，言葉や行動から直接推し量ることのできない要素が大きく，わかりにくさがあります。保育者は，常に子ども個々の思いや行動をまず受け入れて大切にしながら，保育状況や保育者の思いとの関連を考察する必要があります。

２．長期の指導計画──子どもの育ちの見通しを持つ

　保育内容の５領域は子どもの発達を捉える視点であり，子どもは５領域が統合された状態で活動し体験しています。したがって，領域「人間関係」の長期指導の見通しについても，５領域の統合として子どもの育ちを見通した園全体の年間指導計画のなかで考える必要があります。

　表３-６-１は１歳児から５歳児までの年間指導計画のなかで，領域「人間関係」に関して子どもの姿を中心に取り出したものです。乳児期から就学前までの人間関係の育ちの姿として，縦軸は子どもの発達段階を，横軸は季節の変化や園生活における集団の変化を考慮しています。表３-６-１の縦軸を考えるためには図３-６-１の子どもの自己（自分）と他者（他児・保育者），集団相互の関係性の発達的な変化を，表３-６-１の横軸を考えるためには図３-６-２の集団における子ども・他児・クラスの関係の１年間の変化を念頭に置いておくことが必要となります。

　さらに，具体的に作成する際には，予想される活動（遊び）が子どもの発達状態によってどのような動きや体験となるかを理解しておくことも大切です。表３-６-２は鬼ごっこの年齢による遊び方の違いです。このような「遊びの質

表3-6-1　1歳児から5歳児までの年間指導計画（領域「人間関係」に関して抜粋）

	Ⅰ期（4〜6月）	Ⅱ期（7〜9月）	Ⅲ期（10〜12月）	Ⅳ期（1〜3月）
1歳児	○保育者等の身近な大人にスキンシップや要求充足を通して関わってもらい，親しみや安心感を持つ	○周りの同年齢の子どもに関心を持ち，親しみを感じて関わろうとする	○傍の子どもに関心を持って働きかけたり，同じことをして楽しんだりする ○保育者の様子を見て合わせようとする	○身近な子どもたちの名前がわかり仲間意識を持つ ○保育者の指示などから，良い悪いがわかってくる
2歳児	○保育者に親しみを持って自分から関わり，助けを求めたり，一緒に遊びたがったりする	○友達に関心を持って自分から近寄ったり，声をかけたり，相手に応じたりする ○同じ遊びを楽しむ	○自分の好きな遊びが続くようになる ○好きな友達と遊ぶことを好み，一緒に過ごす喜びを感じる	○友達の名前を親しみを持って呼び，仲間意識を持つ ○物事の良し悪しに関心を持ち，保育者を見て確めたりする
3歳児	○保育者が傍に居ることで気持ちが安定する ○友達との平行遊びの中で互いに興味を持って，やり取りをする ○自分の興味のあることは集中して遊ぶ	○保育者と信頼関係ができ，園生活を楽しむ ○同じ遊びをする友達に興味を持って関わり合いながら遊ぶ ○進級児は，活発に遊びを展開するが，いさかいもある	○友達との関わりが活発になり，周りの物や人の様子に気付いて遊びに活かす ○遊びの中で，譲るなど自己コントロールをするようになる	○クラスだけではなく，通園バス等，空間を共にする異年齢児とも関わることができる ○ルールのある遊びがわかり，好んで楽しむ
4歳児	○仲間といることの喜びや楽しさを感じながら，繋がりを深める ○保育者や友達と一緒に遊ぶ楽しさを感じ，喜んで登園する	○友達間の繋がりができて，友達の良さや特徴に気付き，一緒に活動する楽しさを知る ○言葉でのやり取りが活発になり，相手に合わせたりする	○自己を十分に発揮したり，皆と協調して生活することを楽しむ ○挨拶など必要な言葉遣いを理解してコミュニケーション能力が高くなる	○生活や遊びの中で，約束やルールの大切さに気付く ○楽しく活動するためにルールや約束を守ろうとする一方，自分の本音を表現する ○友達と関わる中で相手の気持ちに気付く
5歳児	○好きな子ども同士のグループ活動を行う中で，互いに自分の意見をしっかり出し合って遊びを工夫したりして，友達との繋がりを深める ○生活のルールを守ったり，役割を果たしたりすることが身に付く	○遊びを通して意見や感情の行き違いを経験し，相手の気持ちや考えをわかろうとする ○それぞれの個性やできることできないことなどを理解して，助け合ったり教え合ったりする	○皆で協力し，一つの目標に向かって頑張ろうとする ○互いの自己主張を認め合ったり，課題を一緒に考えたりして，皆で良い方法を考える	○集団の前で発表すること等に自信を持つ ○周りの状況に合わせて自分の行動の調節をする ○友達と共通の目的に向かって役割を分担したり，ルールを決めたりして，主体的に活動や遊びを進める

出所：幼保連携型認定こども園生田ひまわり幼稚園（一部筆者修正）。

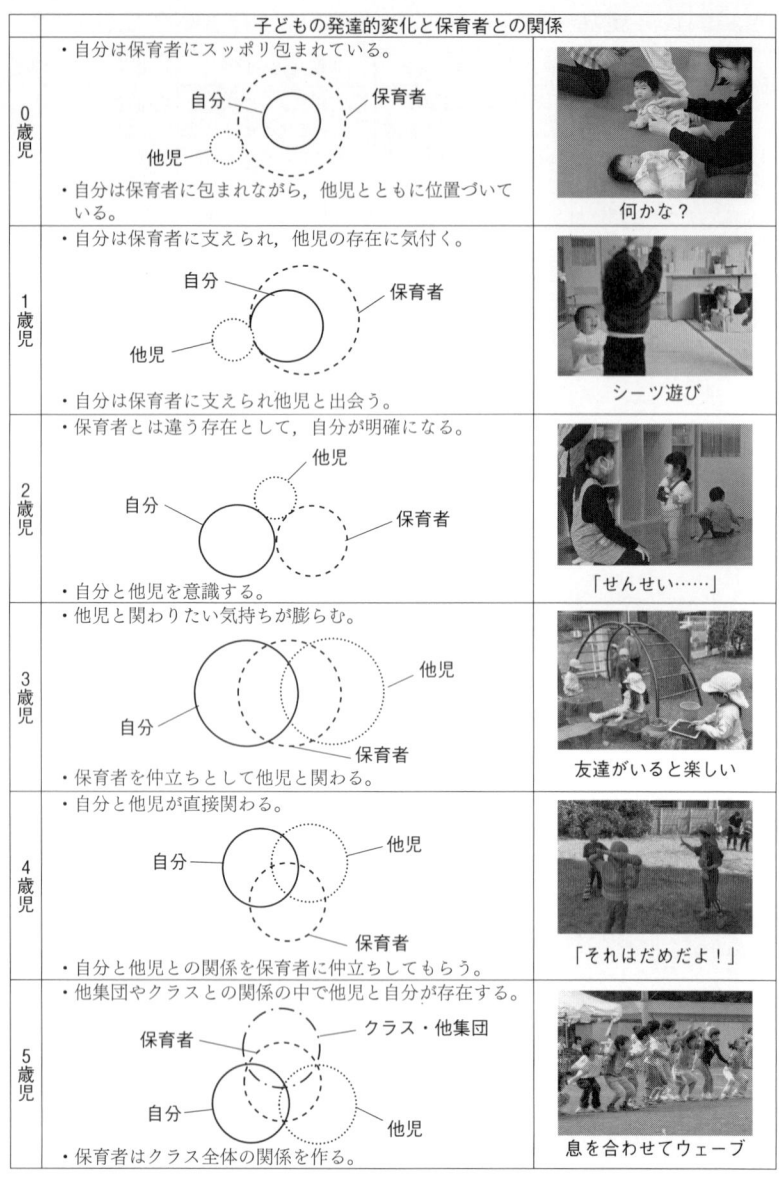

	子どもの発達的変化と保育者との関係	
0歳児	・自分は保育者にスッポリ包まれている。 自分　保育者 他児 ・自分は保育者に包まれながら，他児とともに位置づいている。	何かな？
1歳児	・自分は保育者に支えられ，他児の存在に気付く。 自分　保育者 他児 ・自分は保育者に支えられ他児と出会う。	シーツ遊び
2歳児	・保育者とは違う存在として，自分が明確になる。 他児 自分　保育者 ・自分と他児を意識する。	「せんせい……」
3歳児	・他児と関わりたい気持ちが膨らむ。 他児 自分　保育者 ・保育者を仲立ちとして他児と関わる。	友達がいると楽しい
4歳児	・自分と他児が直接関わる。 自分　他児 保育者 ・自分と他児との関係を保育者に仲立ちしてもらう。	「それはだめだよ！」
5歳児	・他集団やクラスとの関係の中で他児と自分が存在する。 保育者　クラス・他集団 自分　他児 ・保育者はクラス全体の関係を作る。	息を合わせてウェーブ

図 3-6-1　子どもの自分・他者（他児・保育者）・集団との関係の発達的変化

出所：筆者作成。

	I期（4～6月）	II期（7～9月）	III期（10～12月）	IV期（1～3月）
園行事の例	入園・進級	七夕・夏祭り	遠足・運動会	進級・卒園
——— 自分 ········· 他児 —·—·— クラス	自分の居場所作り	他児とのつながりの気付き	自分と他児の関係の深まり	集団の一員としての自分＝他児との協同

図3-6-2　集団における子ども・他児・クラスの関係の1年間の変化（全年齢）

出所：筆者作成。

表3-6-2　鬼ごっこのルールの発達による変化

おおまかな年齢	鬼ごっこの種類	鬼と子の関係	追いかける	道具	鬼追加	鬼交代	安全域・集合区域	鬼解除	チーム
2歳 ⇩ 3歳	まてまて遊び	保育者（鬼）→子	○						
	手つなぎ鬼	保育者（鬼）＋子	○		○				
⇩	しっぽとり（鬼＝保育者）	保育者（鬼）→子	○	○					
4歳	しっぽとり（鬼＝全員）	子（鬼）→子	○	○					
⇩	追いかけ鬼	子（鬼）→子	○			○			
5歳	しっぽとり（対抗戦）	子（鬼）チームvs子（鬼）チーム	○	○					○
	色鬼	子（鬼）→子	○			○	○		
	高鬼	子（鬼）→子	○			○	○		
	氷鬼	鬼チームvs子チーム	○		○		○	○	○
	ケイドロ（ドロケイ）	鬼チームvs子チーム	○		○		○	○	○

出所：近藤里帆，平成30年度卒業研究をもとに筆者作成。

的な構造の変化」も理解しておくと，子どもたちが「やってみたい」と感じる指導計画を作成することができます。

3．短期の指導計画——個々の子どもの状態，子ども同士の関係を捉える

　短期の指導計画は週案と日案で，「いま，ここ」での子どもの育ちに即した具体的な内容が示されることとなります。現在進行形でその活動がさらに発展する方向を考えていきます。それはまさに保育者の「次はこう育ってほしい」という願いであり，それが「ねらい」となります。けれどもここで大切なことは「次はこう育ってほしい」という保育者の願いは一方的な願いであってはならないということです。一人一人の子どもが「こんなことをしてみたい」という思いが実現されるかたちで保育が展開されることが大切なのです。そのため，短期指導計画を作成する際には，何よりも子どもの現在の姿を捉えることが優先されます。

　表3-6-3は週案の例です。週案の形式や視点は保育現場によって異なりますが，いずれも子どもの姿，前週の振り返り・省察に基づいて，活動の予定(予想) と保育のねらい，環境構成や援助の仕方を具体的に考えて作成します。週案の活動予定は，日案ほど丁寧に記載しませんが，おおまかな時間配分，活動の変化等について1週間分の活動を記入することで見通しを持って保育をすることができます。

　また作成された指導計画は，園の保育者間で共有していくことが望まれます。そうすることで協力体制をつくることができ，一人では難しい保育場面を協働によって乗り切ることが可能になるとともに，様々なアドバイスをしてもらえるという利点もあります。

4．保育の振り返りと改善

　指導計画は通常，年間指導計画→期別指導計画（月案）→週案→日案の順で作成しますが，保育の振り返りはその逆となり，まずその日の保育の振り返りを行います。その際，(1) 子どもの姿，(2) 保育者の援助の両面から振り返ってみることが大切です。そして週の終わりには週案，さらに月の終わりには月案を振り返ることになります。

　領域「人間関係」の振り返りと計画の関係を，表3-6-3の週案の例で具体的に考えてみます。この園では7月の中旬に夏祭りが行われます。最年長の5

表3-6-3　週案の例

5歳児　週案　7月8日（月）〜7月12日（金）						
先週の子どもの姿	・昨年の夏祭りで見た5歳児クラスの御神輿のことを話題にし，自分たちはこんな御神輿を作りたいと話している。 ・昨年の夏祭りで5歳児が踊った踊りを思い出して，数人が輪になり踊っている。 ・縁日のくじ屋や的当てごっこを友達同士で始めている。 ・自分のやりたいことを主張することができるが，それぞれの主張が強く意見がまとまらずに活動が止まってしまうことがある。※1 ・プール遊びでは，水着の着替え，準備体操もしっかりでき，ルールを守って楽しく活動ができている。※3				今後の行事	7／9 誕生会 次週以降 7／19 夏祭り
今週のねらい	・自分の意見を言ったり，友達の意見を聞いたりしながら，皆と協力して御神輿の製作や踊りを完成させる。 ・自分で選んだ縁日の出し物（くじ屋，的当て，たこ焼き屋等）について工夫し，製作する。※4 ・プール遊びでは，空き容器を用いた水鉄砲等を取り入れ，頭から水が掛かるような体験をする。	今週の内容	・いろいろなアイデアを出し合いながら，御神輿を製作する。 ・協力して，夏祭りの踊りの振り付けを考え，全員で踊る。 ・プール遊びでは，水鉄砲やペットボトルを用いていろいろな遊びを体験する。	援助のポイント	・どの子どもの意見も尊重されるような言葉を掛ける。※2 ・好きな遊びの時間には一人でじっくり製作できるよう，材料や用具を準備する。※5 ・プール遊びでは，監視者を1名おく。	
活動予定	7／8 月 8：30　登園・好きな遊び 10：30　絵本『だいぶつさま　おまつりですよ』 10：50　御神輿の話し合いと材料集め 11：30　片付け 11：40　昼食 13：10　好きな遊び（縁日ごっこ） 14：30　絵本	7／9 火 8：30　登園・好きな遊び 10：00　誕生会 10：50　御神輿の製作 11：40　片付け 12：00　昼食 13：30　好きな遊び（縁日ごっこ→製作） 14：30　絵本	7／10 水 8：30　登園・好きな遊び 10：00　プール遊び（監視：A保育者） 10：50　御神輿の製作 11：40　片付け 12：00　昼食 13：30　踊りの曲を掛ける 14：30　絵本	7／11 木 8：30　登園・好きな遊び 10：00　踊りの振り付けを考える 10：50　御神輿の製作 11：40　片付け 12：00　昼食 13：30　好きな遊び（縁日の製作） 14：30　絵本	7／12 金 8：30　登園・好きな遊び 10：00　プール遊び（監視：A保育者） 10：50　御神輿の製作・踊りの練習 11：40　片付け 12：00　昼食 13：30　好きな遊び（縁日の製作） 14：30　絵本	

出所：筆者作成。

写真3-6-1，3-6-2　保育者が準備した様々な材料を用いて，ペープサートや舞台作りに夢中になる子どもたち

写真提供：筆者撮影。

写真3-6-3　1日中，夢中になって友達と　　　写真3-6-4　翌日の朝，保育室の机の上に
　　　　　　ダンゴムシを採る子どもの姿　　　　　　　　　あったダンゴムシの図鑑（＝
　　　　　　　　　　　　　　　　　　　　　　　　　　　　保育者の環境整備）を友達と
写真提供：筆者撮影。　　　　　　　　　　　　　　　　　一緒に開く

写真提供：筆者撮影。

歳児が張り切って準備をしている様子が「先週の子どもの姿」に書かれています。一方で情緒の安定や自立の程度，遊びへの取り組み方は同じ年齢でもクラスによって異なります。その様子として「自分のやりたいことを主張することができるが，それぞれの主張が強く意見がまとまらずに活動が止まってしまうことがある。※1」と書かれ，援助のポイントとして「どの子どもの意見も尊重されるような言葉を掛ける。※2」としています。「プール遊びでは，水着の着替え，準備体操もしっかりでき，ルールを守って楽しく活動ができている。

※3」として集団活動への取り組み方，ルールへの適応について記載しています。一人一人がじっくりと取り組める活動にも意識を向ける必要があります。「今週のねらい」で「自分で選んだ縁日の出し物（くじ屋，的当て，たこ焼き屋等）について工夫し，製作する。※4」とあるのはそのためで，「援助のポイント」では「好きな遊びの時間には一人でじっくり製作できるよう，材料や用具を準備する。※5」としています。このように，振り返りを行ったうえで，指導計画を作成することで保育の方向性が明確になってくるのです。

　振り返りを行う際の具体的なポイントを（1）子どもの姿と（2）保育者の援助の2つの側面から見ていきましょう。まず，（1）子どもの姿を捉えるためには，①遊び方や遊びへの関わり方（楽しんでいたかどうか），②友達との関わり方や遊びの中でのその子どもの役割，③クラスの中での役割や他の子どもたちとの関係等について，そして①〜③を振り返ったうえで，④いま現在の一人一人の子どもの興味や関心について考え，クラス全体の活動の方向性にも気付く必要があります。さらに⑤五つの領域のねらいや内容のなかでその活動がどう位置付くのかといった観点での考察をすることも大切です。

　（2）保育者の援助については①保育活動の実施結果について（指導計画とのズレがあったとすればその原因を把握する），②環境整備は適切だったか，子ども自身が見通しを持って動ける生活の場となっていたか，③子どもの活動に沿った適切な援助ができていたか（言葉かけや関わり方），④保育者間の連携がきちんとできていたか，振り返ってみることが大切です。

　（1）子どもの姿と（2）保育者の援助について同時並行的に振り返りながら，例えば（2）の②環境整備では，活動をさらに発展させるためのもの（玩具や遊具，材料，道具等）の種類や配置を考えたり，③の適切な援助では，より楽しい活動となるための言葉かけや関わり方を考えていきます。保育者として改めて自分の行動を見つめてみることは，場合によってはあの時は別の関わり方をするべきだった，あの言葉かけは不適切だったと反省することもあるかと思います。保育は一瞬一瞬で過ぎていきます。そのなかで全ての子どもの姿を的確に捉えることは簡単なことではなく，常にもっともよい援助ができるわけではありません。そのために，過去の子どもの姿と現在の子どもの姿を比較し，

今後の援助の方向性も考え，ときには援助の仕方を変えてみることも必要です。このようにして振り返りを行うことで，子どもの活動と保育者の援助とのズレが明確になり，次の指導計画へ反映させていくことができるのです。

　日々の振り返りや週の振り返りはクラスごとに担任保育者が行いますが，月案や各期の指導計画の振り返りは園全体で行うことが望まれます。他の保育者の視点が入ることで，多様な側面から子どもを理解し，保育者としての援助についてより深く考えることができるようになるのです。

5．子どもの育ちの捉え方

　これまで述べてきたことからわかることは，子どもの遊びや生活は，その日1日で完結するものではなくつながりの中で成り立っているということです。保育者は，その日，その場だけの活動を見ていたのでは気付くことのなかった子どもの思いや変化もしっかり捉えていくことが求められます。例えば，その日1日ずっと一人で遊んでいた4歳児の姿を見たら，友達との関わりがなかったことが気になるかもしれません。しかし，「一人遊び」や「平行遊び」を行うことは4，5歳児でもごく自然に見られます。じっくりと時間をかけて友達の遊びを見た後で遊びに参加することもあるのです。そのような子どもの思いを大切にし，子どものペースを邪魔しないように心掛け，自然に遊びに参加できるように見守ることが大切です。それは，時としてもっと長いスパンで行われます。次の事例は，幼稚園での玩具の貸し借りをめぐるMM児（5歳児）と母親の帰宅後の会話です。この事例からも，子どもは子どもなりのペースで主体的に成長している姿がわかります。

事例3-6-1　子どもの葛藤　5歳児

　10月17日，帰宅するなりMM児は母親に「ねえ，どっちが悪いと思う？ぼくがブロックで遊んでいたら，RDくんが貸してって言うから，TKくんは2つ貸してあげたの。でもぼくは貸さなかったから，みんながぶちきれた。どっちが悪い？」と聞いてきました。「なんで貸してあげなかったの？」と母親が聞くと，「ぼくは貨物船，作ってたの。たくさんブロック使ってすごく格好良

くできたの。貸したら，変なのになっちゃうよ。」と言います。母親が「でも，RD くんも使いたかったんじゃない？　そういうとき，MM だったらどうするの？」と聞くと，「ぼくだったら，使いたくても別のおもちゃで遊ぶ。だからRD くんだって，別のおもちゃで遊べばいいんだ」と主張します。そこで母親が「1 つか 2 つくらい貸してもよかったんじゃないの？」と言うと，「小さいの 2 つ，貸してあげるって言ったんだけど，RD くんは大きいのがいいって言うんだもん」と答えました。母親は「MM が自分の気持ちを言えるようになったのはすごいなぁ」と伝えると MM 児はホッとした様子を見せました。「でも，MM も気持ちよく，RD くんも気持ちよく過ごせるように考えることが大事だね……。どうしたらいいかはお母さんにもわからないけど……。」とだけ話しました。

　就寝前に MM 児は絵本を読んでもらうことを日課としています。普段は母親が絵本を選ぶことが多いのですが，この日は珍しく MM 児が自分から本棚にあった『にじいろのさかな』（マーカス・フィスター作，谷川俊太郎訳。一人ぼっちのにじうおが大切にしている自分のきらきらうろこをみんなに分け与えることで友達になる話）を選んで持ってきました。母親は読み聞かせた後，「MM はきらきらうろこ，みんなにあげられる？」と聞いてみました。すると「ぼくはあげたくない！」とはっきり言うので「大事なきらきらうろこだものね〜。あげたくないよね〜。」と答え，その日のやりとりは終わりました。

　11 月 7 日，母親と風呂に入っていると，MM 児は「今日，ぼくはいい子だった」と話し始めました。「今日はブロック貸してあげた。3 個じゃなくて 4 個だ！　RD くんに貸してあげたんだよ」，「ぼくのは，変なのになっちゃった！あっ，でもパソコン（ノートパソコン）ができたんだよ！」とうれしそうに報告したのです。

　この園は子どものいざこざに対して保育者はできるだけ口出ししないという保育方針です。子どもは自ら仲間との葛藤と自分との葛藤の解決を絵本に求め，そして 20 日もたってから行動を変えたのです。その日その日の子どもの姿だけを追っているだけではわからない子どもの思い，自ら成長しようとする力にも保育者は気付く必要があります。

　さらに，子どもの発達は 1 年後，2 年後，さらには数年後から大人になるまで，あるいは一生を見通すことが重要です。近年様々な研究から，幼児教育の長期的な影響が明らかになってきています。[17), 18)]専門的な知識を持ち，その場限り

でない視野で子どもの発達を見通すことが必要です。

6．振り返りと保育者の育ち──共に育つために
（1）保育の体験としての振り返り──客観視へ

　保育の後，保育者が子どもの思いや状況を振り返り，自分の関わりの可能性を思い返すことで，子どもの行動の奥にある強い思いに気付くこともあります。[19]
自分の思い込みや子どもへの期待感から子どもの思いを捉えていなかったかなど，自分の思いと子どもの思いとの関連を振り返ることは自分を客観視することになります。そこに気付けた自分を肯定して，そこを起点にこの先を考えます。もっと他の対応はなかったか考えていく振り返りを繰り返すことで，自分の保育，人との関わりを客観的に見る目を養います。

（2）振り返りの記録──書くことで前向きに

　保育者がその日の保育を振り返りながら，嬉しかったこと，楽しかったことを見つけ，子どもとの繋がりや子どもの育ちなどを記録することは，明日からの保育をまた頑張ろうという前向きな気持ちを生み出します。その時に当てはまる言葉を探りながら素直に書くことによって思いを表出し，気持ちが軽くなります。文字なら失敗も率直に表現でき，それが苦手克服の契機にもなります。また，書くことでそれぞれの状況が他者と共有できる具体的事実となります。

（3）振り返りと語ること──視点の共有や相互理解へ

　保育の後，保育者が今日の出来事について保育者間で話したり聞いたりすることで自分自身で納得できるとともに，相手から言葉が返ると漠然とした思いの輪郭や正体が明確になり，その出来事が整理され，さらに他者の感性や考え

17）Peter Gray（2022）"Research Reveals Long-Term Harm of State Pre-K Program In this first-ever controlled study of public pre-K, the control group did best". *Psycholoy Today*, Posted January 31.

18）Kelley Durkin, Mark W. Lipsey, Dale C. Farran, and Sarah E. Wiesen（2022）"Effects of a State-wide Prekindergarten Program on Children's Achievement and Behavior through Sixth Grade" *Developmental Psychology*, 58（3），470–484.

19）関口はつ江・田中三保子・西隆太朗『保育者論──共感・対話・相互理解』萌文書林，2021年。

に触れることから自分一人では思いつかない見方を学ぶことができます。例えば一つの事例について，仲間のそれぞれの感覚や考え，自分では感じ取れない，思いつかない多様な見方や感じ方に触れることで，目の前の子どもたちの世界が今までと違って見えてきます。多様な子どもの理解，柔軟で適切な関わりは他の保育者の実践から学ぶことも大切です。こうした振り返りの体験は，子どもへの関わり，他の保育者との関わりに関しても貴重な示唆を与えてくれるのです。

演習問題

5歳児クラスの領域「人間関係」の視点で，年間指導計画を考えてみましょう。
①自分で考えた「園」の5歳児クラスの年間行事とねらいを考えてみましょう。
②子どもの姿として，a. 一人一人の子どもの様子，b. 友達との関係，c. クラスの様子，d. 保育者との関係の様子を以下の表にまとめてみましょう。

5歳児の年間指導計画

	I期 （4～6月）	II期 （7～9月）	III期 （10～12月）	IV期 （1～3月）
園行事				
ねらい				
子どもの姿 a. 一人一人の様子				
b. 友達との関係				
c. クラスの様子				
d. 保育者との関係				

参考文献

吉川晴美編著『子育て・発達支援──地域に開く大学として共に育つ保育活動から』第
　　Ⅲ巻，東京家政学院大学，2010年。

秋田喜代美・三宅茂夫監修・三宅茂夫編集『子どもの姿からはじめる領域・人間関係』
　　みらい，2022年。

大豆生田啓友・おおえだけいこ『0・1・2歳児クラスの現場から　日本が誇る！てい
　　ねいな保育』小学館，2019年。

加藤繁美監修・齋藤政子編著『子どもとつくる4歳児保育』ひとなる書房，2022年。

金子龍太郎・吾田富士子監修『保育に役立つ！子どもの発達がわかる本』ナツメ社，2011
　　年。

関係学会編『関係学ハンドブック』関係学研究所，1994年。

汐見稔幸・無藤隆監修『保育所保育指針　幼稚園教育要領　幼保連携型認定こども園教
　　育・保育要領　解説とポイント』ミネルヴァ書房，2018年。

高橋たまき『乳幼児のあそび──その発達プロセス』新曜社，1984年。

田中真介監修，乳幼児保育研究会編著『発達がわかれば子どもが見える』ぎょうせい，
　　2009年。

日本関係学会編『関係〈臨床・教育〉──気づく・学ぶ・活かす』不昧堂出版，2011年。

文部科学省『幼児理解に基づいた評価』チャイルド本社，2019年。

無藤隆・古賀松香編著『社会情動的スキルを育む「保育内容人間関係」』北大路書房，
　　2016年。

武藤安子・吉川晴美・松永あけみ編著『家庭支援の保育学』建帛社，2010年。

森上史朗，小林紀子，渡辺英則編著『保育内容「人間関係」』ミネルヴァ書房，2009年。

吉川晴美・赤井美智子・畠中徳子・西川二葉・日吉佳代子・宮下美智代・春原由紀・義
　　永睦子『人間関係──かかわりあい・育ちあい』不昧堂出版，2010年。

第4章

様々な保育活動の展開と子どもの育ち

> 保育実践は，多様な要因（時間，空間，物環境，人間関係等）が働く
> 力動的な活動展開です。子ども同士や子どもと保育者が緊密に関わり合
> い，個と集団が共に発展する活動において，子どもの思いや行動，集団
> 状況のどこに着目し，どう対応するか，保育者の動き方を具体的に学び，
> 自分の判断と行為の振り返りをして保育力を高めましょう。

第1節　一日の生活の流れと子どもの体験

　保育現場は様々な子どもたちの生活が繰り広げられており，そこにはそれぞ
れの園の流れがあります。子どもたちの登園したその瞬間から，降園まで「人
間関係」で始まり「人間関係」で終わります。本節では，一日の流れの中で人
間関係の育ちに着目し配慮することの重要性について取り上げます。

1．保育の一日の流れ

　ここに保育所，幼稚園の一日の生活の流れの例を示してみます（表4-1-1，
表4-1-2）。

　一日の生活の一例から様々な人との関わりの姿が想像できます。保育所，幼
稚園等では様々な生活の中で挨拶をし，日々朝や帰りに集まる時間を設け，食
事の時間も皆で一緒に過ごしています。子どもたちが集まる場は保育者から発
信したり，子どもたちが主体的に集まったりしますが，その日の伝達事項も含
め子ども同士の経験を情報共有する場でもあります。このように日々の生活の
中から子ども同士の「人間関係」が生まれています。

　1歳児，2歳児の生活の中では同じ生活を時間に沿って行っていますが，一
人一人の生活のリズムは違います。その点を保育者が十分に配慮しつつ関わる
ことが重要です。ペースがゆっくりの子ども，なかなか生活の流れに入れない

表4-1-1　A保育所の生活（半日）（0歳児　1歳児　2歳児）

	0歳児		1歳児		2歳児
7：15	○登園，健康観察，検温 睡眠，おむつ交換 午前のおやつ	7：15	○登園，健康観察 1〜2歳児は一緒に過ごす		○登園，健康観察 1〜2歳児は一緒に過ごす
9：00	○授乳（一人一人の生活 のリズムによる） ○室内遊び，外遊び	9：00	○おむつ交換，排泄 ○午前のおやつ 　遊びの準備 ○室内遊び，外遊び		○おむつ交換，排泄 ○午前のおやつ 　遊びの準備 ○室内遊び，外遊び
9：30	○散歩 ○おむつ交換，水分補給 ○睡眠 ○遊び ○授乳 ○離乳食（5〜6か月）	9：30	○散歩等 　カートに乗る 　公園で遊ぶ ○水分補給 ○着替え，おむつ交換		○散歩等 　歩いて公園に行き遊ぶ ○水分補給 ○随時排泄 ○着替え，おむつ交換
10：00	○離乳食（7〜8か月）				
10：30	○離乳食（9〜11か月）		○手洗い		○手洗い
10：45	○離乳食（12〜18か月）				
11：00	○着替え，おむつ交換 ○睡眠	11：00	○食事準備，手洗い ○配膳 ○食事		○食事準備，手洗い ○配膳 ○食事

出所：阿部和子編『改訂　乳児保育の基本』萌文書林，2019年をもとに筆者作成。

表4-1-2　B幼稚園（午前保育）（3年保育　4歳児）

時間	4歳児
8：30	○登園する ○所持品整理（鞄をロッカーに置く），着替えをする。 ○うがい・手洗いをする。 ○シールを貼る。連絡帳を出す。提出物などを出す。
9：00	○好きな遊びをする。 ・園庭で遊ぶ（鬼ごっこ，固定遊具，へびジャンケン，ボール遊び，砂場等） ・積み木，ブロック，折り紙，お絵かき ・昨日からの続きの遊び ・ごっこ遊び（ままごと，お店屋さんごっこ，ヒーローごっこ，人形劇等）
10：30	・製作（回収教材での製作），リズム遊び等 ○片付け ○お茶を飲んだり，用便を済ませたりする。 ○タオルをしまったり，着替えたりする。
11：30	○皆で集まる。（皆で話をする，歌を歌う，絵本を見る等） ○降園

出所：文部科学省「幼児の思いをつなぐ指導計画の作成と保育の展開」令和3年2月をもとに筆者作成。

子どもの状況も受け入れ生活を進めます。保育者が考えた一日の計画はありますが子どもの生活主体で考えると臨機応変の対応を求められることもあるでしょう。例えば，１歳児，２歳児の「おやつを食べる」から「遊び」へ移る際，また「室内遊び，外遊び」から「散歩」へ移る際，一人一人の子どもたちの気持ちが移行することに時間がかかる可能性もあります。その際，保育者のさりげない声かけや共感する姿が気持ちの切り替えに繋がっていくのです。乳児も睡眠，遊び，授乳とその子どもの要求はその日その状況によって異なります。保護者からの連絡も含め常に心に留めておきたい点です。そのような一人一人の要求が満たされる生活を続けていくことで少しずつ全体の生活の流れを身に付け自分から集団生活の楽しさ，心地良さを感じていきます。友達の姿や保育者の声かけ等を聞き，見て，真似をしながら一日の流れが自身の生活になっていきます。保育者との信頼関係があるからこそ安心，安定した生活に移行できるのです。

　幼稚園の生活の中では登園してから所持品整理，着替え等がまず行われています。靴やカバンをロッカーに置く際，自分の靴箱やロッカーに貼ってあるシールを見ながら行いますが，この朝の営みは所属意識に繋がり友達や保育者を感じるひと時でもあります。保育者からの声かけや友達の動きが影響し自分から行動する場面が増えていきます。一方でマイペースの子どももいます。そのような子どもたちに保育者の強制的な指示を必要以上に出すことは控えます。自ら行動ができるように見守り，さりげない声かけや手助けから集団を意識し合わせていくようになります。

　好きな遊びの中にある「昨日からの続きの遊び」は友達関係を作る点でとても注目すべき環境です。子どもから「昨日からの続きの遊びがしたい」との声が出ることは主体的に遊びに取り組んでいることを意味します。保育者が媒介して共有しても良いでしょう。そこに興味を持つ子どもが参加し遊びが継続することで新しい人間関係が広がるきっかけにもなります。

２．生活の小さな場面から考える人間関係

　次に子どもの生活の場面をもう少し具体的に考えてみましょう。ここでは「5

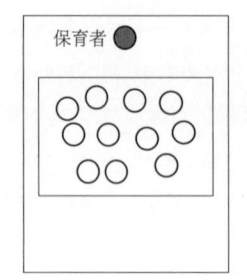
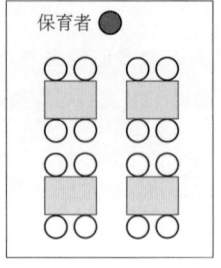
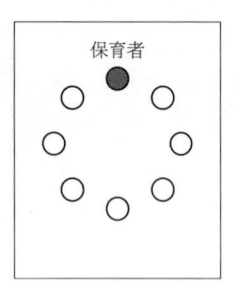

図4-1-1　保育者と対面　図4-1-2　友達と対面　図4-1-3　サークル

出所：筆者作成。

歳児の日々クラスで集まる会『帰りの会』」，「生活の中の挨拶」「4歳児の食事準備」「2歳児の食事場面」の四つの場面で人との関わりに注目してみます。

（1）5歳児の日々クラスで集まる会「帰りの会」

　日々の生活の中で一日に数回クラスで集まる時間があります。朝や帰りの時間に集まり，出席を取り，歌を歌い，絵本の読み聞かせ等を行いながらも一人一人の子どもの状態を把握する時間にもなっています。その際の子どもと保育者の関わりを，集まる主な形態から考えてみましょう。

①床（カーペット等）に座り保育者と対面して集まる形態

　保育者と向き合って座る図4-1-1のような形です。保育者と向き合っているため保育者からの話は子どもに向けて直接話すような形になります（カーペット等がなく，椅子に座っている場合もあります）。子どもたちは保育者に集中します。

②各テーブルの座席に座り保育者と対面したり，同じテーブルの子どもたちと向き合ったりしながら集まる形態

　図4-1-2のような形です。同じテーブルに座っている友達同士では向き合っています。保育者と向き合っていない子どももいますが，保育者の指示によって全員が向き合う形になります。同じグループの意識が芽生えていきます。

③円形になって床（カーペット等）や椅子に座り，保育者もその円の中に入っ
　て話し合いをする形態

　保育者も子どもと同じ円の中に入る形態で図4-1-3のように子ども同士全
員の顔が見える状態です。クラスの一体感を感じます。

　集まるときの物理的に起こる形態から「人間関係」を考えてみましょう。こ
こでは図4-1-3の円形の形態で集まる場合を子どもの立場からと保育者の立
場から考えてみます。

〈子どもの立場から考える〉※主に幼児を想定しています。

　・円形を作るために子どもはクラスの人数に合わせた適当な場所を選び，座
　　る場所を決めなければならない。その際場所が予め決まっているわけでは
　　ないので子ども自身が周囲のことを考えなければ座ることができない（ト
　　ラブルが起こる可能性もある）。

　・円形の形はクラスの皆の顔を確認することができる。子ども自身が欠席し
　　ている友達を把握できる。

　・保育者の位置が円形の一部のため話を全体に伝えることができる。

　・保育者からの問いかけに，意見を言う子どもがだれか子ども同士で確認で
　　きる。

　・保育者からの問いかけに，意見を言わない子どもがだれか子ども同士で確
　　認できる。

　・子どもの発話に対して直接意見交換につながる。

　・円形という形にクラスの一体感を感じ取れる。

〈保育者の立場から考える〉

　・円形の形態を作る際，子どもの動きから傾向を把握することができる（あ
　　る子どもの隣に座る希望が出る，ある子どもの隣に座ろうとしないことも起こる等）。

　・円形形態が速やかに作れなかった場合，子どもたちとの対処の仕方を考え
　　ていく場面が出てくるため問題解決の経過を観察できる（声掛けのタイミ
　　ング等を考える）。

　・保育者の位置が円形の一部にあり，全体に伝える形になるため，対面で話

すより子ども同士の様子を近くで把握する機会が多い。
・保育者の位置が状況により真ん中に移動することもあり子どもが注目しやすい。
・子どもへの説明の際，対象物を真ん中に置く場合の後ろの席の見辛さ等の配慮ができる。

　このように朝や帰りに集まる時間の中から様々な人との関わりが生まれています。

　クラスの集会は物理的に集まっている状況ですが，この場面は人と関わる大切な環境の場になっています。例えば，円形を作る際にも子どもの意識が円形をイメージしていなければ作ることができません。目印があればすぐに円形になることができるでしょう。しかしそのような目印がない場合，どの程度の間隔になったら円形になるのか，どのあたりの場所がちょうどよい円形になるのか等を考える時間となり，子ども自身の主体性が生まれます。「この場所に置くと前すぎる」「ここは離れている」等の声をかけ合い，友達の関わりが起こります。また全く起こらないことも予想されます（様々な推測状況は特に4歳児，5歳児の場合に可能性が多い）。その関わりを保育者側が気付くか否かで状況が変わってきます。子どもたち同士の関わりを「見守る」ことも大切でしょう。トラブルになりそうなときにどのように関わるか，また周囲の子どもたちがどのように関わるかも保育者として把握する必要があります。このようにクラスで集まる形態からもたくさんの「人間関係」を見つけることができます。子ども同士の関係性，互いの理解の仕方に影響しますから，保育者は柔軟で的確な場面作りを心掛けることが大切です。

> **事例4-1-1　日々クラスで集まる会「帰りの会」　5歳児（23名）**
>
> 　運動会が間近になり，パフォーマンス（パラバルーンを使用して協力して演技をする）の練習の感想を保育者が聞いています（写真4-1-1）。
> 保育者：「今日パラバルーンどうだった？」
> AJ児：「まあ，ちょっとだけよかったね」

保育者：「ちょっとはどのくらいかな？」
AJ児　：「まあちょっとだよ」（表現に困っている）
保育者：「みんなどうだった？」
BR児　：「みんなで一緒にできた感じ」
保育者：「いいねー」
CH児　：「パラシュートの形がうまくいった」

写真4−1−1
5歳児の帰りの会
写真提供：筆者撮影。

保育者：「そうだねー。いいところが増えていくね」
DT児　：「僕は増えていかないよ」
保育者：「そんな，悲しいこと言わないで」
EG児　：「僕も増えないよ」
FN児　：「私も増えないと思う」　増えないという子どもが増えてくる。
保育者：「もし一人一日一つずついいところが増えたら，23人いるから23個も
　　　　いいことがクラスに増えることになるね」
FN児　：「そうだね。それはすごいねー」

　このやり取りは5歳児の「帰りの会」の時間に出ていた会話です。円形形態で集まっています。運動会で行うパラバルーンのパフォーマンスについての振り返りをする際，保育者の「今日のパラバルーンはどうだった？」の言葉がけによって子どもたちが意見交換をしています。「みんなで一緒にできた」と楽しそうに発言している子どももいましたが「僕は増えていかないよ」等，後ろ向きの意見も出てきました。この子どもの自信がない気持ちが出ていたところを保育者が気付き，違う観点から話を提案しました。周囲の子どももそのままネガティブな意見に同調する雰囲気になっている場面もありましたが，保育者の新たな提案に子どもは自然に納得していきます。ここで意見を言っていない子どもの表情も明るくなっていました。円形形態で座り，顔を見ながらの会話は人の思いや考え方を感じさせる効果があり，集団を意識する会話の流れになっていきます。このように全体で集まる場所をあえて作ることで，子ども自身が大人数の中で会話に参加する習慣（発言し合う習慣）が身に付いていくのです。

（2）生活の中の挨拶

　挨拶は生活の様々な場面で行われています。登園時，食事，遊び，午睡，降園時の五つの場面の中だけでもたくさんの挨拶があります。さてここでは朝の挨拶について考えてみましょう。「朝の挨拶」という中で皆さんはどの場面を想像しますか。朝，園の中に入り保育者に向かって「おはよう」「おはようございます」等，保育者から，または子どもから様々な「おはよう」の挨拶が行き交っています。この挨拶はとても大切な「人間関係」の始まりになります。一方，クラスで集まった時間に一斉に挨拶をすることもあります。「皆さんご一緒に……おはようございます」集まった皆が揃って挨拶をする場面です。もちろんこのように揃って儀礼的に挨拶をすることは場面によっては大切です。皆が気持ちを揃えて行うという意味では子どもにもわかりやすい形になります。しかし，このような挨拶（しっかり保育者のタイミングに合わせて整った形で行う挨拶）ができることが人との繋がりを誘う挨拶になるとは言い切れません。挨拶は，自分から相手に対して日常生活の中で人間関係を円滑に作ろうとする行為であり，子どもが自分から挨拶を行いたい気持ちになるようにすることが重要です。保育者が明るく挨拶をしている姿を見ながら挨拶の心地良さに気付いていくのです。特に朝の保育者との出会いは子どもにとって1日の生活の安定性を左右すると言っても過言ではありません。子どもの気持ちに届くようにしっかり向き合って挨拶をしましょう。

（3）　4歳児の食事準備

　4歳児の食事準備は，配膳・食事の前の挨拶等子どもの当番制で担う事が多くあります。4歳児は少しずつ周囲の友達にも気を配る事ができるように成長する時期です。事例4-1-2は食事の準備の際，エプロンを着用する時に起こった場面の一部です。食事を準備する場面が子ども同士の気持ちを繋げることになりました。この事例はエプロンの紐を結ぶという小さな行動ですが，主体的に行う子どもの気持ちがきっかけで友達同士の気遣いが芽生えています。

> **事例4−1−2　4歳児の食事準備**
>
> LF児　：「私当番だからエプロンをしなければならないの」
> 保育者：「頑張ってね」
> LF児　：「どうやって着るのかな」
> ME児　：「私結ぶことができるよ。やってあげるね。」
> 保育者：「ありがとう。結ぶことができるなんてすごいね。」
> ME児　：「みんなの結んであげるね」
> LF児　：「ありがとう」
> 　ME児は自分から4人の当番の子どものエプロンを結ぶ
> のを手伝っていました（写真4−1−2）。
>
>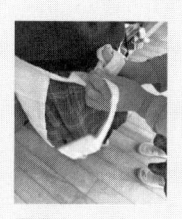
>
> 写真4−1−2
> エプロン結び
> 写真提供：筆者撮影。

　生活の営みの中でさりげない気付きをしている子どもがいます。そのような関わりから相手の優しさや自分にできないことができる友達への憧れなども感じることができるようになります。保育者がしっかりその姿を認め，自信に繋がるような言葉がけが子どもにとって友達との心地良さに繋がっていくことになります。またエプロンを結んでもらった子どもは，自分もできるようになりたいと考えるようになり，友達からの影響を受けていきます。このように保育の中での小さな出来事の積み重ねが人間関係の礎になっていくのです。

（4）2歳児の食事場面

　続いて2歳児の食事が始まる場面です。それぞれが給食袋からスプーン・フォークを取り出し見学者に対してスプーンの絵柄を見せに来ることから始まりました。

> **事例4−1−3　2歳児の食事場面　（8名）**
>
> GR児：「ほら，私のプリンセスのスプーンとフォークなの」
> 見学者：「かわいいスプーンとフォークだね」
> HL児：「私はくまのスプーン」
> JF児：「僕は電車」
> 　見学者は一人一人に「かわいいね，素敵だね」「○○ちゃんは○○のスプー

> ンだね」などと，子どもと同じ内容の話をしています。
> KS児：「私はプリンセスのエプロンだよ」
> GR児：「私のスプーンと一緒だ」
> 　この二人は互いに見せ合っています。
> 見学者：「お友達と一緒だね」
> 　この二人は互いの顔を見ながら嬉しそうに笑っていました。

　自分の所持しているそれぞれのスプーンやフォークを，見学に来ている新しい訪問者に見せたいという気持ちが出ていました。友達の姿を模倣しながら，その中で共通点を見つけた時に自分と友達を意識し新たな喜びに繋がっている2歳児の事例です。保育者を模倣することから始まり，保育者があえて友達の意識に気付くように声をかけることも大切です。生活の中の小さなひとときにこのような芽生えが溢れています[1]。そのような場面にどれだけ保育者が気付き楽しみ合うことができるかが何よりも重要になってきます。

3．日々の子どもの変化（育ち）と「人間関係」

　様々な子どもの生活場面を通して考えてきました。私たちがまず捉えていくべき点は保育者自身が小さな子どもの発信や子ども同士の交流，子どもの思いや子どもの気遣い等にどこまで気付いているかということです。そしてそれは本当に生活の小さなことの中に起こっているのです[2]。遊びの時間，集まる会，整列時，食事等日々の生活の中で細かく気付くことは難しいことかもしれません。しかし，生活の中から学んでいる子どもの発信や表情，やり取りに気付くことが必ず「人間関係」を知るきっかけになります。日々同じ生活が繰り返されるだけでなく，集まる会の形態や食事の準備や会話等も保育者の様々な工夫，変化を加えることによって「人間関係」の理解を深める機会になるでしょう。

1）横山文樹・駒井美智子・小倉唐寛・寒河江芳枝・小林保子・室井佑美『保育を学ぶシリーズ1　保育内容　人間関係』大学図書出版，2019年，p. 98。
2）守永英子・小宮山雅代・永井正子・上坂元絵里『保育の中の小さなこと　大切なこと』フレーベル館，2003年，p. 3。

そのためには，まずどのような「人間関係」があるのかを理解することが重要なのです。

　また，登園から帰宅まで子どもたちは園の仲間と過ごします。一つ一つの出来事が次の状態を作っています。例えば，朝の遊びでの行き違いから，昼食時のグループ作りに手間取りながらも自分たちで関係回復をはかっている，初めて遊びで意気投合して集会で一緒に座って嬉しくていつになくふざけている，いつも元気な子どもが仲良しの子どもが休みでクラス活動への参加を渋るなど，子どもの状態はその場の状況だけではありません。保育者は子ども個々の1日の様子を見守りながらの対応になります。保育者は一日の生活の流れを支えると共に保育の中の一瞬に繰り広げられる子どもの変化（育ち）に気付く努力をしましょう。

演習問題 （ロール・プレイング）（詳しい手順や注意点は，巻末を参照）
　保育の日常生活の場面設定（並び方等）の違いによる子どもの感じ方の違い（図4-1-1，図4-1-3）を体験してみましょう。
①会場設定と集団構成（人数）
　会場：下記の場面設定が可能な，可動式の椅子がある講義室，演習室
　集団構成：10人から最大50人。
②テーマの設定
　運動会でやりたい種目の意見を出し合う（5歳児）
③ウォーミングアップ（省略）
④場面設定
　5歳児クラスの部屋。子どもたちと保育者が場面1，2のように着席します。
　　場面1）円形着席（図4-1-3）
　　場面2）横並びに着席（図4-1-1）
⑤役割設定
　監督：1人（教員，ロールプレイの指導者，訓練を積んだ学生，等）
　演者：保育者1人，子ども（10〜15人）
　観客：上記以外の全員
⑥ドラマの開始と展開
　場面1，2を体験してみましょう。
⑦全体でのシェアリング
　演じみて，観客として観ていて，感じたこと（集団の形態：並び方によって気持ちがどのように違うか，集団参加意欲，保育者や友達への感じ方など）を発表し合い，シェアしましょう。

⑧役割解除
　監督は，演じてもらった感謝と現実の○○さんに戻ることを伝えます。
⑨ディスカッション，まとめと今後の課題
　保育のねらいと子どもの側の実際，クラスメンバーの特性による設定や個々への配置
等について話し合いましょう。

第2節　子どもの遊びにおける環境との関わり
──自己─人─物の力動的関係

　子どもの遊びは子どもの自由な発想で行われますが，共に活動する友達や支える保育者，活動対象の物との相互作用，場を構成している時間や空間との関係で展開しています。保育の時期や日々の活動計画によっても遊びの様相は異なります。自分の遊びを見つけながら集中していく，気の合う子ども同士で続いている遊びに取り組む，クラスで継続して盛り上がっている遊びに入っていくなど多様です。自分の遊びを探していたり，一人で興味のあることに没頭したりしていても，グループでの活発な遊びと同様に周囲の人や物とのつながりの中で行われています。ここでは，遊びのいくつかの場面を例に，子どもの遊びの展開における子ども自身（自己）と，友達や保育者（人），遊具や施設（物）の関係性について考えます。

1．遊びの発展にかかわる人間関係と物の特性
（1）遊びにおける相互関係性
　保育場面では別々に遊んでいるように見えても，互いに他の子どもを感じ影響し合っています（写真4-2-1）。子ども同士の関係が集団状況を作っています。子どもが互いに関係し合っていることをふまえて，保育者はどこを担い，どこを支えればよいかを見届けながら，その場の活動に関わります。主な視点は以下です。
　①方向づける・集団状況や活動の主導（活動の方向や内容にかかわる行動）
　　例：「これをしよう」「こうしよう」

②関係づける・相互関係の形成（互いの関係の促進，調整等にかかわる行動，集団状況や活動への媒介）

例：「○○さんは？」「あちらでは？」「ここにこういう物（人）も」

③固有性を目立たせる・個別安定形成（活動の進行にかかわる個別課題）

写真4-2-1　園庭でそれぞれに楽しく遊ぶ
写真提供：筆者撮影。

例：「こうしたい人もいる」「別のこともある」「こんなこともある」

（2）物的環境の役割

　物的環境として，物の性質（やわらかい，温かい，清潔，扱いやすい，抵抗感がある等）や状態（配置，整理，区分，明るさ等）は，物への親近感や活動のイメージ，人との相互の関係に影響します。園全体が清潔で温かい落ち着いた雰囲気であることが，子ども同士の関係作りの基盤でもあります。子どもの遊びの状態には物的環境の果たす役割が意外に大きいことに気付きます。遊びが盛り上がったり停滞したり，子どもが衝突したり合流したりする状況は物の状態が媒介していることが多く，現在の物的状況に子どもたちが互いにどのように対応していくかによって次の展開が変わります。今している遊びの状態（子どもがしていることとこれまでの経過）から活動の方向性を推し量りながら，先に進める手立てを講じます。遊びが生まれる，継続する，発展するそれぞれの段階での関わりの可能性を多面的に考えましょう。

　遊びへの関わりにおいては，下記のような視点から子どもの思いと友達関係，物的環境との関係のバランスを考えて，子どもが自分たちで遊びを進めやすいように言葉をかけたり物の配慮をしたりします。

　①遊びの内容，子どもの意図（見立て，製作，表現，探索，試行，運動等）

　②友達関係・集団関係（大きさ・範囲，緊密性，開放性，継続性等）

③物との関係（物の多少，充足感，制限感，必要感，自由感等）

④状況の性質（クラスの約束事等）（規定性，柔軟性，可変性，応用性等）

⑤空間・時間（過・不足，解放・限定，区分・連携，見通し等）

2．活動展開の多様性

（1）自己発揮を支える——個々の思いを共に

> #### 事例4-2-1　わたしもしてあげたい——友達が喜ぶこと　3歳児（3月）
>
> 　保育室の一隅の机と椅子を使って，「ここに座ってください」とお客様を招き入れ美容院ごっこを始めた AN 児，SY 児，TW 児。TW 児は率先して「私がシャンプーします」と言い，お客様の髪をくしゃくしゃとシャンプーをする真似をします。紙で作ったドライヤーを髪に当て，仕上げに「お化粧します」と言って，アイシャドーや口紅もつけるしぐさをします。お客様の HK 児と TW 児は目を合わせ「ふふふ」と微笑んでいます。AN 児が作った髪飾りをつけて「はい，できあがり。鏡で見てきて」と，うまく飾った喜びを伝えます。次の日も，美容院ごっこをすることになり，保育者が場所を少し広げ，髪飾りをいくつか作っておきました。朝から髪飾り作りに取り組む AN 児，SY 児，TW 児。蝶々，ハート，宝石，果物等，好きなものを丁寧に描きます。髪飾りは小さく描かなければならないことも話しています。ハサミで切ることに時間がかかると「先生と同じようにする」と担任のハサミの使い方を見て真似てきれいに作り，入りたそうにしていた FL 児に誘いかけ，FL 児も嬉しそうにお客さんになってくれました。

　子どもたちの日常の生活が遊びの中に見られる事例です。この頃は友達が喜ぶことが嬉しいと思う気持ちや，友達や誰かのために何かをしてあげようとする気持ちが大きくなっている時期です。遊びにはこうした心の育ちが表れます。担任は，5歳児クラスのお店屋さんに招待された経験や，友達の髪を結んであげているなどのちょっとした関わり合い，子ども同士の会話などを注視することで，子どもの興味や関心をキャッチして思いの実現への手助けをします。次の日の活動の予測から，子どもたちの活動がつながるように扱いやすい材料を用意したり，事前に関連する物などを作ったりして，場の構成への準備をしておきます。それが決して活動の押しつけにならないよう注意深く環境を整えま

す。「先生と同じようにする」という姿から，子どもは保育者との結びつきをもとに様々な場面で保育者の行動や言葉から自発的に学んでいることが分かります。

（2）互いの発想を生かし合う――一緒に考えることから自信へ

> **事例4-2-2　自分たちでできるよ――力を出し合う　4歳児（1月）**
>
> 　スーパーボールを転がしたり弾ませたりしていた NE 児，KG 児は，リサイクル材料箱から牛乳パック数個を取り出し，ハサミで切り開きつなぎ始めました。リサイクル材料の扱いに慣れていたため，担任はその様子を見守りました。長く伸ばした牛乳パックのスライダーの一方を壁につけ斜めにすると「先生，見て！」と担任の方に視線を向け，担任は「いいこと考えたね。」と応答。満足げに二人はスーパーボールを転がしていましたが，しばらくするとスライダーは途中から折れてしまいました。KG 児は壊れたスライダーの端を持ち上げ，ボールが元に戻っていく様子を見て何度か繰り返し，スライダーの真ん中を中心にして折り曲げ，固定しようと考えたようです。「ここのところに何かいいのはないかな？」と担任に尋ねたとき，「あー！」と気づいて，積み木を持ってきて完成させました。ボールが坂の中心から上に向かって進むことができたらゴールという新しいルールを作り，下方に転がすだけのボール遊びから途中で動きを変えて登っていく遊びへと変化。「やった，やった！」「行った，行った！」と喜びました。その様子で，遊びに加わる友達が一人，二人と増えました。担任がスライダーの途中に障害物を付けると，ボールの進み具合が変化し面白さが増しました。次の日，スライダー遊びは，子ども同士でスライダーの真ん中にセロハンテープの輪をつけ，その中をくぐる新しいルールへ。YR 男は続けて2回うまく通すことができ大喜び。他の子も挑戦し，ボールの大きさを変えたり，スタートラインを上げ下げして，くぐらせるという目的に向かって挑戦し合う姿が見られました。

　事例4-2-2は，遊んでいる途中で「先生」と呼び，その都度担任が直していましたが，担任がすぐに応じられないことがきっかけとなり，自分たちで直し，遊びを再開するようになっていきました。何気ない物での子ども同士のやり取りから，イメージが広がり，イメージの実現に必要なものが浮かびます。材料をどのように扱えばよいかについては，これまでの遊びの体験から容易に

取り組むことができ，自分たちで話し合いながら作っていきました。保育者は材料の工夫の仕方や用具の使い方などの様子を見守りました。そこには，3歳からの材料の取り扱い方や迷路で遊んだ経験，保育者のやり方からの学びや，類似の遊びが生かされています。子どもたちが作り出していくルールも意見を出し合い認め合っています。担任や友達から「いいね」「すごいね」と認められることが自信となり，友達を受け入れる気持ちにつながっていきます。その集中の根底には，遊びの内容が子どもから発しており興味が一致していることがあることによります。

（3）目的を共有して——遊具の特性を生かして

事例4-2-3　木製ブロックを積み上げる——目標達成の可視化の一体感　　　　　　　　5歳児（5月）

　3人の子どもが木製ブロックで遊び始めた。「先生の背の高さより高くする」と言い出し，慎重に積み上げ，背伸びをしても徐々に届かないくらいになると，積み木を運んでその上に乗って積み上げます。「先生！　比べてみて」と興奮気味に言ってくるのを受けて木製ブロックの脇に立つと，木製ブロックの高さと担任の背の高さを交互に見比べます。途中，何度も木製ブロックが崩れると，積み木を支えに崩れないよう工夫。次の日，新たに数名の友達が参加し高く積み上げ始めます。「昨日より高くするぞ」と昨日の失敗を生かして崩れない工夫をしながら，慎重に代わる代わる木製ブロックを置きます。MW児が「先生並んでみて」，担任の背を超えることができると「すごい！　すごい！」口々に声をそろえて喜び合っています。この時にクラスが一体となった雰囲気が溢れていました。

　事例4-2-3は，単純な遊びでも，友達と協力し合いながら最後まで成し遂げ，クラスの皆が「やった，できた」という達成感を味わうことができた事例です。初めのうちは3人で始まった木製ブロックが，次々に一緒にやってみたい友達が増え，クラスの全員が同じ目的として向かいました。担任との関わり合いが，自分と先生という一対一の関係性ではなく，先生とクラス皆としての関係性の中で楽しむことができるようになっています。5歳児クラスになり，

「順番で，互いに，一緒に」の遊びの経験も経て一人一人の子どもが友達とつながり，集団所属感や結束感も出てきたことを示しています。

（4）新しい状況を作る関係——互いに気づく

事例4-2-4　グループ遊びの展開の難しさ——同じ遊びに参加しながら　5歳児（5月）

　JD児が家で覚えてきたダンスを「やってみたい」と言ったことをきっかけに，7人の女児がAW児の真似をしながら踊り始めました。さらに楽器もしようと，「コンサートごっこ」と決めた子どもたちは，ダンス，楽器などそれぞれに役割を決めながら練習し，友達に見せたりして楽しみました。次の日も継続し，後から入ったNJ児，YH児は率先して「今日もやりたい！」と言い友達の輪の中に入り，「ダンスは3人。わたしとYHちゃんはダンスするから，AWちゃんたちはどっちでもいいよ。」と一方的に強い口調で話します。AW児をはじめSG児らは困惑した表情で相談を始めます。担任は「AWちゃんたちはどうしたいの？」と声をかけると，「私たちもダンスをしたいんだけど，NJちゃんとYHちゃんがダンスをするから。」とSG児。担任が「じゃあ，ダンスはみんなでするとか」と提案すると，すかさずNJ児が「それじゃあ，コンサートごっこじゃないじゃない」「楽器をする人もいないと！」と言います。「私たちは楽器でもいいんだけど」とMF児がRN児に同調を求めますが，この活動は前日に家で覚えてきたダンスを皆に教えてくれたAW児がきっか

けとなった活動でもあったため，担任は，AW児やSG児の意見も聞いて欲しいとの思いから，NJ児，YH児に声を掛け「他のお友達の考えも聞いてみたらどうかしら」と伝えました。NJ児とYH児は顔を見合わせ黙りましたが，AW児が「ダンスをやりたい人はダンスをやって，楽器はみんなでやったら？」とアイデアを出しました。NJ児とYH児，AW児とSG児とFT児らと別れてダンスを工夫していきました。人数が多くなった楽器演奏は子どもたちで合わせることが難しく，保育者がそれとな

写真4-2-2　演奏を共に楽しむ

写真提供：筆者作成。

> く加わってまとめ役をして，皆で演奏して見せることの楽しさを味わいました。

　事例4-2-4は，一緒にすることが難しい場合の例です。5歳児クラスになると，個々の遊びから仲間関係が広がり，集団での活動が多くなっていきます。自分のしたいことを互いに伝え合う中で徐々に目的を同じにして遊ぶグループが大きくなります。しかし，人数が増え異なる考えや意見が出て，それぞれの話を聞き取ることが必要になります。「自分の気持ちを話す」「人の話を聞く」力は，日々の生活の中で自分の話をしっかりと受け止めてもらえる経験の積み重ねによります。事例4-2-4は5歳児クラスの当初で，まだ意見を調整して活動を工夫するところまでには至っていない場合です。こうした時期を経て次の段階になると，考えが組み合わさって思いがけず豊かな活動が生まれていきます。

3．遊びの展開と保育者の役割

（1）保育者による状況作り——クラス活動の意義

　遊びの基は様々な生活体験にあります。共有された体験に基づく遊びは個人から集団に広がりやすく，保育の場の環境条件によって保育方法は多様ですが，子どもの自発的な遊びにつながるような場の設定や配慮は大きく次の3点です。

　①共通の体験が個々の遊びの中に生かされる（絵本やお話，楽器演奏，散歩や共通の製作等）

　②個人やグループの興味からの遊びがクラス全体に広がる（ごっこ遊び，表現遊び，運動遊び等）

　③多様に遊べる材料（新たな素材の導入，ルール設定等）

（2）子どもの遊びの意図と保育者の関わり

　子どもが同じ遊具や同じメンバーで遊んでいても，その遊びの実態が異なっている時があります。何が楽しくて遊んでいるのか，子どもたちは何を体験，学習しているのかを捉え，子どもが自ら試し，成し遂げようとしていることを

尊重して支える配慮が基本です。保育者は
「この遊びはこのようにして」「この遊具で
はこういう体験を」などのねらいを持ちま
すが，子どもの実際はそれを超えていたり，
多方向に広がったりします（写真4-2-3）。
保育者は意図を持ちながらも「今ここで」
行われていること，子どもが実現したいこ
とを理解して，子どもと共に心を動かすこ
とが基本です。

写真4-2-3　場のイメージ化の例

出所：筆者撮影。

事例4-2-5　遊具を媒介として繋がる

①3歳児（5月）

　FY児は園庭に出てまっすぐ太鼓橋に近づき横棒を握ります。慎重に上り始
め2段まで登って上を見上げて下り，また登り下ります。もう一度登り途中で
座ってすぐに下り，他の子どもの方に向かって走っていきます。しばらくしてま
た戻り，上まで登って座って「やった」という表情で下りて滑り台に向かいます
（写真4-2-4）。保育者は気付いていましたが，遠くから見守っていました。

　BH児は太鼓橋に横棒を握って登り
始めた時，傍にいた保育者は「しっか
り握ってね」と声をかけて見ています。
上まで登って下り，下りきったところ
で保育者が「できたね」と笑顔を向け
ると，もう一度登り下りをします（動
きが滑らかになる）。「速くなったね。」
との保育者と顔を見合わせました。

写真4-2-4　登れるかな？

②4歳児（5月）

　日頃あまり親密ではないGA児が
太鼓橋の上に座っているところにBH
児が登り始めると，GA児が回転をし
て見せます（写真4-2-5）。BH児

写真4-2-5　できるよ！

はそれを見てから自分も回ります。
GA児は黙って見ていますが，ゆっく
りと次の動きをします。BH児も同じ
ような回転をして笑い合います。
　日頃から一緒に遊ぶCJ児が太鼓橋
の上で座っているのを見てDR児が
上ってきます（写真4-2-6）。CJ
児はDR児の方に向き直って一緒に

写真4-2-6　一緒にね
写真提供：筆者撮影。

足をぶらぶらしました。同じタイミングで下りて同時に上がり，しばらく並ん
で座ってから，元気よく一緒に砂場に向かいました。

　事例4-2-5①の3歳児YF児の場合は「自分でやれた！」という子ども自
身の達成感，自信が強く，BH児の場合は保育者との関わりから達成感の共有
がされています。とかく保育者は注意する，励ます，褒める等を一方的に行い
がちですが，子どもの思いを読み取り関わりの適否を判断しましょう。
　4歳児の事例②では，互いに同じ動きができる物の機能を媒介として子ども
同士の関係（意気投合）が生まれています。歌遊びや遊具の製作など子ども同
士がつながり合う契機は多様にあります。関係が作られて遊びが生まれ，関係
の進展の循環があります。保育者からの遊びの投げかけや場の設定をする場合，
子ども自身がそれをどのように生かして自分たちの遊びをしていくかを見届け
ながら次の援助をしましょう。

事例4-2-6　リレー遊び　4歳児（6月）

　手作りボールのバトンによる直線折り返しのリレー遊びで，5人ずつの2
チームで次のような経過が見られました。
　自然に縦に並び，ボールを持った子どもが前に出て走り，戻って次の子に手
渡し，持って走ることを2回繰り返します。3人目は渡されたボールが偶然手
からこぼれて後ろに落ちて転がったため，持たずに走りだします（子どもたち
は制止しない）。次の子が拾って待機し，前走者が着くのを待って，ボールを
持って走ります。ゴールに着く前に次の子に投げます。突然でボールが取れず，
後ろに転がります。ボールを拾わずに前走者と片手タッチをして走ります。次

の子が拾って待機して，持って走り，少し強めに投げてしまい後ろの子の方に
転がります。走者は前走者と両手でタッチし，ボールを持たずに両手を広げて
走ります。次の子が拾って待機，少し後ろ向きに走ってから向きを変えて走り，
次の子に手渡します（それぞれが楽しそうに走る）。
　　保育者は子どもが他チームと競うことへの興味ではなく，ボールをグループ
の繋ぎにして一人一人が自分なりに走るのを楽しんでいることを大切にして，
意図的に「リレーのルール」を伝えることなく見守っていました。

　子どもの発達状態によって，遊びの展開は変わります。5歳児のリレーを見
てはじめは2チームのリレーごっこの形を作ってスタートしましたが，集団間
の競争よりも，手応えのあるボールを持って走って，仲間に渡すなど，ボール
の動きに自分なりに対応することに子どもの関心が移っていき，それぞれが独
自の動きをしながら遊びは継続していきました。子ども同士が暗黙のうちに友
達の行動を受け入れる基盤が作られていたことによります。こうした各自の自
由な動きが受け入れられ，グループ遊びとして崩れない体験から，徐々にルー
ルに自分を合わせることへの意欲，協力して達成する楽しさへと進みます。
　保育者の遊びにおける援助は，子どもの育ちの状態，一人一人の感じ方，考
え方を捉えながら遊びに参加し，見守り，次のステップへの何気ない助言や物
の配置などをします。遊びの援助は子ども自身が新たな状況を作り出す契機提
起や方向提示，また，子どもからの要求や問題解決への応答として行われます。
遊びは子ども自らの意図で，自力で遊ぶ体験となってこそ発達の基盤となるの
です。

演習問題　（ロール・プレイング）（詳しい手順や注意点は，巻末を参照）
　同じ場（砂場，製作など）で始めは一緒に遊んでいても，それぞれに異なるイメー
ジや目的が生まれることがあります。遊びの途中からやりたいことの違いが出てき
た場合，相互の関係を生かしながらも個々の思いも大切にする保育者の関わりや物，
空間の活用について考えましょう。
①会場設定と集団構成（人数）
　会場：演じる舞台空間と観客席が確保できる講義室，演習室等。

集団構成：10人から最大50人。
②ねらいの設定
　砂遊びで山作りを一緒にしていたが，その先にやりたいことが違う。遊び方を出し合い，イメージの多様性を体験する。
③ウォーミングアップ（場合によって省略，行う場合は巻末 p. 232を参照）
④場面設定
　砂場，用具（シャベル，バケツ，じょうろ，木の板，その他を想定），他に砂遊びをしている子どもたちもいる。
⑤役割設定
　監督：1人（教員，ロールプレイの指導者，訓練を積んだ学生，等）
　演者：保育者（1〜2人），子ども（3〜5人，各々やりたいことがある）（4歳児）
　観客：上記以外の全員
⑥ドラマの開始と展開
　設定された場面で，それぞれの役割（保育者，子ども）を演じましょう。
⑦全体でのシェアリング
　役割（演者，観客）を取ってみて，また場面全体を通して感じたこと，考えたことなどを発表し，伝えあい，シェアします。
⑧役割解除
　監督は，演じてもらった感謝と現実の○○さんに戻ることを伝えます。
⑨ディスカッション，まとめと今後の課題
　同じ遊び場面でも思いが異なることを確認しましょう。

第3節　多様な子どもの出会いと育ちあい
──発達特性，年齢，文化の違い

　本節では，多様な特性の子どもを含む保育の基本的な考え方，保育者の在り方を特別支援の知見をもとに述べます。保育を取り巻く人的環境や，子ども個々の自発的行動にも着目しながら，互いに育ちあう状況がどのようにして形成・展開されるかを考えましょう。

1．多様な子どもと出会い育ちあう基盤──安心感を育む

　「多様な子どもの保育」を考える際には，一人一人の発達や個性の違いの理解や配慮の仕方に着目しがちですが，どの子の保育にも共通の人としての在り方，育ちの過程を支えることが基本です。

保育施設での人間関係として，保育所保育指針第2章の2　1歳以上3歳未満児の保育に関わるねらい及び内容の（2）の保育の内容「人間関係」では，子どもが①保育士等や周囲の子ども等との安定した関係の中で，共に過ごす心地よさを感じる。②保育士等の受容的・応答的な関わりの中で，欲求を適切に満たし，安

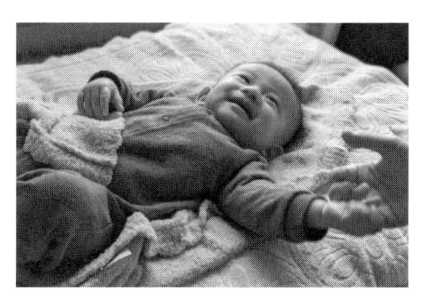

写真4-3-1　　大好き
写真提供：筆者撮影。

定感をもって過ごす。③身の回りに様々な人がいることに気付き，徐々に他の子どもと関わりをもって遊ぶ。④保育士等の仲立ちにより，他の子どもとの関わり方を少しずつ身につける，といった指針が示されています[3]。この過程は，多様に存在するどの子どもにおいても，人間関係が育まれてゆく共通の過程を示しています。

　子どもは乳幼児期に親や保育者など周囲の大人から無条件に受け入れられ愛される経験を通して，情緒的なつながり，すなわち愛着を形成していきます(写真4-3-1)。そしてこの愛着が，多様な子どもを受け入れるための基礎となる安心感を形成します。

　Bowlby（1969）による愛着の発達プロセスを概観すると[4]，出生直後から，愛着の形成は受動的に行われ，発達とともに次第に能動的に築き上げられていきます（表4-3-1）。

　愛着形成は大人になってから家族以外の人との絆を結ぶ際に重要になると考えられています。しかし，乳幼児期に家族内で母親や父親等と愛着を結ぶことが難しいケースもあります。このようなケースでは，保育者が子どもにとっての安全基地となり，絆を形成することが，後々の人間関係に重要な意味を持っていきます。子どもの愛着の発達には，家庭における養育者との関係性だけでなく，保育者との関係も深く関わってきます。Howes（1999）は，母親以外の

3）厚生労働省『保育所保育指針（平成29年告示）』フレーベル館，2017年。
4）Bowlby, J.（1969）*Attachment and Loss: Vol. 1. Attachment.* New York: Basic.

表 4-3-1　Bowlby（1969）による乳幼児期における愛着の発達プロセス

	時期	対象と愛着行動
第 1 段階	出生〜生後12週ごろ	不特定の人物に対する定位と発信 　特定の人物に限らず，近くにいる人物に対して定位（追視する，声を聴く，手を伸ばすなど）や発信（泣く，微笑む，喃語を発する）といった愛着行動を向ける。
第 2 段階	生後12週ごろ〜 6 か月ごろ	一人または数人の特定対象に対する定位と発信 　第 1 段階と同様，この段階の乳児は誰に対しても有効的に振る舞うが，その一方で日常よく関わってくれる人に対しては特に，愛着行動を向けるようになる。他人よりも母親に対して顕著に親密な行動が見られる。
第 3 段階	生後 6 か月ごろ〜 2 , 3 歳ごろ	発信および移動による特定対象への近接の維持 　この時期には人物の識別がさらに明確になり，相手が誰であるかによって反応が明らかに異なってくる。家族などの見慣れた人には二次的な愛着対象になるが，見知らぬ人に対しては，警戒心を持ったり，関わりを避けたりするようになる。ハイハイや歩行など自ら移動が可能となる時期なので，養育者の目の届かないところでも活動し，不安を感じれば泣いて養育者を呼んだり，自ら養育者の元に戻ったりする。養育者を安全基地として，養育者から一定の範囲内で安心して行動し始める時期である。
第 4 段階	3 歳前後〜	目標修正的な協調性形成 　養育者の様子を見たり，人とのちょっとした協調性が形成されたりする時期である。この時期は，母親など大好きな人と離れていても心の中で確かな絆を結ぶことができる。

出所：Bowlby, J.（1969）*Attachment and Loss : Vol. 1. Attachment.* New York : Basic. をもとに筆者作成。

人物が愛着形成の対象者になるポイントとして，①身体的・情緒的ケアをしていること，②子どもの生活の中における存在として持続性・一貫性があること，③子どもに対して情緒的な投資をしていることをあげています。ここで示されている情緒的投資とは，子どものことをどれだけ情緒的に考えることができるかということです。例えば，担任をしている子どもが今までできなかったことができて嬉しいと思ったり，園で一日中暗い表情をしていた子どもがいて，その子に対し家に帰ってからどうしているのだろうかと思いを巡らせたりすることです。つまり，愛着を形成できる保育者というのは，子どもの立場になって考え，子どもが苦しい時や辛い時にその気持ちを支えることのできる保育者です。また，自己の感情が安定し子どもに対し一貫した態度で接することのでき

---

5 ）Howes, C.（1999）"Attachment relationships in the context of multiple caregivers". In J. Cassidy & P. Shaver（Eds.）, *Handbook of attachment*, pp. 671–687. New York : Guilford.

る保育者のことです。表4‐3‐1は愛着の育ちの過程を示していますが，具体的な行動や発達の時期には個人差があります。理解が難しい子どもに適切に対応するためにも保育者としての心構えが必要なのです。

2．子どもが保育者の関わりを通して安定感を持って過ごすには

　1．で述べたように，子どもの愛着を育てるには，保育者の内省，保育の省察が大切です。

　例えば，子どもは保育活動のなかで様々な自分の感情を経験します。楽しい気持ちや嬉しい気持ち，苦しい気持ちや辛い気持ち，悲しい気持ちを，子どもとの関わりの中で，受容し，支え，寄り添うことは大切ですが，それは，今ここで出会っている子どもの気持ちにしっかりと向き合うことで可能になります。

　人間はどうしても「苦しいから考えるのをやめよう」という逃避の心理が働いてしまうので，そのような心理に支配されず，今この瞬間で起こっている物事にしっかりと向き合おうとする姿勢が求められます。

　また，優しさを持って子どもと安定した関わりをするためには，保育者自身が心にゆとりを持つことも大切です。このような保育者の心のゆとりは，日々のストレスコントロールだけではなく，自らの今日一日の保育の経験，子どもとの関わりを振り返ることが大切になってきます。「今日の，Aちゃんが一人で皆から離れて泣いていた時，とても気になったけれど，あの時はどうしたらよかったのかしら。明日は工夫してこんなふうに関わってみよう」と子どもとの関わりを通しながら自らの経験を再度捉えなおすことで心のゆとりが生まれることもあります。

　多様な子どもが今日一日を過ごす生活は，一人一人の子どもの心に様々な不安や葛藤が生じることもあるでしょう。子どもが安定感を持って過ごすためには，保育者自身も，真摯に自分に向き合い，安定した気持ちで子どもに接していくことも重要です。今日の保育の自分の経験を振り返り整理し省察することは，明日への子どもとの人間関係へ向き合う力となっていくでしょう。

３．多様な子どもとの出会いを子どもの成長につなげる保育者の関わり方
（1）子ども理解の基本

　発達障がいなどの発達特性を持つ子や，異年齢や他国で生活してきたなど文化の異なる他者と関わることは，多様性への理解力を育てる絶好の機会になります。しかし一方で，保育者が不適切な関わり方をしてしまえば，多様性を受け入れることができず，互いに傷つけ合い差別心や無関心を生み出してしまう場となってしまいます。多様な子どもたちの出会いを育ちあいにつなげるためには，保育者が子どもたちに対しどのように関わるかが重要なポイントになります。

　これまでに述べたように保育において多様な子どもとの出会いを子どもの成長につなげるためには，愛着の形成が基盤となります。そのため，もし子どもの愛着が育っていない場合，愛着を形成することが初めに取り組まなければならない課題になります。愛着が育ってきたら，保育者と子どもとの間で信頼関係をつくり，信頼関係の構築が子どもと子どもの間でできるように広げていきます。発達特性や年齢，文化の異なる子どもたちが関わる際によくある例として，違いを理解することばかりに目を向けてしまい「みんな違ってみんな良い」が独り歩きし，気が付いたら自分勝手な子どもが増え，集団がまとまらず子どもたちがストレスを抱え傷つけ合ってしまう状況になってしまうことがあります。違いを理解するということは大切なことですが，その前に共通性を認識し合うという過程が育ちあう環境を作るためには欠かせない要素となります。子どもたちが互いの共通性に気付き認め合うことで自然と違いを理解したいという意識が芽生えます。ここでの共通性とは「人として」という部分です。「人として」の共通性に気付くとは，傷つくような言葉や表情をされれば傷つく，できないときは苦しい，初めてのことは不安を覚える，わからないときに助けてもらったら嬉しいなどの感情は同じであることに気付くことです。このように「人として」の共通性を理解することで，発達過程や障がい特性，文化の違いを理解しようとする基盤がつくられます（図4-3-1）。

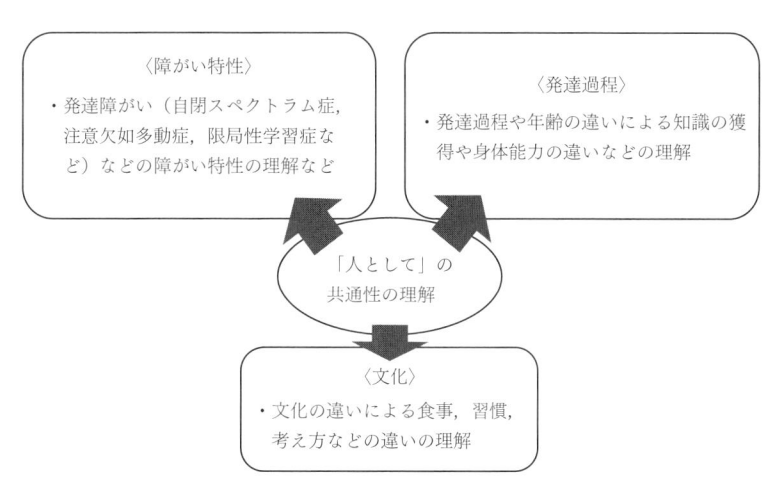

図4-3-1　発達過程，障がい特性，文化の違いによる共通性の理解と違いの理解
　　　　　の視点

出所：筆者作成。

図4-3-2　「人として」の共通性の理解を促すための保育
　　　　　における共有の段階

出所：筆者作成。

（2）子ども理解の進め方

　保育において，このような「人として」の共通性の理解を促すためには「意味」「感情」「意図」の共有を段階的に捉え関わることが有効です（図4-3-2）。「意味」の共有とは，道具や活動の内容，ルールなど，子どもたちが活動や遊びの中で何をするのかが共通してわかっているということです。例えば，割りばしを見せた時，保育者が製作のための材料であると認識していても，子どもは食べるための道具と認識しているかもしれません。このような意味世界のズレは，障がい特性や発達過程，文化が異なっている状況では当然のこととして起こります。特に障がいがあったり，文化圏が離れていたりする子どもとの間では，意味世界のズレが生じやすくなってしまいます。このような状況におい

て共通の意味世界を共有できるようにするためには，保育者は全ての子どもが活動内容を理解しているか一つ一つ確認しながら行う必要があります。多様な子どもたちを相手に保育を行うということは，子どもの活動をじっくりと観察し，子どもがどのような意味世界を持ち，行動しているのかを見極め（洞察力），そして時には子どもの意味世界へ飛び込んで活動をしてみる勇気が保育者に求められます。このような過程において感情の共有が可能になります。

　1歳半過ぎから他者の感情を次第に理解できるようになり，悲しんでいる子どもを慰めようとする行動が見られ始めます。[6] 2歳後半になると自分と他者の感情が異なることを理解し，他者の立場になって相手を慰めることができるようになります。[7]「感情」の共有とは，活動を通して，保育者と子どもたちが共通の気持ちになり，通じ合うということです。遊びを通して一緒に楽しんだり，上手くできなくて一緒に悲しんだりというような，子どもたちとの様々な感情世界を共有することにもなるでしょう。保育者は，多様な子どもたちでつくられる状況や，そこでの一人一人の感情をしっかり把握しながら，活動を工夫する必要があります。とはいえ競争など勝敗がつく活動等では，同時に共通の感情世界を作ることが困難な場合もあります。このような場合は勝ち負け相互の体験ができるように活動内容を工夫したり，相手側の気持ちを相互に聞いて理解できる機会を意図的に設けたりすることが大切です。保育者には，子ども同士が互いの気持ちを理解できるように保育者自身が子どもと気持ちを共有し，言語化したり，表情などで豊かに表現したりすることも求められます。障がいを持つ子どもや異年齢の子どもたちで行う活動であれば，能力差を加味した活動を考えたり，異文化の子どもたちであれば，サッカーなど共通認識のあるスポーツなどを生かした活動を考えたりします。そして，このような感情の共有が可能になると意図の共有が可能になります。

　「意図」を共有している状況とは，保育者と子どもたちが，相手の気持ちを推測し，その推測が独りよがりなものではなく，全体として共有しながら互い

6）Dunn, J. (1988) *The beginning of social understanding*, Basil Blackwell.
7）遠藤利彦「発達における情動と認知の絡み」高橋雅延・谷口高士編著『感情と心理学』北大路書房，2002年，pp. 2-40。

に配慮できている状況のことです。例えば，ある子どもが友達を手で叩いてしまったときに「関わりたくて叩いた」という子どもの意図を周囲が理解している状況です。あるいは，集団の中で活動をうまくできない子どもがいるときに，保育者や周囲の子どもが「できなくて辛い思いしている」というできない子どもの気持ちを汲んで応援できる状況です。意図は一人一人異なりますので，意図を汲むためには，より深い相互理解が必要になります。

（3）保育者の心構え

　意図機能に問題を抱えるとされる障がいもあります。代表的な障がいとして自閉スペクトラム症（自閉症スペクトラム障がい）があります。現代では，自閉スペクトラム症の発達特性や効果的な対応についてもある程度知られており，保育現場ではそれらの情報が活用される場面も増えてきています。しかし保育者はここで注意しなければならないことがあります。その子どもに対し，自閉スペクトラム症のマニュアル通りの対応になってしまい，「人として」の共通性の理解が疎かになってしまうことです。このようなマニュアル通りの保育のケースでは，自閉スペクトラム症のある子どもがパニックになるなどの問題は表面的には起きにくいですが，意図の共有ができておらず育ちあいにつながらないことが起こります。「意図」を共有し「人として」の共通性の理解を促すためには，保育者と子ども，そして子ども同士が互いに相手の気持ちを理解しようとする心の循環と様々な子どもがいることで人間関係が発展するような状況づくりが必要です。自閉スペクトラム症のように意図理解に困難を持つ子どもの保育で「意図」の共有が難しい場合は，「感情」の共有に焦点を当て関わることで保育者と子ども双方の「人として」の共通性の理解を促すことができます。

4．インクルーシブ保育とは──共生社会を実現するために

　インクルーシブとは，「すべてを包み込む」「仲間はずれにしない」という意味の言葉です。社会を構成する人々は多様な属性やニーズを持っていることを前提としたうえで，差別のない全ての人々を受容する社会のことをインクルー

シブ社会と言い，そのような社会の実現を目指した保育の在り方をインクルーシブ保育と言います。障がいの有無や年齢の違い，国籍，信条などにかかわらず全ての子どもを受け入れます。言い換えれば，人の多様性を知り，互いの違いを尊重し，一人一人が大切であるという価値観を身に付ける保育のことです。

　わが国は2007（平成19）年9月に「障害者の権利に関する条約」に署名し，2014（平成26）年1月に批准し，義務教育段階では，共生社会に向けたインクルーシブ教育システムの構築に向けて，すでに舵を切っています。2012（平成24）年7月中央教育審議会（以下，中教審）の中で「同じ場で共に学ぶことを追求するとともに，個別の教育的ニーズのある子どもに対して，自立と社会参加を見据えて，その時点で教育的ニーズに最も的確に応える指導を提供できる，多様で柔軟な仕組みを整備する」とインクルーシブ教育の方向性も示されています。

　このような義務教育段階のインクルーシブ教育につなげるために，インクルーシブ保育では，まずは実感を通して「人として」の共通性の理解を育てることに焦点を当てることが大切です。「人として」の共通性の理解の柱は，人の感情の理解が重要です。インクルーシブ保育とは，共に育ち合える状況をどのようにつくるかが課題であり，自分や相手の苦しみや悲しみ，不安など，ネガティブな感情に気付き，どうすればネガティブな感情がポジティブな感情に変換できるのか，子どもたち同士で関係し合うなかで行動や考え方を，実感を通して相互に学び合うことです。

　最初は，保育者が子どもたちの気持ちを汲み取り，子どもの気持ちが子ども間で循環するように橋渡しをすることによって，子どもたちの心を耕しインクルーシブな精神を養う基礎を作ります。そして次第に，保育者と子ども，そして子ども同士の関係性の中で，他者から認められ理解される喜びを感じられる環境をつくっていくことが，自分とは異なる他者を理解したいと思える感情や思考，すなわちインクルーシブな精神を育てる土壌となっていくでしょう。

　以下に保育の実践例を示します。インクルーシブ保育の実践は，担当保育者，園職員，保護者，関係諸機関等関係者の相互理解と協力が必須であることも理解しておきましょう。

事例4-3-1　子どもの特性を園全体で共有する　保育所　1歳児入園

　HN児は，出生直後にダウン症候群と診断され両親に愛情深く育てられてきました。1歳児クラス（定員12人）で入園し，入園前のDQ（生活指数）は71でした。入園に際して，園長とクラス担任全員で「ダウン症児」について勉強会を実施し，基礎知識を共有しました。また，母親が綴った「育児記録」を保育者間で回覧し，HN児のできることや苦手なこと等を把握しました。入園後は，HN児のできないことは保育者が手伝いながら根気よく気持ちを通わせてきました。クラスの保育者全員がそれぞれの立場でHN児の保育に当たること，園全体で情報共有をしてHN児を見守ることを確認しながら保育を進めてきました。現在，4歳児クラス（13名，男児9名・女児4名）で，担任と副担任の2名が保育に当たっています。排泄の自立はまだ難しく，支援が必要です。言葉については，保育者の言う言葉はほぼ理解できますが，自分からはいくつかの単語「パパ」「めいちゃん（姉の名前）」「こっちゃん（友達の名前）」「てんてい（先生）」などが出る程度です。日常の様子を挙げると，「お外に行きましょう」と保育者が子どもたちに声をかけると，HN児は周りの様子を見て，自分も帽子をかぶり副担任のそばに行き「一緒に外に行こう」と言い，手を引きます。

　ある日，HN児はたらいで水遊びをし始めると，夢中になって，たらいの水を外にバシャバシャ出し始めました。その時，KC児（こっちゃん）が，「お水，外に出したら駄目だよ」と優しく声をかけました。それでもHN児が夢中で水を出し続けていると，「だめ！　お水無くなっちゃうでしょ！　ほら，こっちにピストルがあるからこれ使えば？」と，KC児が少し大きな声で言いながら水鉄砲を差し出しました。するとHN児は，「あー」と言って，水を掻き出すのを止め，笑顔で水鉄砲で遊び始めました。KC児とHN児は，1歳児クラスからずっと一緒に生活している仲で，KC児はよくHN児の面倒を見ており，どう言ったらHN児が行動を切り替えられるかを知っています。HN児もKC児が大好きで，KC児の言うことは素直に受け入れることができます。二人の間には信頼関係が出来ているように見受けられます。クラスの子どもたちは，どの子もHN児を特別視している様子はありません。HN児は，クラスの一人として園での日々を過ごしています。

事例4-3-2 子どもの姿を基に保護者，他機関と協力 保育所 1歳児 入園

　EF児は，入園当初（1歳7か月）から，体幹が弱く座位が不安定でした。つかまり立ちはできますが，主にハイハイまたは膝歩きで移動しています。保護者は，知り合いの看護師に「EFちゃんはのんびり屋だから大丈夫」と言われ，発達の遅れを気にしていませんでした。入園後，EF児に保育士が一人付くことになりました。歩行は1歳8か月から始まりました。2歳3か月頃からこだわりが強くなり，行動の切り替えが難しく，思い通りにならないと泣き叫ぶことが目立つようになりました。突然他児に噛みつくトラブルなども増えました。この時期に，保護者は「EF児に障がいがあること」を受け入れ，EF児に対応した体制を整えるために連携を図れるようになりました。EF児は3歳児クラスに進級し，癇癪が多くなりましたが，次第に友達に関心を持つようになってきました。この頃，中国で2歳まで過ごしたAC児（家で良く癇癪を起し保護者が悩んでいる）に「EFちゃん，あそぼ！」と誘われるようになり，しばしば一緒に遊ぶようになりました。また家庭では，週1回民間の療育教室に通い，体幹強化の遊びなどの指導を受けるようになりました。療育センターの療育相談にも定期的に通い，EF児の課題について相談していました。

　4歳児クラス以降，EF児付きの保育士は外れ，必要時はフリーの保育士が援助することになりました。担任は，EF児のできそうな活動に積極的に声をかけて誘うよう心掛けるようにしました。EF児は，徐々に癇癪を起すことが少なくなり，できないことがあると「できない」と言葉で伝えられるようになってきました。友達との関わりが楽しくなってきたようで，自分から「入れて」と言葉をかけて遊びに入ることが増え，運動遊びや戦いごっこにも入るようになりました。

　5歳児クラスに進級する頃には，運動会やお遊戯会などもEF児のできるレベルで皆と一緒に経験することができるようになりました。EF児には今もこだわりが強く気持ちの切り替えが難しいことがありますが，EF児と1歳児のころから一緒に生活している同じクラスの子どもたちは，EF児とのことは当たり前なこととして受け入れる余裕を持っています。「同じにできる，できない」の基準ではなく，「EFちゃんの出来る力で」という気持ちで仲間として受け入れているようです。子どもたちの仲間意識は何気ない日々のやり取りの中でできていると思われます。

事例 4 - 3 - 3　家族的なつながりの中で　幼稚園　5 歳児クラス

　KN 児は，難聴のため，通園の療育施設（視覚によるコミュニケーション学習を中心）に通っていましたが，幼稚園生活もさせたいとの保護者の希望により 5 歳児クラスから入園しました。園は，小規模（全園児45名，5 歳児クラス18名）で目が届きやすく，手話が多少わかる保育者が在職しており，KN 児の祖母が手話通訳者をしていることなどを勘案して入園を受け入れました。入園当初，KN 児は集団生活に戸惑い通園を渋っていましたが，クラスの他の子どもたちの生活習慣が自立し安定していたため，担任はゆとりを持って KN 児に対応することができました。クラスの子どもたちは異年齢児との関わりの経験もあって積極的に KN 児を遊びに誘い，KN 児も喜んで輪の中に入っていくことができました。クラスの子どもたちは，KN 児に馴染みながら「KN 児はわかり方が違う」ことに気付き，担任に支援を求めることもありました。担任は折に触れて「KN ちゃんには前から動きで知らせる」「後ろからトントンすると驚く」「顔を見て口を大きくして話すと見てわかることもある」など，KN 児との関わり方について個別的に伝えるようにしました。クラスの子どもたちは，次第に全身によるコミュニケーションを行うようになっていきました。4 月末から，降園時のクラス集会に手話通訳をしている祖母にも参加していただきました。クラスの子どもたちは，手話を交えて歌ったり，KN 児に伝えたい言葉の手話を教えてもらったりして，簡単な手話を手遊びの感覚で比較的早く身につけていきました。KN 児は卒園まで園生活を皆と共に楽しむことができました。クラスの子どもたちにとっては，卒園式での歌を手話を交えて歌うなど，体験を広げた 1 年間となりました。

　インクルーシブ保育とは，子どもたちが互いにありのままの姿を認め合う保育です。

演習問題
　本節を学んで，多様な子どもを含む保育について，次の点を各自でまとめ，それをもとに 3 〜 4 人のグループで話し合いましょう。
①子ども同士の関わり合いについて，保育者が最も大切にしたいこと。
②多様な子どもを受け入れるための園内外の環境の整え方で重要なこと。

参考文献

小川博久『保育支援論』生活ジャーナル，2000年。

河邊貴子「子どもの育ち合いを保障する遊びとは何か」『保育学研究』53巻3号，2015年，pp. 56-65。

田宮縁『体験する・調べる・考える　領域　人間関係』萌文書林，2013年。

成田朋子編『新・保育実践を支える　人間関係』福村出版，2018年。

正高信男『子どもはことばをからだで覚える——メロディーから意味の世界へ』中央公論新社，2001年。

第5章
共に育つ人間関係の状況づくり

　「共に育ちあう遊びとは？」「保育者同士でもっと繋がれたら」「就学を控えて何をしたら？」「保護者との関わり方」「地域の公園をもっと利用したい」など，日々の保育には様々な課題が生じます。
　本章では今までの本書の学びが実際の保育に活かされるよう，様々な人や集団，地域と連携し，共に育つ人間関係の状況づくりについて学びます。

第1節　個と集団の育ちあい

　園生活では，子どもは保育者や友達と関わり合いながら，相互に影響し集団を形成しています。ここでは園生活における個と集団との関係，及び保育者の役割，援助の在り方を具体的な事例を通して考えます。

1. 遊びの中で育ちあう状況づくり

　保育所保育指針第1章総則　1保育所保育に関する基本原則（3）保育の方法において「子どもが自発的・意欲的に関われるような環境を構成し，子どもの主体的な活動や子ども相互の関わりを大切にすること。特に，乳幼児期にふさわしい体験が得られるように，生活や遊びを通して総合的に保育すること。」と記されています。また，佐伯（2004）は「遊び」と「学び」は本来渾然一体のものであるとし，幼児の世界では遊ぶことも学ぶこともほとんど区別がないことから，幼児の遊びの中での学びの重要性を指摘しています。遊びは子ども個々の学びであると共に，個と個の人間関係を形成し，さらに集団として個々の活動に影響を持つものであることを念頭に，遊びにおける個と集団の関係性を考えていきましょう。

（1）遊びへの興味と課題を共有し，発展・解決に向かう相互的関係

事例 5-1-1 「川がつながったよ」 4歳児（6月）

　　4歳児の子どもたちを中心に，砂場で川を作ろうと土を掘っていましたが，前日に雨が降って砂場にたまっていた水では量も少なく，思うように水が流れませんでした。そこでAH児が一緒に砂場で土を掘っていた保育者に「水が流れないな。先生，こっちに水ちょうだい！」と言い，保育者が「川がどうやったらつながるかな」とAH児とCF児に問いかけました。CF児「ここまで水が流れてこないな」，AH児「どうしよう」，保育者「違うやり方考えてみようか？」，CF児「バケツとかペットボトルとかで運べばいいんじゃない」といったやり取りがあり，CF児の提案に数名が同意するが，DW児が「見て。水をこうやって押していけばいいんじゃない。そっちの川にもつながるでしょ」と言い，スコップを動かして水を流して見せました。AH児「水が来た！」，保育者「すごい！　水が流れて来た！」しかし，AH児が水の様子を見て「でもだめだ。こっちまでは流れてこないよ。」CF児「なんでだろう？」，保育者「そうか。流れて来るけど水の量が少ないんだね。」AH児「そうなんだよ。いいこと思いついた！　もうちょっとこっち深く掘って長くする！」と土を掘り始めました。AH児が自分の前を深く掘ったところで水が勢いよく流れ始めました。AH児は「あ！　いっぱい流れた！」と，周りにいる子どもたちも「流れた！」と言い喜びます。CF児「本当だ！」，保育者「すごいね！　どうやったの？」，AH児は，実際に掘った場所を見せながら，「こうやって深く掘ったら水が流れてきたんだよ！　ほら見て！」保育者「深く掘ったら流れたんだね！
　　大発見だね！」，CF児「こうやって川の水を押すと，もっとそっち行くよ！」，AH児・保育者「来た来た！」，CF児「さっきよりいっぱい行った！」，AH児「もっと掘ってみるね！」　AH児は，砂場で一緒に遊んでいた子にも土を掘ると水が流れるということを，周囲の子たちに伝えはじめました。3歳児EJ児が違う場所に川を掘っていたのを見て，土があまり掘れていないことに気付き，実際土を掘って見せました。AH児が掘ると水がすぐ流れて3歳児の子どもたちから歓声があがりました。AH児の話を聞いたEJ児たちもAH児のように土を掘り進め，大きな川や山がたくさんできあがり，遊びが広がっていきました。

　事例5-1-1で注目したいのは，AH児の発見である「高低差をつければ，水が上から下に流れる」ことです。それは，水を必要とすることを他児（と保育者）と共有している，保育者と他児との相互作用によって多様な発想が生ま

れる，共に解決しようと試みる状況であるといった，一人一人の意見を大切にする関係の中で AH 児の言葉や行動が受け入れられて，皆の発見になっているからです。

　このように，遊びの中で育ちあう状況づくりを促す保育者は以下の3点を意識することが大切です。1点目に，子どもたちの思いを尊重し子どもが解決することを大切にすることです。「子どもの興味や関心に同感する」「子どもの考えを引き出す働きかけをする」「多様な発想の交換を促す」などです。2点目に，場の調整や媒介をすることです。遊びが広がっていく過程の中で，仲間との思い違いや考えの行き違いも生まれ，意見も食い違い，解決できずに葛藤する子どももいます。あきらめずに仲間や自分と向き合い，一緒に結果が出せるよう共に考えます。3点目に，子どもの解決までの個々の過程を見守り受けとめることです。子どもは自分で感じたこと，望むことを言葉で伝えるまでは時間がかかります。保育者が「考える時間を保障する」ことで，子どもたち自身が考え行動します。また，保育者の介入のタイミングを見逃さないためにも経過を捉えることが重要です。「見守り」と「放任」は違い，子どもの持つ力を信頼して関心を寄せながら，子どもと共に状況をつくっていきます。

（2）個々の活動の発展を集団活動へと広げる共感的関係性

事例5-1-2　一人の頑張りを皆の頑張りへ　5歳児

　4歳児の秋に縄跳びに挑戦していた ST 児。走りながら2回程度跳べていたが，5歳児のようにテンポよく1回し1跳びのイメージを持っていました。5歳児クラスになった春，ST 児が時々自分の縄跳びを出してきて走り跳びをしているのを見て，担任が「先生が縄跳びを回すから，ST ちゃんが跳んでみる？」と誘いました。担任は長縄の一端を鉄棒に結び，一端を自分で持って回します。跳ぶコツを伝え，何度か挑戦していくうちに，ST 児は手の空いている先生を見つけると「先生，縄跳びやりたいから回してくれる？」とお願いし，長縄跳びに夢中になっていきました。その姿を見て「ST ちゃん，入れて〜」と長縄跳びに挑戦する子どもが増えていきました。待ちの時間，友達を応援したり，「1，2，……」と跳んだ回数を数えたりしています。ST 児も先生に回して

> もらい20回以上跳べるようになると一人縄跳びの練習に移行しました。二人で組み，一方が跳び，一方が数えるST児とAE児。ST児が跳んで30回を超えた頃からクラスの友達が集まり，皆で一斉に声を合わせて数え，「STちゃん，頑張れ！」「100まで頑張れ！」などの声援が飛び交うなか，ST児は黙々と跳んでいきます。「凄い！　STちゃん136回跳べたよ！」と皆が数えた跳び数にST児自身ビックリしている様子。子どもたちは，それぞれの縄跳びへの挑戦が続いていきました。縄跳びが苦手な子もうまい子と組み合わさってコツを教えてもらったり，保育者に教えてもらったりして，はじめは自分の得意な跳び方から，いろいろな跳び方をしている友達を見つけて一緒に跳ぶようになり，レパートリーを広げていきました。子ども同士で「なわとびカード」を作って，回数を書き込むなど，自分たちの遊びにしていきました。

　ここでは，保育者が子どもが実現したいことに積極的に関わって，援助，指導をしながらその遊びを支えることによって，他の子どもへと広がっています。製作，ごっこ，表現，運動など多様な遊びにおいて，保育者の個人あるいは小グループへの援助によって，他の子どもが共感して取り入れたり，それが刺激になって新しい遊びを考え出したりするなどと，発展していきます。保育者からの誘導的な活動としてではなく，子ども自身が求める遊びであることによって，保育者から学ぼうと能動的になり，自分たちの遊びを進めるために保育者に助言や援助を積極的に求めて取り入れます。子どものできるようになりたい意欲が集団全体に広がり，その雰囲気が個人を後押していきます。

　集団活動へ広げる際の保育者の配慮は，1点目に，子どもの真の遊びの意図（思い）を的確に把握し，納得いく成果が出るように援助をします。子どもが自分の活動に自信をもって意欲的に取り組めるよう支えます。2点目に，保育者の援助が行動モデルとなって，「ああすればよい」「先生のようにしてみよう」など，学びを深められるよう，指導を含めます。3点目に，子どもへの援助は特定の子どもに偏らないように平等にすることで，子どもたちが保育者への信頼感と集団としての一体感が持てるようにします。

（3）集団目的を共に達成する共同的関係

事例5-1-3　共同制作——御神輿作り　5歳児（7月）

　子どもたちは，例年行う夏祭りの自分たちで作る御神輿をとても楽しみにしています。担任から御神輿作りの話しがある前から子どもたち同士で「○○にしたいね」などと話しています。子どもたちから意見が出始めたのをきっかけに話し合いを始めました。

　子どもたちによって最終的に3案になり，担任は板書しました。1つに挙手の結果，大多数の子どもが①案を選びました。担任からの「①が多かったので，①でいいですか？」という問いかけに，子どもたちから「いいよ，それやろうよ」という声が上がっているなか，NT児の「②がいい」というハッキリとした口調の声。担任は「クラスの御神輿だから，みんなが協力して作れるのがよいと思うけれどどうしようか？」と，子どもたちに投げかけました。NT児に個別で「どうして①は嫌なのかな？」と聞くと，「②がいいから。ドラえもんは難しいから嫌だ」とのこと。二人の会話が聞こえて，他児が「難しいなら手伝ってあげるよ。みんなでやるから大丈夫だよ」「わからなかったら教えてあげるよ」などとNT児に口々に思いを伝えます。それでも首を縦に振らなかったNT児。昼食後，NT児と担任が一対一で話し「お友達が一緒にやろうって言っているよ，どう？」皆の思いをNT児に伝えました。しかしNT児「嫌だからイヤ！」の一点張り。帰りの会で担任は，自分が提案した案が選ばれなかった子どもたちの話をしました。「蟹を作りたいって言っていたGNくん。③がいいなと思っていたお友達もいたよね。みんなは自分の作りたいものがあったけれど，皆で協力することにしていったんだよね。」そう話すと，頷く子どもたちも。NT児の表情は変わらず一点を見つめたまま，保育者の話や友達の話を聞いていくうちに涙が一筋。NT児の自分の思い描く御神輿への思い入れの強さが伝わってきました。降園時に担任が再び個別で「NTちゃん，どうする？」と声をかけると，「我慢して作る」と答えました。担任はNT児の気持ちを受け止め，「ドラえもんが嫌ならばドラえもんは作らなくても大丈夫だからね。花火や流れ星を作ったらどうかな？」と話すと，NT児は元気よく「うん！」。自分の気持ちに折り合いをつけた様子でした。作業が始まるとNT児は流れ星をきれいに染め上げ，できたときは満足そうでした。他の子どもたちもNT児が熱心に取り組む姿に安心し，完成時の喜びは例年より大きいものとなりました。

　集団関係が進むと，集団の目的に賛同して自己目的として自己発揮できるよ

うになります。例えば，リレー競争でチームの勝利に協力しながら一人一人も速くなるなどです。他方で，個人や状況に合わせて柔軟に集団目的の変更や行動選択が可能になるなど，個と集団が密着した関係になります。

　様々な活動の中で，保育者が一人一人にきちんと向き合い認めてきたことで，自分と友達，集団との一体感や自発的相互協力へと進みます。その際，「自分」と「活動」，「自分の意見」と「他の意見」，というように二項の結合，対立状況から，「他者」「環境」「活動の目的」などを関係づけて三者関係（多者関係）的状況をつくることで，新たな方向性を見出しやすくなります。

　集団目的を共にする際の保育者の配慮は，1点目に，集団であっても一人一人の子どもの現在の育ちを理解し，心の声を傾聴していくことです。2点目に，一人一人の子どもとの信頼関係を基盤に，子ども同士の心のつながりのある温かいクラス集団を育てることです。3点目に，子どもがありのままの自分が認められている安心感や自分の良さに気づき，自己肯定感が持てるように一貫して支持的な関わりをしていくことです。

2．生活の中で育ちあう状況づくり

　「食事」「排泄」「睡眠」「着脱衣」「清潔」などの基本的生活習慣の自立へ向けての行動と，集団行動の場面における状況づくりへの保育者の援助を考えます。

（1）生活における保育の基本

　園生活には，日々の生活習慣や，集会，片付け，クラス全体での活動等，多様な活動が含まれています（1日の生活の流れは，第4章第1節）。園では，基本的生活習慣の自立を促し，社会性を培うために適切な環境構成や生活の方法を工夫していきます。生活の中で育ちあう状況づくりの基本としては，生活行動が「できる・できない」ではなく，「自分でやりたい」「自分で（も）できる」という意欲や自信を持つことを第一に，周囲への関心や気配り，自己抑制等「自律性」につなげていくことです。自分でできることは本人に任せながらも，不安なことは自信が持てるまで援助します。幼児期における適切な生活習慣の習

得は成長後も生活態度として定着します。自立を焦らず，互いを大事に思い，気持ちの良い関わり合いによって生活の仕方を身に付けることが社会性や道徳性の源にもなります。

（2）園の生活場面における個と集団の関係と配慮

　園生活の集団場面を以下の4種類に分けて考えてみましょう。子どもの個性によって状況への対応が異なることから，主体的に行動できるように個々を支えることが基本になります。

①友達と一緒に自己充足（共に・自分のペースで）
　　例：着替え，排泄，睡眠等
　個人差があることは，共にやりながらその子どものやり方を尊重し，保育者が手助けをしながら自信を持てるようにします。徐々に保育者を通して集団のペースや方法に馴れながら自立に向かいます。

②仲間関係・集団関係の意識（一緒や同じが楽しい・嬉しい）
　　例：食事，集会，歌唱，ダンス等
　仲間と一緒にすることが楽しいことになるように工夫をします。それは保育者の一方的な誘導や環境設定によるのではなく，子ども自身が友達と一緒にしたい，そこで自分らしくいられる，そして，友達も楽しくいられるようにしたいといった気持ちを，内と外と双方に向けることを目指します。集会では椅子に姿勢よく座ると保育者や友達の話がよく聞ける，食事の支度やテーブルセットはきちんとできると気持ちが良い，皆で歌う時は保育者や友達の声をよく聞いて歌うと楽しいと感じることなど，皆と一緒にやることの楽しさを感じることから集団行動に意欲的になります。

③集団のメンバーとしての自己発揮（独自に・自発的に）
　　例：共同制作，片付け，当番活動等
　遊びの片付け，共同制作などは，同じ目的に向かって集団で行動しますが，

それぞれに役割を担っています。自分のしたいことだけではなく，他の人がしないこと，足りないところなどに気付いて，互いに折り合いをつける，請け合うなど，表面に表れなくても暗黙の裡に了解し合いながら行動しています。一緒にやり遂げた時，集団の一員としての自覚と誇りを持ち，集団の状況に気付きリーダーシップに繋がります。

④集団における個の顕在化（自分に任せられて・皆の代わりに）

　　例：集会での意見発表，クラスの代表等

　集会では，一人一人が自分の意見や体験を発言したり，当番としての仕事やクラス皆の前で話すなどがあります。集団の中で自分が目立つ場面です。主に自分自身が自覚できる5歳児クラスで行われます。こうしたことが得意な子どもも，苦手な子どももいますが，その子なりの表現や良さをみんなで認めることで，互いに安心して自分を表現し，互いに支え合う体験になります。

⑤集団の中の個性の尊重

事例5-1-4　一人一人の個性を大切に　4歳児（6月）

　保育室が変わり，登園をしぶっていたDA児はロッカーに貼られているバナナマークを楽しみにし，登園後に真っ先に自分のロッカーへ行くようになりました。「DAくん，バナナマークなんだー」と保育者に語り掛け，準備が早く終わることでたっぷりと遊ぶことができることに気付き，「もうできたよ」と喜んで報告したりします。毎日の積み重ねにより，朝の行動が習慣化し，朝の身支度も自分で気付いて行うようになりました。

　BG児は，ミニチュア自動車玩具が大好きで，登園すると真っ先にお気に入りの車で遊んでいました。ある日，いつもより遅く登園してきたDA児が大好きな車を使っていたBG児に「この車貸して」と言うと，BG児は「ダメ，今この車は僕が使っている」と言われ，無理やりDA児が取ろうとし，BG児は離しません。DA児が保育者のもとに「車貸してくれない」と泣きつくと，保育者は，同じ車を使っているもう一人の「CN児に貸してって言ってみたら？」と伝えました。DA児はCN児に「この車あげるからCNくんの車貸して」と言い，CN児は「いいよ」とあっさり貸してくれました。DA児は「あ

　りがとう」と嬉しそうにお礼を言って，走らせました。

　DA児は「バナナマークが好き」，BG児は「車が好き」など，保育者が一人一人の好きなことや得意なことの理解を心がけていくことで，子どもたちが互いの好きなことや個性を認め合っていきます。こうした経験から，子どもは「貸してくれないBGくん」「貸してくれたCNちゃん」の違いにその子なりに気付いて，他者理解，状況理解が進みます。また，ある時はうまくいっても他の時はうまくいかない時もあります。問題解決は一様ではない経験から子どもなりの理解や解決方法を積み重ねていきます。一律にルールを適用しようとするのではなく，状況を気付かせながら，言われてではなく，自分で気付いて行動できるように促していくことが保育者に求められます。

３．個と集団の関係に関する保育の計画上の配慮

　子どもの望ましい経験活動や，自己発揮のための計画的な活動の導入や環境構成は，子どもの興味や関心，心身の発達状態と適合することが重要です。一般に保育は1年をサイクルに長期の指導計画を立て，子どもの実情に合わせて，月，週に具体化していきます（第3章第6節）。保育の計画は多様な要因を考慮して立てますが，子どもの個と集団との関係からは以下の四つの状態への配慮をします。

　①個々の活動が安定，充実する（時）

　②友達，仲間関係が大切になる（時）

　③クラスや園等への意識が強まる（時）

　④自分の体験（育ち）を意識し，次の活動，集団（進級，進学）への意識が生まれる（時）

　上記の状態は，入園から卒業までの長期サイクルでも，進級から進級までの1年のサイクルでも，また，1日の「登園，自由な遊び，クラス活動，降園前集会や準備等」のサイクルでも捉えることができます。同じ活動でも，子どもの状態に合わせた環境構成，活動の提案や関わり方への配慮をします。ここで

表5-1-1　週案の一部の例

5月6日〜5月12日

幼児の姿 幼児個々の状態 集団の状態 活動の好み 興味や関心	○遊びでは，個々に自分のやりたいことがあり，それを大事に1人，2人のこじんまりとした関係で，自分のペースで楽しんでいる。また，1人で遊びながら誘いを待っているような様子もあり，一緒に動いたり離れたりしている。男児は集団で遊ぶ時は4〜5人で，集団遊びや虫探し，ゲームなどその々で一緒に遊んでいる。女児は孤立してしまいがちな子が出る（KF児・YE児・MH児）。 ○遊びの種類が多く，ごっこ遊び，砂遊び，ポックリ，鉄棒等固定遊具への挑戦，ボール遊び等，粘土や草花などを使っての料理作り，CDを流してダンスをする姿も見られるが，それぞれで楽しんでいる。
環境設定の要点・工夫	○ままごと遊びのコーナーを変えてみる。積み木をホールから持ち込んで仕切りを作ったり，積み木，段ボール，牛乳パックなどを利用して作れるようにしたりする。積み木のテーブルを利用して，それぞれがゆったり遊びながら一緒にもいられるようにする。同じような思いで繋がるように，ブロックの量や自然物を扱う用具などを多めに用意する。 ○母の日のプレゼント作りは自分なりに考えて作り，互いの刺激になるように準備（牛乳パック，布，リボン，綿，テープ，木工用接着剤等）する。 ○画用紙，廃材などは自由に選択して工夫できるように，大きさや材質を整理しておく。 ○手洗いをしやすくするために，スポンジ，洗剤，タオルの準備をしておく。

12月8日〜12月14日

幼児の姿 幼児個々の状態 集団の状態 活動の好み 興味や関心	○子どもたちの間では，先週末からお店屋さんごっこをしようと相談する動きがあり，飴，宝石などの商品やおみくじなどを作り，小さい組を呼んできて楽しんでいる。広がりすぎて，たくさんの商品が必要になり，後半になるとメンバー間の行き違いが出て，お店屋をする意欲も弱くなりがちであった。役割分担や作り方の工夫など助言も必要の様子である。 ○サッカーを好んでするようになり，ゴールを他のクラスが使っている時は部屋の前を活用するなど工夫する意欲が見られる。ルールがまだ十分に浸透せず停滞もあるがチームゲームとして遊びたいようだ。子どもたちと話をしながら続けられるように，時には中に入ったり，励ましたりしたい。 ○砂場での活動も活発だがやや少人数で盛り上がっている。動きが大きくなると他のグループと繋がりができて話し合いながら楽しめるようだ。 ○個人的には，TG児がグループに入らず実習生に依存してしまうことが多いので，気を付けたい。
環境設定の要点・工夫	○卒園記念屏風制作について手がけていくようにする。クラス皆の目的意識をもって話し合う機会をつくる。 ○サッカーは他のクラスと対戦してみる。 ○子どもの遊びの相互のイメージを確かめ，一緒に工夫できる製作材料を用意する。一部の子どもで電車と関連する物を相談して作り始めているので，それを用いて多人数でも遊べるように，また，興味のある子どもが入りやすいように多めに材料を準備する。広めの場所の設定をするなど子ども同士で考えて広げていけるように対応する。

は，子どもの遊びへの取り組み方に対応した具体的な計画の参考として，ある5歳児クラスの①の時期（5月）と③の時期（12月）の週案の一部を例示します（表5-1-1）。主な配慮が，一人一人の遊びの充実（5月）と，子ども同士で遊びを進める（12月）の違いがわかります。そのなかにも互いに刺激し合えるように，グループの活動から集団目的へ意識が向くように，との保育者の願いが含まれています。

　最後に，これからの時代を生き抜く子どもたちに重要なのは，機械やAIが担うことのできない人間ならではの「人との関わり」を培う遊びであると考えます。乳幼児期に大切なのは，温かい愛情に包まれた中で人との関わりを通して学んでいくことです。個人でも仲間とも，楽しくワクワクしながら創造的な遊びや生活を豊かに展開していけるようにすることが，乳幼児期の教育の役割の根本であり，そのようなワクワクする遊び環境の中を構築していくこと，子どもの人との関わりを促していくことが保育者の役割なのではないでしょうか。

演習問題
　保育の計画的活動についてその意義を多様な角度から考えてみましょう。
①以下の5歳児クラスにおける活動の事例について，そのねらいと効果，予想される実践上の課題，関連する事例について4～5人で話し合い，保育者が配慮すべき点を考えてみましょう。

② ①で出た意見を報告後，全体で話し合いましょう。

事例5-1-5　当番活動　5歳児クラス

　A幼稚園では，毎日集会の前に，当番の子どもが皆の前で次のことを報告することになっています。担任は黒板に必要事項を書いておきます。担任は当番の報告を受けて，そこから今日の話などに入ります。
・月日・曜日・天候・温度
・今日の欠席の子どもの名前・欠席者人数・クラス人数・今日の出席者人数

事例5-1-6　誕生日のプレゼント　5歳児クラス

　B幼稚園では，クラスの子ども全員が，毎月誕生日を迎える自分のクラスの友達に，絵（八つ切りの大きさ）を描いて，全員分を綴じて，誕生会でプレゼントしています。絵の内容は自由です。その月の誕生児が3人の場合は，3人分を自由な遊びの時間に描いておいて先生に渡しておきます。

第2節　共に育む──保育内容「人間関係」の展開と小学校教育

　幼稚園，保育所，認定こども園の5歳児クラスの子どもは，最年長者として自分ができることに自信を深め，低年齢の子どもへの配慮や当番活動などで園生活に積極的に関わり，集団成員としての自覚と誇りを持ちます。近隣の小学生の姿や家族との会話などから，遊びの中に学校生活への関心の片鱗も現れます。自作のランドセルを背負って走り回ったり（写真5-2-1），ノートを作っての宿題ごっこ，体操の教え合いなど（写真5-2-2），子ども自身の成長感や学校に通う子どもたちへの憧れなどが小学校への移行の土台です。教育基本法において，幼稚園教育は学校教育の始まりとされ，保育所，幼保連携型認定こども園と共に，「幼稚園教育で育みたい資質・能力」「幼児期の終わりまでに育ってほしい姿」が明示され，それが生涯にわたる学びの基盤とされています。幼児期に積み重ねられた遊びを通しての学びと，作り上げた信頼関係や集団生活の楽しさが，生涯にわたる学習の土壌になっていることを踏まて，小学校生活との繋がりを考えていきましょう。

1．学校教育の基礎としての幼児期の教育

　2017年に告示された保育所保育指針，幼稚園教育要領，幼保連携型認定こども園教育・保育要領では，その後の学校教育の目標につながる枠組みである資質・能力として，「知識及び技能の基礎」「思考力，判断力，表現力等の基礎」「学びに向かう力・人間性等」の3本柱が示されました。それは，将来の社会

写真5-2-1　手作りランドセル　　　　写真5-2-2　教え合う
出所：筆者撮影。　　　　　　　　　出所：筆者撮影。

を見据えた中央教育審議会における次のような考え方に基づいており[1]，そこには以下のように幼児期の教育・保育による基盤形成が一層重要になることが読み取れます。

　　近年，社会の変化は加速度を増し，複雑で予測困難となってきている。このような時代だからこそ子供たちは，変化を前向きに受け止め，社会や人生を，人間ならではの感性を働かせてより豊かなものにしていくことが期待される。人間は，感性を豊かに働かせながら，どのような未来を創っていくのか，どのように社会や人生をよりよいものにしていくのかという目的を自ら考えだすことができる。このために必要な力を成長の中で育んでいるのが，人間の学習である。子供たち一人一人が，予測できない変化に受け身で対処するのではなく，主体的に向き合って，関わり合い，その過程を通して，自らの可能性を発揮し，よりよい社会と幸福な人生の創り手となる力を身につけられるようにすることが重要である。

　　また，幼稚園教育要領等に示されている「幼児期の終わりまでに育ってほし

1）中央教育審議会答申109回「幼児期の教育と小学校教育の円滑な接続の在り方に関する調査協力者会議報告書」2010年。

い姿」には，自己の基盤「健康な心と体」「自立心」，人とのつながり「協同性」，集団生活の「道徳性・規範意識の芽生え」「社会生活との関わり」の三側面があり，保育内容「人間関係」の三つのねらいが含まれています。社会の変化と科学の進歩の速さに対応する子どもの学習力の育成には，本来子どもに内在する好奇心や自発的な学習意欲を基として，知識や技能を高め続けようとする人間性の涵養が第一であり，高度な知識の習得，系統的学習への努力も自らの興味と意欲が源です。自己肯定感や人への信頼感が学ぶ意欲の根幹でもあり，それが幼児期の人間関係の中で培われているのです。

2．幼児期から児童期への接続期の保育——アプローチカリキュラムから架け橋プログラムへ

　近年，幼児期の遊びによる学びと小学校における授業形態や系統的教科学習との段差への子どもの適応が教育的課題となりました。小学校教育やその後の学校教育への準備として，一部では教育内容や教育方法の先取りの学習が注目されてきましたが，教師主導による受動的な知識や技能の習得の成果は一時的であることの問題が指摘されています。[2]

　子どもの発達過程には，その時期特有の心身の状態，能力があり，いわゆる発達課題と言われる充足されるべき体験もあります。学校での学習が，子どもそれぞれの生活や遊びの中で学び蓄積してきた体験や知識と繋がり，活かされることで新たな学習への意欲が生まれ，その後の自発的な学習への移行が可能になります。子どもの能動性を越えた形式的な体験や知識の注入は内面的な空洞化，学習の他律化を招きかねません。そうした点を踏まえた子どもの円滑な学校生活への移行のために，幼児教育におけるアプローチカリキュラムと，小学校におけるスタートカリキュラムといった構想に基づく教育課程の連続性が検討されてきました。さらに，2022年度より3年間，中央審議会初等中等教育分科会に「幼児教育と小学校教育の架け橋特別委員会」が設置されたことによ

2）『「令和の日本型学校教育」の構築を目指して——全ての子供たちの可能性を引き出す，個別最適な学びと，協働的な学びの実現（答申）』https : //www.mext.go.jp/content/20210428-mxt_kyoiku01-00014639_10.pdf（2024年8月5日閲覧）。

表 5 - 2 - 1　アプローチカリキュラムの例

アプローチカリキュラム　5 歳児10月～ 3 月（認定こども園）

ねらい	具体的視点	育てたい内容と活動例
共に生活する	自分の思いを伝え，相手の思いを受けとめる	自分の言いたいことを言葉で表現し，友達の話を聞く姿勢を持つ　⇒　言葉を通して心を通わせ，話を聞くことの大切さに気付く ・相手にわかるように話す ・意見がぶつかったときは相手の話を聞いて，よい考えに向かって意見を出し合う ・一緒にやり遂げる喜びを持つ（運動会，劇遊び，お店屋ごっこ）
	規範意識を持つ	約束やきまりの意味がわかり，守ろうとする　⇒　良いこと悪いことの判断ができる ・ 3 歳児への危険に気を付ける ・安全に遊具や道具を使う ・ゲームのルールや遊具の使い方を理解して守る ・交通ルールを守る（散歩，遠足，ボール遊び）
	一緒に活動することを楽しむ	相手の良いところを認め，受け入れる気持ちを持ち，仲を深めていく　⇒　共通の目的に向けて友達と協力する ・ゲームや劇遊びなどに積極的に参加し仲間と協力する ・友達を応援したり自分も一緒に挑戦する（運動会，劇遊び，共同製作）
進んで学ぶ	興味や関心を持って意欲的に取り組む	身近なことに関心を持つ　⇒　興味を持ったことに積極的に取り組む ・気象や自然・植物などに驚きや親しみを感じ，興味や関心を持つ ・苦手なことや初めてのことも自分からやってみる ・失敗しても諦めずに取り組む（日常活動，製作活動，運動遊び）
	自分で考える	遊びの面白さに気づく　⇒　遊びを工夫して積極的に楽しむ ・身近な遊具や自然物を生かして使う ・思いついたことを試したり伝え合ったりする ・遊びに必要なものを考えて作る ・体験したことを動きや言葉で表現して楽しむ（ごっこ遊び，リズム遊び，製作活動）
	わくわくきらきら心を動かす	身近なものにたくさん触れ合う　⇒　感じたことやイメージしたことを自由に表現する ・身近な動植物に愛情を持ち，ふれあい，大切にする ・話をする，物を作る，体を動かす，踊るなどを自由に楽しむ（散歩，自由な遊び，構成遊び，劇遊び，ごっこ遊び）
自他を大切に	自己肯定感を持つ	のびのびと生活する　⇒　自信を持って行動する ・保育者や友達に応援されたり認められたりする ・自分の思いや意図を知らせわかってもらう ・人の前でも恥ずかしがらずに行動する ・よいと思ったことは自信をもって行動する（日常活動，園行事，自由な遊び，運動遊び）
	人（自分も他人も）を大切にする	身近な人々との交流を楽しむ　⇒　思いやりや感謝の気持ちを持って関わる。 ・困っていたり，泣いていたりする子に，自分から声をかける ・年下の子が困っている時は声を掛けたり手伝ってあげたりする ・散歩での出会いや来訪者に挨拶する（日常生活，異年齢活動，散歩）

出所：社会福祉法人町田南保育園「2022年度年間指導計画」をもとに筆者作成。

り，義務教育開始前後の5歳児から小学校1年生の2年間（いわゆる架け橋期）は，生涯にわたる学びや生活の基盤を作るために重要な時期であり，一人一人の多様性や0〜18歳までの学びの連続性に配慮しつつ，教育の内容を工夫することが重要とされています。

　表5-2-1に，アプローチカリキュラムの例を示しました。[3]ここでは5歳児の10月からの保育のねらいを「共に生活する」「進んで学ぶ」「自他を大切にする」として，八つの要点を基に育てたい内容と具体的活動を想定しています。小学校側のスタートカリキュラムでは，4月から7月までの授業を，①子ども一人一人が安心感を持ち，新しい人間関係を築いていくことをねらいとした学習（なかよしタイム），②生活科を中核とし，活動を中心とした学習（わくわくタイム），③教科等を中心とした学習（ぐんぐんタイム）の3タイプを行い，教科学習の基盤として人間関係を築くことを授業の中に位置づけています。

3．子どもの学ぶ力を培う活動と人間関係
（1）子どもの思いへの保育者の眼差し

　子どもの学ぶ力の基である好奇心や行動力は，保育者と子どもの日々のやり取りの中で育てられています。倉橋惣三は保育者の「驚く心」の大切さを述べ[4]ていますが，どの子どもにもある伸びる力を感じ取ろうとする保育者の思いが子どもに伝わって子どもを育てます。以下に4歳児から5歳児にわたる保育者の子どもへの思いの事例を示します。[5]

> **事例5-2-1　子どもの思いを受けとめる保育者**[5]
> ①4歳児クラスでは朝顔の種を4粒（自分の年と同じ）蒔きます。午前中に蒔いた朝顔の鉢をひっくり返して，土も種も放り出してしまったD児に保育者が「どうしたの？」と尋ねると，「朝顔の芽でたか，僕見てるの」。保育者は発芽の期間を話しませんでした。「Dちゃんごめんなさい。朝顔は10日

3）社会福祉法人町田南保育園「アプローチカリキュラムシート」2022年。
4）倉橋惣三『育ての心（上）』フレーベル館，2008年。
5）川崎千束『子どもには育つ力がある』家政教育社，1992年，pp. 119-183。

ぐらいたたないと出てこないの」と話しましたが，この子の好奇心も探求心も本物であると思いました。

②園外保育で，池のカモにパンくずを投げて，食べてはいなくなるカモを見ていた日頃無口なS児（4歳児）が「先生，カモさんいなくなったわけ，私分かったの。」「なぜかしら？」「お腹いっぱいになったからよ」この当たり前の理由がS児にとっては新しい発見の感動の言葉です。さらに「Sはね，お風呂に入る時，足から入るのに，カモさんはお水に入る時頭から入るのねえ，先生」無口な子がこれだけ話しかけてきてとても嬉しく思いました。

③朝登園の途中で野草を積んでくる子（5歳児）がいます。「先生はこの花の名前知らないの」と花を飾って，傍に野草の絵本の図鑑を置きました。次の時には，「この絵本の草と同じ草を先生にあげたでしょう」「そうね，ヒメジオンだったのね」などの会話をしました。雑草のスズメのヒエを取ってきた5歳児が，図鑑で調べて私に教えてくれたことがありました。その子の大学生になった年賀状に「『スズメのヒエ』という雑草を一生忘れません」と書いてありました。

（2）子ども同士の関係性が作る学び

　豊かな環境との出会いや子ども同士の活発な相互作用が，自発的な知識の活用や情報の収集を促しているのが子どもの日常です。以下に示すのは，何気ないやり取りの中で数量の論理を生活に生かしている子どもたちです。

事例5-2-2　「一緒に分けよう」

　砂場で5歳児女児のAW児と4歳児女児のBU児は，カップに砂を入れてひっくり返してその上に葉っぱや木を載せてそれぞれケーキを作っています。そこで，3歳児のCS児とDN児とEH児が「わたしにもちょーだい」と声をかけました。その声に，作ったケーキを崩したくはないので，BU児は「もう一つ作ろうか？」と言いましたが，AW児は「このケーキを3人に分けたらいいんじゃない？」と言います。一つのケーキを三等分に分けて，CR児とDN児とEH児に渡しました。上手に分けてお皿に載せる様子を見て，保育者が「きれいに分けて，おいしそうね～」とそっと声をかけていました。

事例5-2-3　じゃがいもほり

　園の向かいにある大きな畑で2〜5歳児がじゃがいも堀りを行いました。一人一人がビニール袋を用意して，自分で掘ったじゃがいもを持ち帰ります。実際に自分で掘ったじゃがいもに園児たちは大興奮の様子で，「これはわたしがほったおいもだよー」「大きいでしょー」と保育者にも見せてくれています。
　4歳男児KA児が，同じクラスの4歳児男児NB児に「KAのおいもと，NBのおいもどっちが大きいか比べてみよう」と話をしています。自分たちが取ってきたじゃがいもを地面に並べて「1，2，3，4……15！　僕のは15個だ！」とKA児が言うと，NB児も「僕も15個だ！」と笑い合っています。
　「じゃあ次は，小さいのから順番に並べてみようか」とNB児が提案すると，KA児も「いいね，いいね」と言ってまた並べ始めました。KA児とNB児の一番大きいじゃがいもを比べるとNB児のジャガイモの方が一回り大きいことがわかりました。すると，KA児は，「どっちのじゃがいもがおいしいか比べてみたいね」と話していました。「ぼくのほうがまるくてかわいいよ」「いやぼくのほうがふとっちょだよ」と言いながら比べることを楽しむ姿が見られました。

　このじゃがいも掘りの後は，おやつに「フライドポテト」が出ました。また，収穫した日にお家へ持ち帰り，お家でもおいしくいただきました。この活動は算数の学習を意識して活動に取り組んだわけではありません。子どもたちは「どのじゃがいもが一番大きいのか」という興味や関心，好奇心から夢中になるうちに活動が展開されていきました。楽しい活動の中でこそ，そこでの発見や試みが子どもの情緒的財産や知的財産になっていきます。

（3）目的のある活動の中で——友達，クラス集団との協働へ

　5歳児後期になると自分の興味からの遊びも，行動の目的と結果への意識を持つことから，活動の過程を楽しむと共に，活動の可能性やより良い成果，解決を考えるようになります。自分なりの意図を持つ，周囲との関係を確かめる，やり方を試行錯誤で修正する，周りの要請に応えるなど，自己コントロールをするようになります。それは自他の区別や，事物の客観的認識が進むことによります。また，小学校の学習への移行に関しては，文字や数量への興味や関心

からの使用が欠かせませんが，それらは日常生活の中で自然に行われています。子どもは生活に密着した知識は，興味を持つと学習が早く，活動の自発的な盛り上がりによってその活用が活発に行われていきます。

事例 5 - 2 - 4　　5歳児の手紙に関する活動

　5歳児は例年7月の終業式の次の日にお泊り保育を行います。

　赤いポストをお泊り保育の1か月以上前の6月上旬から設置し，友達同士で手紙交換を行う活動をし，そこから，子どもたちの発想で，郵便屋さんの帽子を手作りで作成する遊びにも発展しました。お泊り保育の活動の中では学級ごとに家の人へお手紙を出す活動をしています。その準備では，自分が家の人に手紙を出す側になる喜びから，文字をきちんと書かなければならない，きれいに書こう，絵のあるお手紙もある，など子どもの中にイメージが生まれます。いろいろな手紙を見てきたりもします。

　手紙を出す活動の中で様々なやり取りもあります。

AZ児：「『お』ってどうやってかくんだっけ？」（隣の子の手紙をのぞきながら）

BJ児：「『お』は最後にてんをつけるんだよ！　てんがついていないよ！」

AZ児：「ここにてんをかくのか」

BJ児：「そうだよ」（隣の子の手紙を見ながら，「お」が書けたので，次に「う」「ち」「の」「ひ」「と」「へ」を書く。もう一度，隣の子の手紙を見て，自分の書いた「お」を見直す。確認してから，色鉛筆を置く）

AZ児：「黒以外の色鉛筆で書こうかな。」

　色鉛筆以外にマジックペンや筆ペンなどにも興味を示していました。

　お泊り保育の当日，「おうちのひとへ」という手紙を出します。そこで郵便番号の欄に自分の住所の数字を入れなければならないことに気づいて，子どもたちは自分たちで調べてきます。家の人への手紙は人の名前を書くことから様々な広がりもあります。クラスの子どもの名前を言い合いながら書き出し，いつの間にか，自分のクラスと3歳児クラスの子どもの名前も書いていたりします。自分たちの書いたものが正しいか担任保育者に確かめることもしていました。

　5歳児クラスになると遊びの質が変わってきます（写真 5 - 2 - 3）。積み木の積み方，ブロックの組み立て方，絵の構成や製作物の作り方，人への話し方等，

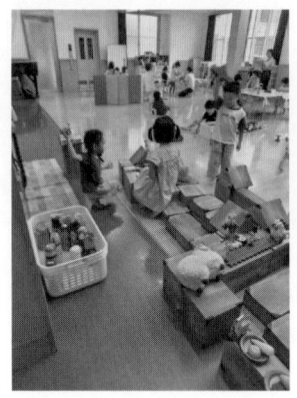

写真5-2-3　場を広げて遊ぶ　　　　　　写真5-2-4　仲良しの表現
　　　　出所：筆者撮影。　　　　　　　　　　出所：筆者撮影。

遊びの中でも，部分と全体，始まりと終わり，表と裏，順序性や物や人の配置などが徐々に考えられていきます。「なぜ？」「どうして？」の疑問が，自分の立場からだけでなく，客観的事象，状況として考えられるようになって，判断基準が自分の感情や都合からではなく，相手や集団の状況，ルール等が考慮され，相対的になっていきます。こうして，幼児期の自分から始まる遊びによる学びから，児童期の対象に即した系統的学習への地盤ができていきます。それは，子どもが自分の活動に集中し充足して得た安定感と自信の上で形成されるのです。

4．進学に向けて——保育者による環境づくりと関わりの配慮
（1）クラスや園の中で——自己肯定感と友達とのつながり

　卒園と入学を控えて，保育者はどの子どもについても，個々に褒めたり，皆の前で認めたり，皆の前でやって貰うなどの経験を作るように配慮します。保育者が一人一人をよく捉えて，その子が自分をどう捉えているかを理解しながら，子ども自身が努力したことやその子が良いと思ったことを認めつつ，それが集団や社会的にも良いことに繋がることへの理解につなげます。子どもたちの気持ちもつながります（写真5-2-4）。友達関係や集団の中で自分の意見が言えるように，クラスやグループで話し合う機会を多く作ります。それぞれの

意見を明確にしながら，場合によっては保育者が方向性を出して，みんなで決めることもあります。保育者の全体指導や，他の子どもへの指導を自分への指導として受け取って，よく聞くことができるのは，保育者への信頼感によります。日頃から保育者が冗長にならず，大事なことを気持ち良く子どもに伝えていることが「先生の話をしっかり聞く」態度を作っていきます。

（2）社会生活に交わって──多様な場や規範に触れる

　幼児期の生活から児童期の生活への変化のキーワードの一つは「自立」です。5歳児クラスの後半には，一人立ちへの自覚や自信に役立つ活動を保育の中に組み込んでいきます。具体的には，近隣の施設との交流活動や園庭開放での未就園児と保護者の来訪の機会などがありますが，園環境による工夫があります。

　例えば，A園では秋の遠足は保育者と子どもたち少人数で電車と徒歩で神社へ出掛けます。往復の電車内では座席に座らない，おしゃべりはしない，駅や道路では辺りに注意して歩き，神社のマナーを守る（砂利道では石を蹴らないなど），決められた場所で飲食をしてごみは持ち帰る，などの約束をして行きます。戻った時に迎えた保護者に話す姿には，約束を守り，一般の人と同じように振る舞った自信や静謐な神社の佇まいの体験からか，落ち着きや誇りが感じられました。訪問先のルールに合わせたり，その場に受け入れられたりする経験は，新たな世界を自分で広げる意欲につながります。一方で，こうした体験の意味は個人による違いがあるため，保育者はよく見守り，励ましや慰めなどの心配りが大切になります。

（3）園・保護者・学校の連携──子ども自らの歩みに向けて

　安定した学校生活への滑り出しのために，学校生活における時間，空間，人間関係や物的環境への適応への配慮は不可欠です。子ども同士の交流（園行事への修了児の参加，小学校行事への園児の参加，学校見学等），保育者・教員の交流（合同研修会，相互参観，個別の情報交換等），保護者・学校の交流（保護者と教員の懇談会等）が，それぞれの学区で行われ，特に子ども個々の状況の相互理解への努力が勧められています。しかし，「家庭と共に子どもを育てる」教育・保

育の場所から，「教育を受ける権利であり，義務である」小学校への移行は，これまで述べてきたように子どもにとって思わぬ隙間や段差，困難が生じることがあります。保育の場での経験は，子どもが自らの力で困難を乗り越えようとする時，「あなたを見守っていますよ」「あなたは大丈夫ですよ」と陰で支える後ろ盾でもあります。

演習問題

1．架け橋プログラム（2022年より試行）の内容を調べ，要点をまとめて，我が国の目指す幼保小連携について理解しておきましょう。

2．小学校入学当初の学校環境への親近感や，親密な人間関係の形成は重要とされています。小学校における学習環境，学習方法，集団関係と幼児期での集団保育環境との違いを整理して，就学前に特に配慮すべき点を子どもの個性や発達的特性に対応して考え，現状での課題を話し合いましょう。

第3節　家庭と園と地域の連携

1．保育者同士の連携——育ちあう関係・状況をつくる

　園で，子どもたちを見守り保育に関わっている人たちには様々な人たちがいます。子どもたちの安全と健やかな成長には，これらの人々が協力・連携し，子どもと共に育ちあう関係を育んでいくことが重要です。そのなかで保育活動の発展と一人一人の子どもの成長をはかっていく上で欠かせないのが保育者同士の連携です。ここでは，子どもたちをめぐってどのように保育者同士が尊重し合い，共に育ちあう関係・状況をつくるのか，その実践について述べていきます。

（1）保育者の基本的な子ども観，人間観

　保育者は「すべての子どもは，豊かな愛情のなかで心身ともに健やかに育て

られ，自ら伸びていく無限の可能性を持つ」存在であり，「子どもが現在（いま）を幸せに生活し，未来（あす）を生きる力を育てる保育の仕事に誇りと責任をもって，自らの人間性と専門性の向上に努め，一人ひとりの子どもを心から尊重する[6]」ことが求められています。

　保育者同士の連携には一人一人の保育者自身が，子どもをどのような存在と捉え保育を行うか，といった「子ども観」「保育観」をあらためて振り返ってみることが重要です。松村康平は「満点から始めよう　今ここで新しく[7]」で以下のように述べています。

　　　つけるのなら，自分にも満点を，ほかの人にも満点をつけて，今・ここで・新しく，満点から始める。だれもがひとりひとり，かけがえのないひとりひとりなのだから，十点満点でもいい。百点満点でもいい。満点をつけて，そこから始める。他の人にも自分にも，満点を，本気でつけて，共にふるまう喜びが育つと，そこで，ひとりひとりにつけた満点をこえることができる。十何点，百何点，何百点にもなったところで，またそこから新しく始める。満点をこえ，こえたところをまた満点にして始めるというように，発展していく点をつける。そして，このことを手がかりにして，いま・ここで・かかわっている。自分と人とモノとのかかわりを育てて，自分も人も物も大切にされる社会をつくる。偏見をもって人を捉えず，自分も物も粗末にされない社会に，していく。それを，わたしたちでする。わたしたちが自分から，できることをひろげていく。じぶんが挫けないことによって，挫けそうになるほかの人も，ふるい立つことができるように，勇気をもってする。

　ここには，自分へも人へももの（モノ）へも満点からはじめる関わりを育てていくといった，保育観が述べられています。

6）「全国保育士会倫理綱領」2003年，https://www.z-hoikushikai.com/about/siryobox/document/kou-ryou2016.pdf（2023年9月1日閲覧）。
7）松村康平『人間関係学』関係学研究所，1991年，p. 3。

　倉橋惣三は「人間教育」について「人間を人間へ教育しつつあるということは，われ等の，一日も一刻も忘れてならないことである。（中略）子どもと倶に嬉々としてあそび暮しつつ，人間教育の厳かさに生きるもの，それが幼児教育者である。[8]」と述べ，子どもと共に嬉々として遊ぶ保育者に人間教育の根源，厳かさを重ねています。

　あらためて自分自身の「子ども観」「保育観」を検討してみることが必要です。

（2）保育者同士の人間関係，対話について

　園内の保育者同士の関係は保育活動にばかりでなく家庭や地域との連携に大きな影響を及ぼすと考えられます。「職員間で互いの良さを着目し，認め合う関係が築かれること」「一人一人の保育士等もまた行為の主体として尊重されることが必要であるという認識が，保育所の内外でより共有される[9]」ことが重要です。しかし，保育の現場で現実にはなかなか実行しにくいこともあるでしょう。保育者同士の関係や対話について，ナラティヴ・コミュニティ（語りによって仲間たちと共有し安心感，学びや変化が起こる共同体）を経験することが大切であるという考え方があります[10]。一つの施設内では，同調圧力が生まれがちであり「保育をはじめとした支援職は，日々の仕事の中で『～せねばならない』『すべき』といった規範や役割期待が多い故，自らの生（なま）の感情を統制しつつ，これらの役割期待に自らを突き合わせて仕事をしなければならない。」「ところが保育者の働く現場は，子どもや保護者と共に喜び，笑い，悲しみ，困り，怒り，戸惑う。同僚との人間関係も感情が揺れることが多い。[11]」そのことゆえに，保育者にとって，場の同調圧力がない，対話の場の一つとして「ナラティヴ・コミュニティ」がつくられることが重要であるとされます。保育者間の対話で「自

---

8 ）倉橋惣三『育ての心』（上）フレーベル館，2016年，p. 28。

9 ）厚生労働省「保育の質の確保・向上に関する検討会『議論のとりまとめ』」2020年，https://www.mhlw.go.jp/content/11907000/000643506.pdf（2023年 9 月 1 日閲覧）。

10）野口裕二編『ナラティヴ・アプローチ』勁草書房，2021年。

11）西川友理「保育者同士の対話について──ナラティヴ・コミュニティを経験する提案」『佛教大学教育学会紀要』2021年。

分自身の経験に基づく自分自身の言葉によって語られ，その語りはそのまま受けとめられ，各々が私たちは違うからこそ繋がりたい」といった「違いがあるからこその安心感」を身に付けていくことが，相互の共存関係もより強くするでしょう。この「ナラティヴ・コミュニティ」は私たちの「考えや観念や記憶が，人々の社会的交流から生まれ」「知識は人々の間にある空間で発展し，『共通の世界』，あるいは，『共通のダンス』と呼びうる領域で発展」し「親しい人との会話が進行するなかで」「アイデンティティの感覚をはぐくみ，内なる声を聞く[12]」といった人間関係が基本となっています。また，オープンダイアローグ[13]の考え方と方法も注目されています。専門家と非専門家，医者と患者，園長と保育者等の社会的身分や地位による上下関係ではなく，どの立場の人も平らな関係のもとに開かれた対話をすることが，問題解決に重要であるとされるからです。

（3）保育者間の連携，協働のために

　子ども，職員，保護者など多くの人たちとの人間関係は，相互の主体性が尊重され，施設内で閉じたままではなく外へも開かれた人間関係状況が創られることが重要です。例えば，関係学の方法からは，どちらか一方からの働きかけ（一者関係）をきっかけにして，相互の応答（二者関係）へ，そして，二者の関係に他の保育者，子ども，保護者，物や課題，他の職員，地域や他施設等との関係も加わり，新しい多様な状況を共につくりあう関係（三者関係）へと広がり，発展する過程が重要とされます。

　保育者同士の連携には，①保育者一人一人の良さに着目し相互に認め合い尊重される関係を醸成する。②率直に意見を言い，出し合い（園での開かれた対話），発言を傾聴する。③相手の気持ち，立場，状況を理解し，問題や課題を共有する。④問題解決に向けて対応のプラン，方法を考える。⑤　④をチームで協働して実践する。⑥実践の過程や結果を共有し，省察し，次へのプラン，方法を

12）シーラマクナミー，ケネス・J，ガーゲン編『ナラティヴ・セラピー社会構成主義の実践』金剛出版，1999年，p. 25。
13）齋藤環『オープンダイアローグとは何か』医学書院，2015年。

編み出す。⑦ ①～⑥の過程で各々の保育者の主体性，良さが発揮され，共に関わり活動することで自己肯定感や安心感が育まれていくということが大切です。このような過程を持続的に進められていくことが，信頼関係の構築につながり，子どもたちの育ち，保育の質の向上につながります。さらに，共に育つ人間関係の状況をつくり，コミュニケーションを効果的にするためには，次のような方法があります。

①三者関係的方法（三者面談法）

　相談は，通常相談者と来談者の2人で行われることが多いですが，三者面談法[14]の場合，三者を3人とする場合は，来談者と主・副相談者，または来談者2人と相談者というように，3人の参加により相談が行われます。例えば，園長に相談する保育者，園長の他に問題の状況を理解している他の保育者にも入ってもらい，三者で問題を話し合うことにより，問題の多面的な理解と対応に効果を及ぼすことが多いといえます。ただ，「三者」とは，現実に3人の人がいることのみを意味するのではありません。三者関係的展開を可能にする三者であるから，2人の人と物，あるいは問題（課題）とであっても，2人が共通の目的を介在させての相談でそこに三者関係の原理が取り入れてあれば，三者面談法と呼ぶことができます。なお，子どもの情報の共有と保護者対応もこの三者関係的方法を活用することが可能です。

②小グループによる方法

　会議や検討会が大人数であると，個人の発言がしにくくなったり，相互の対面的な交流が難しい場合があります。そこで，効果的な方法としてバズ法があります[15]。例えば20人の集団であれば，5，6人ずつの小グループに分かれて，問題や課題について話し合いをします。バズとはハチの巣（六角形）を意味し，対面的な相互交流ができる最大限の人数とされます。小グループでの話し合いの内容を全体で発表し共有するといった工夫がなされていくと，個人と小集団

14）松村康平「臨床心理学の諸技法」松村康平・竹内硯編『臨床心理学』朝倉書店，1967年，p. 252。
15）松村康平『心理劇──対人関係の変革』誠信書房，1961年，p. 221。

と全体集団が発展的に機能するといった過程がつくられます。

③保育集団における保育者のリーダーチームについて

　クラスに複数の保育者が配置されている場合，保育者間でどのような役割を果たしあっているのかをあらためて確認することが必要です。担任と副担任あるいは担任と加配の保育者等，クラスに複数の保育者がいても，指示系統が一方向的（担任→副担任→子どもたち）だったり，加配保育者は支援が必要な子どもで担任はそれ以外の子どもたちというように役割が固定的であったりする場合も多く見られます。この場合，複数の保育者であることがうまく活かせず，保育者主導の活動や集団の分断をより強化されていくことが危惧されます。複数の保育者が柔軟で多様な役割を担い合い集団全体も子ども一人一人も共に関わり合って育ちあえるようなチーム体制が必要です。クラスの一人一人の子どもが尊重され，同時に集団全体の発展（個と集団の相即的発展）をはかれるようにするための保育者の関わり方やチームの取り方については，本書（第 3 章第 1 節）を参照し，再度確認しましょう。

２．家庭と園と地域の連携・状況づくり

　続いて，保護者・家庭と保育者・園の連携と，それらの状況づくりの課題と方法について述べていきます。

（1）保護者・家庭との連携

　保育活動では，子どもの養育に密接に関わる保護者との人間関係を育むことが重要となります。「保護者に対する子育て支援を行う際には，各地域や家庭の実態を踏まえるとともに，保護者の気持ちを受けとめ，相互の信頼関係を基本に，保護者の自己決定を尊重すること[16]」が大切です。

　しかし，現実には保育者が保護者対応で困難感を抱える場合が多々あるとされます。保育者はどのようなことに困難を感じるのかについての調査からは，[17]

16）厚生労働省『保育所保育指針』2017年。

①保護者の，子どもや保育への無関心，子どもへの問題行動，自己中心的な態度等，②保育者自身の，若く子育て経験のない自分が保護者対応をすることや自分の保育者としての力量不足に保護者が不安を持っていること，子どもの問題や保護者同士の関係へ対応すること，③保護者と保育者との関係性等，に起因する困難感があると言います。即ち，①は保護者の問題，②は保育者自身の問題，③は相互の不信感，関係構築の困難感等があるとされます。このことから，保護者との連携の鍵の一つは，保育者，保護者にそれぞれの問題や困難があっても，まず保育者は保護者との信頼的関係性を構築していくことが必要であることがわかります。

（2）地域との連携

　地域の連携には，「家庭や地域の機関及び団体の協力を得て，地域の自然，高齢者や異年齢の子ども等を含む人材，行事，施設等の地域の資源を積極的に活用し，豊かな生活体験をはじめ保育内容の充実が図られるよう配慮する[18]」ことが求められます。近年，地域住民等による民間発の取り組みとして無料または安価で栄養のある食事や温かな団らんを提供するこども食堂が広まってきています。

　湯浅誠は，「つながりつづけるこども食堂」で，「確かにこども食堂の運営者は，子どもの貧困問題に強い関心を寄せている人が多い。しかし，現場の実態は，かつての「子ども会」のような，地域の多世代が集う場だ。そのことが，こども食堂に新しい価値と役割を持たせるに至っている。[19]」とし，こども食堂の価値として主に次の五つを挙げています。①にぎわいづくり（地域活性化），②子どもの貧困対策，③孤食対策，④子育て支援，虐待予防，⑤高齢者の健康づくりです。このなかで，①にぎわいづくり（地域活性化）は，多世代が交流する場が減り，こども食堂などの「子ども」を中心とした，多世代の人が交流

17）岸本美紀・武藤久枝「保育者が保護者支援で抱える困難感の内容と構造——先行研究の分析結果から」『岡崎女子大学・岡崎女子短期大学研究紀要』2019年。

18）前掲11。

19）湯浅誠『こども食堂——つながり続ける』中央公論社，2021年，pp. 79-80。

する場をつくることが大切であることを意味します。保育を行う施設においても，例えば，園で，子育て広場やお祭りを企画し，地域の様々な人が交流するにぎわいのなかで，子どもの生活体験を豊かにする試みも見られます。

また，ある園の3歳児クラスでは，次のような実践事例が見られます。

事例5-3-1　町の消防士さんとの出会い　3歳児クラス

　近くの公園に出かける途中に，消防署の前で並ぶ赤い消防車の前で，子どもたちが思わず立ち止まりました。「あ，消防車だ」と皆興奮気味です。ちょうど消防車を点検する消防士の方がいらして，子どもたちにやさしく「こんにちは」と挨拶をしてくれました。園に帰るとそのときのことを思い思いに絵を描き，次の散歩のときにお手紙として消防署へ届けます。それをきっかけとして，園での子どもたちの避難訓練で消防署からの協力などへと進み，家庭へ向けてその様子を動画配信するなど，交流の輪が広がりました。

他にも，園の施設を利用しての交流には次のような例が見られます。

都内公立保育園の実施例[20]として，地域の親子には，園の「園庭開放」や「触れ合い給食」から「こんなことやっています。遊びにきてね。」といった「自由遊び，手遊び，人形劇，運動遊び，感触遊び，七夕遊び，水遊び，砂遊び，どろんこ水遊び，お話会，ごっこ遊び（お店屋さん等）」，妊婦にはマタニティヨガと産後ヨガ等の参加呼びかけをしました。また，地方在住の高齢者の方々が孫との関わりを深めるために，祖父母遠足を実施したりする例もあります[21]。

高齢者ボランティアとの交流[22]（お手玉・おはじき・あやとり・かるた等）の実施では，次のような園児との交流がさらに生まれました。

20）東京都区立保育園の地域交流事業「保育園にあそびにきてね」2023年，https：//www.city.nerima.
　tokyo.jp/kosodatekyoiku/kodomo/hoiku/hoikuen/etc/tiikikoryu.html（2023年9月1日閲覧）。
21）亘理公子「人と人とのつながりを大切に──園行事を通して地域とのふれあい活動」社会福祉法
　人蛸ノ浦愛育会　蛸ノ浦保育園，2016年。https：//takonoura-hoikuen.jp/files/special/h29_research_
　presentation.pdf（2023年9月1日閲覧）。
22）苫小牧市幼稚園「地域の人々との触れ合いを通して幼児に豊な心と意欲を育む実践例」https：//
　www.city.tomakomai.hokkaido.jp/files/00007700/00007749/zyutensiryou-24%5B1%5D.pdf（2023年9
　月1日閲覧）。

事例 5-3-2　高齢者ボランティアとの交流

　高齢者ボランティアの実施後，幼稚園で育てていたひまわりの種を収穫した子どもたちは「他に誰かにあげようか」と言う保育者の問いに，「前に来てくれたおばあちゃんたち」との声があがり，種と一緒に手紙を届けることになりました。家に届け，「ありがとう」の言葉をもらい，子どもたちもうれしそうにしていました。幼稚園でも「育ててくれるかな」との声が多く聞かれました。この後の保育者の振り返りでは「地域の方々との交流では，幼児の受けとめ方や思いを大切にして，各々が主体的に活動に参加することができるよう，交流の仕方を工夫していくことが大切。」と示されています。

3．地域の関係機関との連携

　「地域の関係機関」との連携については，私たちはどのようなことに留意し，保育活動を行っていったらよいでしょうか。例えば，子どもと共に活動しているなかで，その場で改善しにくい，対応に困難な問題が生じることがあるでしょう。その場合，基本的には，自分のクラス，他のクラスの子どもなどと限定せずに，どの子どもとでも，今，出会っている状況，人間関係を大切にして，子どもの存在を肯定し，共に新しい状況をつくっていけるように活動内容や関わり方を工夫することが基本にあります。そのうえで，①問題を園で共有し，チームで多面的に子どもの状況を捉え，対応していくことが重要です。また，②子どもと保護者との信頼関係を築いていくこと，その場合，子どもたち集団，他の保護者たちにも配慮し，相互の人間関係の問題を改善していく必要があることを念頭に置くこと等も重要です。

　園で，連携する地域の専門機関には，訪問支援（巡回相談），児童相談所，子育て支援センター，教育相談機関（就学，親子カウンセリング），医療機関，警察，学校等があります。そこで，虐待や安全の問題など，緊急を要する問題には，直ちに児童相談所，警察等との連絡を取ること，障がいや就学の問題などでは，専門機関との連携をはかることが必要な場合があります。どの場合でも，保育者間，保護者間，保育者と保護者間の相互連携が必要です。また，普段の保育場面での子どもの様子を観て専門的なアドバイスが得られるような巡回相

談のシステムがあることも知って，活用することも大切です。

　以上のように，保育者は，今ここで出会う一人一人の子どもを大切にし，保育者間で連携しながら，家庭と地域の人々と共に関わり育ちあっていく状況を創り，子どもの豊かな成長，幸せを実現していくことが求められます。

演習問題　（ロール・プレイング）（詳しい手順や注意点は，巻末を参照）
　保育者同士，保育者と保護者，園内保育者集団の，園と家庭と地域の人間関係について，四つの場面設定のなかからいくつか選び，演じて，人間関係の構築と課題解決の方法についての理解を深めましょう。
①会場設定と集団構成（人数）
　会場：演技する舞台空間と観客席を確保できる講義室，演習室。
　集団構成：10人から最大50人。
②ねらいの設定（5分）
　園をめぐる典型的な四つの場面設定から，実際に役割を演じて，人間関係の構築と課題解決の方法についての理解を深める。
③ウォーミングアップ（10分）
　巻末 p. 232を参照。
④場面設定と⑤役割設定
　A．場面設定：保育者同士の人間関係を育む──相手の状況を捉え，気持ちに寄り添い関わるには朝の登園前に廊下で，保育者 A に他のクラスの担任の保育者 B が「うちのクラスの子どもで，ちょっと困っている子がいて」と心配そうに声をかけてくる
　　　役割設定：監督：1人（教員，ロールプレイの指導者訓練を積んだ学生，等）
　　　　　　　　演者：保育者 A，B 各1人
　　　　　　　　観客：上記以外の全員
　B．場面設定：保護者との信頼関係を培う──保護者が子どものお迎えに来たとき，保育場面での困った子どもの行動を保護者に伝える
　　　役割設定：監督：同上
　　　　　　　　演者：保育者，保護者，子ども各1人
　　　　　　　　観客：同上
　C．場面設定：園集団内の人間関係の構築と課題解決──気になる子どもについてのケース会議をする
　　　役割設定：監督：同上
　　　　　　　　演者：保育者 A，B，C，保育主任，園長各1人
　　　　　　　　観客：同上
　D．場面設定：園と地域と家庭の連携による共に育つ人間関係の創造──高齢者の地域ボランティアと子どもたちが交流する

　　　役割設定：監督：同上
　　　　　　　　演者：保育者 A，B，子ども A，B，高齢者ボランティア代表 A，B，
　　　　　　　　　　　各1人
　　　　　　　　観客：同上
⑥ドラマの開始と展開
　四つの場目設定の中からいくつかを選び演じてみましょう。
　展開：さらに理解を進めるために，それぞれの役割を交代してみましょう。
⑦全体でのシェアリング
　各々の役割を取っての感想を述べ，体験をシェアしあいましょう。
⑧役割解除
　監督は，演じてもらった感謝と現実の○○さんに戻ることを伝えます。
⑨ディスカッション，まとめと今後の課題
　ロール・プレイングの体験から，将来への課題，展望を話し合いましょう。
　留意点：いずれの場合も，全体集団で行うか，小グループごとに行うか，参加者の状況をよくふまえて，行うことが求められます。全員が演者の体験をするためには，小グループがよく活用されます。小グループの人数は 3 ～ 6 人ぐらいが効果的でしょう。メンバーは小グループでロール・プレイングのプロセスを体験し，さらに全体で各グループが発表し合うことで，テーマについての多面的な理解，共有が可能になります。全体集団で行う時と同様に，小グループ内の人間関係が安心でき信頼的になるよう，グルーピングする際のメンバーの人間関係への配慮や，ウォーミングアップも工夫されるとよいでしょう。

参考文献

佐伯胖『「わかり方」の探究』小学館，2004年。

奈須正裕『個別最適な学びと協働的な学び』東洋館出版社，2021年。

OECD 教育確信センター編著『OECD 未来の教育改革 2　個別化していく教育』明石書店，2007年，pp. 51-72。

ロール・プレイングの理解と実施に向けて

　本書の演習問題で取り入れているロール・プレイング（心理劇）について，保育内容「人間関係」の授業で行う場合の習得すべき基本事項を解説します。ロール・プレイングの実施者や教員の方々はもちろん，参加者，学生の皆さん，また初心者から専門家の方々まですべての方々に，読んでいただくことが必須となります。

1．ロール・プレイングとは何か

　ロール・プレイングは，心理劇の主要な技法の一つです。現実に起こる場面や問題を想定し予めのセリフや筋書きは決めずに即興的な役割演技により行われます。即ち過去に演じたロール（役割）を超えて「今，ここの対人関係の中で新しい役割関係を創造し，他者の発見を通して自己を創造するのがロール・プレイング[1]」とされます。

　それは様々な場面でより適切な振る舞い方ができるように援助する方法でもあり，保育・教育の現場での実践力や人間関係力を育む重要なアクションメソッド（行為法）です。実施者は共に育ちあうといった精神で，参加者の自発性を尊重し，目的や状況に応じて柔軟に対応する臨機応変さが必要とされます。

2．ロール・プレイングの設定と手順
（1）役割構成

　ロール・プレイングの構成には，次の五つの役割・要素があり，参加者は監督，演者，補助自我，観客のいずれかの役割を取ります。

①監督

　ロール・プレイングの「ねらい，テーマ」を基に，参加者の状況を捉えながら，各々が尊重され，自発性が発揮されるよう，場面や役割設定を行います。「参加者個人と集団全体」とが共に育ち合える状況の発展を見通し，ドラマの運営，進行を行うことと，安全性の確保が求められます。授業でロール・プレイングを実施する場合であれば，実施に責任を持つことができ，教育的配慮ができる教員や，ロール・プレイングの経験者等が望ましいでしょう。参加者（学生等）に監督役を付与するときには，実施者（教員等）は総監督として同席し，全体を捉えながら見守り，監督役や参加者へのフォローを

---

1 ）川幡政道「ロール・プレイング」土屋明美・茨木博子・吉川晴美編著『心理劇入門——理論と実践から学ぶ』慶応義塾大学出版会，2021年，pp. 58–60。

します。

　留意点：監督の責任のもと参加者の安全確保の例として、演じる際に他の人の身体に直接触れるような場面では、直接は触れずに身振りで表現する等しましょう。

②補助自我

　演者の内面世界の援助、安心して自発的に演じられるよう補助します。同時に監督の意図も汲み取り補助する役割です。監督役一人と未経験者のグループで進める場合は、監督が補助自我の役割も兼ねて進めます。グループでの体験が積まれ関係性が進んでくると、演者のなかで自発的に補助自我の役割を取る人が出たり、監督が演者に補助自我の役割付与をする場合もあります。例えば、監督は「おもちゃを取られた〜ちゃんの傍にいて味方になるＢちゃんになって下さい」と、参加者に補助自我の役割を付与することも可能です。

③演者

　舞台で予め用意された脚本なしで、今ここで即興的に演じる役割を取ります。人物ばかりではなく、物（テレビ、おもちゃ、台風、等）の役割を取ることや、役割交代（ひとつのドラマ展開のなかで、例えば保育者と子どもの役割を交代して演じる等、相互に関係し合う異なる立場の役割体験や理解、問題解決等を進めるために行われる）も可能です。

④観客

　演者が演じるドラマを観る役割です。観客は、ドラマを観ながら、共感したり、演者に自分の姿を映し出しながら、演者とともに劇を体験します。また、演者にとっては、観客は、力強いサポーターでもあり、世間一般の人々の姿であったりすることで、演じることの意味をより深めていきます。

⑤舞台

　演者の役割演技、ドラマが安全に守られ、自由に表現できる空間、場所を設定します。

（2）ロール・プレイングの手順

①会場設定と集団構成（人数）

　会場（教室、講義室、プレイルーム、体育館等）には、一定の空間が必要です。そのなかの舞台空間（図参-1-1、2、3の灰色部分）には、平面もしくは教壇や特設された舞台等の段差がある場合があります。また教室全体を使う場合もあります。

　授業等での参加者人数は、監督を除いて2人からもできますが、50人ぐらいまでが適当です。図参-1-2、3の場合には観客が舞台空間を二重に囲む位までの会場の広さが

図参-1　ロールプレイングの会場設定例

図参-1-1　対面の舞台　　図参-1-2　半円状の舞台　　図参-1-3　360度囲む舞台

出所：筆者作成。

必要です。舞台の広さはその時の場面設定，演者の数によりますが，演者が十分に演じられる広さを確保しましょう。

②ねらいの設定

　監督は，ロール・プレイング実施にあたり「ねらい」(「テーマ」)を設定します。授業の学習内容，参加者のニーズ，個人と集団の状況等から捉え設定します。

> 例：「参加者間の信頼関係の構築を図る」，「保育場面での子ども同士のいざこざへのかかわり方」，「保護者への対応の仕方を学ぶ」等

③ウォーミングアップ

　各々が安全に安心してスムーズに取り組めるよう，ドラマを演じる前にウォーミングアップをするとよいでしょう。集団の雰囲気を温め，参加者同士が相互の信頼感を育てます。

④場面設定

　監督は，実施のねらい（テーマ）に応じて，ロール・プレイングの場面設定を行っていきます。設定方法は，テーマについて典型的，問題解決的，デモストレーション的に，また小グループごとで設定する等があります。一方的に設定していくだけではなく，参加者（観客）に「何をやりたいか」「問題，課題となっていることは何か」等を言ってもらい，その中から，参加者と共に場面設定していくことも可能です。

> 例：問題解決的場面設定「保育場面での子ども同士のいざこざへのかかわり方」
> 　監督は，「園庭で，ここにサッカーのゴールの白い線がひいてあります」等と具体的に丁寧に示しながら，テーマ提案者に確認しながら一緒に場面設定をしていく。

⑤役割設定

　監督は，参加者の自発性を尊重して，自分なりの対応の仕方，それぞれが新しい役割の取り方を獲得していけるよう，見通しを立てて役割を決めていきます。

> 例：「保育場面での子ども同士のいざこざへのかかわり方」
>
> 　参加者（観客）から6人の4歳児，保育者（もしくは実習生）の役割を募ります。子ども6人のうち，ボールの取り合いで，いざこざを起こす2人の子ども（A，B）と他の子ども（C，D，E，F）の役を決めます。

　留意点：保育者（実習生）からの「私がサッカーのボールの取り合いのいざこざに駆けつけると，子どもからあっちに行って，と言われてショックだった」の問題であった場合，監督は，ロール・プレイングにより新たな傷つきにならないような役割設定の配慮が必要です。問題を提起した学生（実習生）には，まず起こった事象を客観的な視点で状況把握できる観客等の役から始め，ドラマの進行のなかで，他の子ども役，「あっちに行ってといった子ども」の役へと，役を交代していくとよいでしょう。

⑥ドラマの開始と展開（役割演技，役割交換，場面転換等）

　監督の「はい」という始まりの合図から，ドラマ（劇）は開始します。演者は設定された役割を取り，即興的に演じながらドラマを展開していきます。

> 例：保育場面での子ども同士のいざこざへのかかわり方
>
> 　監督は「はい，サッカーが始まります」とドラマの開始の合図をします。子どもたちはサッカーを始め，A児がB児にボールを無理やり取られたと泣き出します。そこに保育者（実習生）が駆け付けます。するとB児が保育者（実習生）に「あっちに行って」と言います。他の子どもは，C，D児は泣き出したA児の傍に立ち，E，F児は何が起こったか様子をもう少し外側から見ています。保育者（実習生）はどのように関わるのか考えながら演じます。

　監督は，演者の役割体験，気づきや洞察が広がり，深まるよう，留意しながら進めます。

> 例：展開例
>
> 　監督はそこで観客の一人に「担任の先生になってA，B児，保育者（実習生）の関わりを捉えて関わってみてください」等と担任の役割を付与したり，展開に応じて「B児⇆保育者（実習生）」「A児⇆B児」等の役割交代等を提案していきます。

　ドラマの進行を見計らい「はい，そこまで」等とドラマの終結の合図をします。

⑦全体でのシェアリング

　観客から観ていて，演者として役割を取っての感想などを，シェアしあいます。
留意点：時には否定的な感想が出てくることもあります。そのときは「あなたなりにその
ように感じていたのですね。では子どもが部屋で遊びだしたときはどうでしたか。」
等と，一人一人の在り方を受けとめ，その人なりに肯定的に共有できたことへの確認を
し，参加者全体の関係性を深めます。

⑧役割解除（ドラマから現実へのスムースな移行）

　ドラマで演じられた役割と終了後の自分自身との区切り，現実への移行が明確になる
ように役割解除を行います。シェアリングが終わり，ロール・プレイングが終了すると
きに，監督は演者一人一人に「〜（劇での役割）ではなく，〜さんです」と，演じても
らった感謝と，今ここから，現実の「〜さん」であることを伝えます。

⑨ディスカッション，まとめと今後の課題

　ロール・プレイングの体験を経て，グループでディスカッションをしたり，レポート
によるまとめをしたりします。先への実践に活かすために，あらためて全体を振り返り，
今後の課題についても考えてみましょう。

3．授業での実施の仕方

　第Ⅱ部の節末の演習問題として，ロール・プレイングを取り上げています。ロール・
プレイングを授業内で行う際の方法を具体的に紹介します。授業の進行具合や，学生の
様子に応じて，適宜取り入れてみるとよいでしょう。各進行の時間は，展開の状況や内
容により異なってきます。表示されている時間〈分〉は，実施上の一つの目安として参
考にして下さい。

　留意点：初めて実施する場合には参加者に「ロール・プレイングの方法を取り入れて
学んでみましょう。この方法は皆さん自身で，主体的・能動的に学べるよう，役割を取っ
て演じたり，観たりしてみることによって学ぶ方法です」といった説明が必要でしょう。

（1）授業への導入としてウォーミングアップを取り入れる場合〈授業の最初の5〜20分〉

　授業の最初に，集団の安心感，相互の信頼感を高め，意欲を高めるために，ウォーミ
ングアップとして取り入れてみるとよいでしょう。次項を参考に実施してみてください。

（2）学習内容の理解を深めるために，短い設定で行う場合

A．デモストレーションとして，短いロール・プレイングを，少人数（2〜3人）の役
割設定で行う。〈5〜10分〉

　例：講義に入る前に行う。演者の役割を決め皆の前に出てきてもらう。「ここは玄関

で保護者が子どものお迎えに来ました」等と導入する。演じやすいように教員が演者の一人になってもよい。短い時間設定で区切り，演者全員と，観客の何人かに感想を聞く。

B．小グループ（3〜6人）ごとに分かれて行う。〈10〜15分〉
　例：各々がどんな家族か，家族構成（子，親，祖父母等），場面，役割を決めて演じてみる。短い時間設定で区切り，演者全員と，観客の何人かに感想を聞く。

（3）授業（15回を想定）の進行に応じて，手順①〜⑨を3パートに分けて行う場合
　Ⅰ．前半の授業のうちの2，3回で実施：③ウォーミングアップ〈各5〜15分〉
　Ⅱ．中〜後半の授業のうちの1，2回で実施：④〜⑧のロール・プレイング〈各40〜50分〉
　Ⅲ．学期末の授業で1回実施：⑨のディスカッション，まとめと今後の課題〈40〜60分〉

（4）手順①〜⑨を通して行う場合
　後半の授業のなかで1回を選び，通して行う〈90分〉。その際の時間配分の目安を右に示します。

授業〈90分〉で通して行う場合の時間の目安
①会場設定と集団構成（人数）〈予め設定〉
②ねらい（あるいはテーマ）の設定〈10分〉
③ウォーミングアップ〈10分〉
④場面設定〈5分〉
⑤役割設定〈5分〉
⑥ドラマの開始と展開〈30分〉
⑦全体でのシェアリング〈15分〉
⑧役割解除〈5分〉
⑨ディスカッション，まとめと今後の課題〈10分〉

4．ウォーミングアップの実践例
　手順③のウォーミングアップのいくつかを紹介します。基本的にはどのウォーミングアップも監督が指揮を執ります。またロール・プレイングの経験を積んでいる参加者や，実習等でリーダーや保育者の役割を担う予定のある参加者が，監督の補助を受けながら指揮を執ってもよいでしょう。

（1）集団の空間での安定，人との出会い，関係の力動体験を誘う
☆1　部屋で安心する場所をみつける〈10〜20分〉（会場設定：図参-1-1，2，3）
①「席を立って，部屋の中をいろいろ歩いてみましょう」「自分の安心する場所（席）に座りましょう（または立ちましょう）」とアナウンスする。
②その場所がどうして安心するのかを参加者に聞いて回り，参加者から発表してもらう。「窓から外が見えるので」「教壇から皆が見まわせるから」「〜さんの傍だから」等。

（2）今ここで新しく役割を取って演じる体験を誘う

☆2　空想の中で幼少期の自分になってみる〈15分〉（会場設定：図参-1-1，2，3）

① 「目を閉じてください」「これからあなたは小さい頃（幼児の頃）の自分になって行きたい場所に行きます。行きたい場所を決めて下さい」

② 「はい，教室を出て，外に出ていきます。行きたい場所に歩いて行っても電車，飛行機でも」

③ 「はい，着きました」「そこで思い切り遊びましょう。ひとりでも，お友達がいても，おもちゃででも」

④ 「そろそろ帰ります」「さようならを言って，教室まで帰ります」

⑤ 「教室に戻ったら，目をあけてください」「みんな教室に帰ってきましたね」と全員を確認する。

⑥ 「今，空想してみて，どんな体験をしたでしょうか」と何人かに発表してもらう。

☆3　「やっと投げられるようになった子どものボールを受け取ってみよう」〈5〜10分〉
　　（会場設定：図参-1-1）

① 教壇等から「皆立ちましょう」と座席の横に出てもらう。

② 「皆に空気のボールを投げますよ，はい，受け取ってください」と皆にボールが届くよう意識して投げる動作をする。

③ 「今度はやっとボールが投げられるようになった2歳の子どもになります。ボールを投げます。はい，受け取ってください」と皆にボールを投げる。

④ ①と②で受け取り方や気持ちが変わったか感想を聞く。

（3）物を仲立ちに人間関係の発展を誘う

☆4　ローリングテクニック〈10〜20分〉（会場設定：図参-1-3）

① 物（身近な物で手に持っていろいろに見立てやすい物。積み木，ブロックなど）を用意する。

② 「この物を隣の人に渡していってください」と順次隣の人に渡すように伝え，輪を一回りしたところで「最初の人に戻りました」と言う。

③ 「今度は（物を）速く渡してください」と同様に一回り行う。

④ 「〇〇（見立てた物）です」と言って渡す。（例：ミカン）

⑤ 「自分の好きな物（大事な物）に見立てて渡しましょう」（例：「家族写真です」と言って渡し，隣の受け取った人は「ステーキです」等と，次々に新しく見立てて渡す）

⑥ 「渡す相手のことを考えて見立てて渡しましょう」（例：「バラの花束です」等）

⑦ 「場面や役割を設定し，物を見立てて渡しましょう」（例：3歳の子どもの役を取り「先生，ケーキだよ」と見立てて渡す。役割付与された相手は保育者になって「ありがとう，このケーキ甘いね，美味しいね，むしゃむしゃ」等と応じる。）

（4）状況共有を誘う

☆5　空気のボール〈5〜10分〉（会場設定：図参-1，2，3，テーブル・椅子のない空間）

1）基礎

①両手や身体で丸いボール（大きさは自由）をつくり「空気のボールです。みんなに投げるので受け取ってください。」と投げる動作をする。

②受け取ったと感じた人たち（複数でよい）はボールを受け取り，監督に投げ返す。

2）応用

　監督は「今は冬です。あ，空から雪が降ってきました」と，皆で「空気の雪」を感じたり，積もった雪で雪合戦や，雪ダルマを作ったりする。

参考文献

松村康平『心理劇―対人関係の変革』誠信書房，1961年。

モレノ・J・L，増野肇監訳『サイコドラマ―集団精神療法とアクションメソッドの原点』白揚社，2006年

吉川晴美・松井知子編著『人間関係の理解と心理臨床』慶應義塾大学出版会，2021年。

土屋明美・茨木博子・吉川晴美，日本心理劇学会監修『心理劇入門』慶應義塾大学出版会，2021年。

神藏幸子・義永睦子「保育実践力を育む方法と内容Ⅲ――ロールプレイング・心理劇」小原敏郎『保育実践力を育む保育・教職実践演習』建帛社，2018年。

お薦め図書

　本書で保育内容　領域「人間関係」を学ぶ皆さんへ，学びを深めるためのお薦めの図書を紹介します。

　ふと心惹かれるタイトルや著者名を見つけたら，ぜひ手に取ってみてください。

　戸惑いやワクワク感を感じた子どもとのエピソードから人間関係について考えたり，心理学や子育て支援その他の保育学と隣接する学問領域での人間関係の捉え方を知る機会になったりなど，様々なヒントとなりそうな図書を挙げています。保育や子ども，そして自分自身にとっての人間関係など，広く理解を深めるためにお役立てください。また，互いにお薦めの本を紹介し合うことで，さらに皆さんの学びも人間関係も，広がり深まることを願っています。

【保育と人間関係】
○子どもの存在と育ちに関わる保育者とは
倉橋惣三『育てのこころ』（上・下巻，フレーベル新書12・13）フレーベル館，1988年，1989年。

佐伯胖・井桁容子『子どもって，みごとな人間だ！──保育が変わる子どもの見方』フレーベル館，2021年。

津守真『子どもの世界をどうみるか──行為とその意味』NHK出版，1987年。

加藤繁美『保育の中の子どもの声』ひとなる書房，2022年。

関口はつ江・田中三保子・西　隆太朗『保育者論──共感・対話・相互理解』萌文書林，2021年。

津守真『自我のめばえ──2〜3歳児を育てる』岩波書店，1984年。

鯨岡峻『子どもは育てられて育つ──関係発達の世代間循環を考える』慶應義塾大学出版会，2011年。

川田学『保育的発達論のはじまり──個人を尊重しつつ「つながり」をはぐくむ営みへ』ひとなる書房，2019年。

吉川晴美・赤井美智子・畠中徳子・西脇二葉・日吉佳代子・宮下美智代・春原由紀・義永睦子『新訂　人間関係──かかわりあい・育ちあい』不昧堂出版，2010年。（※旧幼稚園教育要領に関する記述の部分を除き，参照してください）

○子どもと共に在る保育とは
津守房江『はぐくむ生活──子どもの心が育つとき』婦人之友社，2001年。

友定啓子・山口大学教育学部附属幼稚園編著『幼稚園で育つ——自由保育のおくりもの』ミネルヴァ書房，2002年。

遠山洋一『響き合う子どもたち——共に創る保育の場から』ひとなる書房，2022年。

守永英子・保育を考える会『保育の中の小さなこと大切なこと』フレーベル館，2001年。

津守眞・津守房江『出会いの保育学——この子と出会ったときから』ななみ書房，2008年。

○子どもと遊びの環境を創るには

小川博久編著『「遊び」の探究——大人は子どもの遊びにどうかかわりうるか』生活ジャーナル，2001年。

松村康平『子どものおもちゃと遊びの指導』（日本関係学会監修　保育学講座　復刻第7巻）日本図書センター，2011年。初版フレーベル館，1970年。

髙橋たまき『乳幼児の遊び——その発達プロセス』新曜社，1984年。

佐伯胖編著，矢野勇樹・久保健太・岩田恵子・関山隆一『子どもの遊びを考える——「いいこと思いついた！」から見えてくること』北大路書房，2023年。

大豆生田啓友『子どもが中心の「共主体」の保育へ——日本の保育アップデート！』小学館，2023年。

【乳幼児期の人との関係を探る】

やまだようこ『ことばの前のことば——ことばが生まれるすじみち1』新曜社，1987年。

遠藤利彦『赤ちゃんの発達とアタッチメント——乳児保育で大切にしたいこと』ひとなる書房，2017年。

D. N. スターン，小此木啓吾・丸田俊彦監訳『乳児の対人世界　理論編・臨床編』岩崎学術出版社，理論編1989年。臨床編1991年。

ピーター・グレイ，吉田新一郎訳『遊びが学びに欠かせないわけ——自立した学び手を育てる』築地書館，2018年。

マイケル・トマセロ，橋彌和秀訳『ヒトはなぜ協力するのか』勁草書房，2013年。

ポール・ブルーム，竹田円訳『ジャスト・ベイビー——赤ちゃんが教えてくれる善悪の起源』NTT出版，2015年。

【ロール・プレイ（心理劇）とは】

神藏幸子・義永睦子『第1部理論編第5章　保育実践力を育む方法と内容Ⅲ——ロールプレイング・心理劇』（小原敏郎・神藏幸子・義永睦子編著『保育・教職実践演習第2版——保育者に求められる保育実践力』）建帛社，2018年。

土屋明美・茨木博子・吉川晴美編著，日本心理劇学会監修『心理劇入門——理論と実践から学ぶ』慶應義塾大学出版会，2021年。

松村康平・板垣葉子『心理劇——対人関係の変革』誠信書房，1961年。

J.Lモレノ，増野肇監訳『サイコドラマ——精神集団療法とアクションメソッドの原点』白揚社，2006年。

髙良聖『サイコドラマの技法——基礎・理論・実践』岩崎学術出版社，2013年。

【知識を広げる】

本田和子『子どもたちのいる宇宙』三省堂選書，1980年。

トリイ・ヘイデン『子どもたちは，いま』（斎藤学訳）早川書房，1999年。

ロバート・フルカム，池央耿訳『人生に必要な知恵はすべて幼稚園の砂場で学んだ』河出書房新社，1990年。

ロバート・フルカム，池央耿訳『新・人生に必要な知恵はすべて幼稚園の砂場で学んだ』河出書房新社，2004年。

佐伯胖編『共感——育ち合う保育の中で』ミネルヴァ書房，2007年。

鯨岡峻『ひとがひとをわかるということ——間主観性と相互主体性』ミネルヴァ書房，2006年。

加藤繁美『子どもの自分づくりと保育の構造——続保育実践の教育学』ひとなる書房，1997年。

日本私立幼稚園連合会編　松村康平『幼児の性格形成』ひかりのくに，1976年。（※旧幼稚園教育要領に関する記述の部分を除き，参照してください）

浜田寿美男『「発達」を問う——今昔の対話　制度化の罠を超えるために』ミネルヴァ書房，2023年。

吉川晴美・松井知子編『人間関係の理解と心理臨床——家庭・園・学校・施設・職場の問題解決のために』慶應義塾大学出版会，2017年。

ダニエル・ゴールマン，土屋京子訳『EQ こころの知能指数』講談社，1998年。

大江健三郎『人生の習慣（ハビット）』岩波書店，1992年。

索　　引

（＊は人名）

あ行

挨拶　168
間関係　89
愛着　48, 183
愛着関係　49
愛着形成　183
アクションメソッド（行為法）　227
遊び込むための条件　80
遊びの意図　178
遊びの援助　181
遊びの実態　179
遊びの組織化　136
遊びの様相　172
新しい体験との出会い　60
集まる形態　166
集まる場所　161
アプローチカリキュラム　208
安心感　220
安心の保育の場　108
安全管理　20
安全基地　48, 117
いざこざ　130
意識的な学び　52
一日の計画　163
一日の生活の流れ　161
一者関係　42, 45
五つのかかわり方　42, 43, 124
意図的模倣　47
異年齢保育　90
「意味」の共有　187
インクルーシブ　189
インクルーシブ保育　190
インターネット社会　3
ウォーミングアップ　229, 232
演者　228
援助　198
援助の方向性　156

オープンダイアローグ　219
教え合う　138
驚く心　210

か行

外在的　124
外接的　124
外接的かかわり方　61
家族システム論　88
学校教育の基礎　206
学校教育の目標　206
学校教育への準備　208
学校生活　215
葛藤場面　130
保護者・家庭と保育者・園との連携　221
感覚運動的な活動　50
観客　228
環境調整　145
関係学　89
関係学の方法　219
関係性　103, 145
関係的な存在　39
関係のバランス　173
関係把握のしかた　42
監督　227
規範意識の芽生え　67, 70
基本的信頼感　59
基本的信頼関係　51
虐待　23
虐待防止　30
協調性　69, 70
共通性の認識　186
協同性　67, 70, 76, 83, 140
共同制作　201
共有された体験　178
＊クーリー，チャールズ　38
クラスの集会　166
＊倉橋惣三　56, 210, 218

計画の作成　19
向社会的行動　49
肯定的に捉える　22
高齢化社会　87
コーナー（小集団）活動　101
コーナー間交流　101
個人と集団の関係　19
個人と小集団と全体集団　100, 101, 220
個性の尊重　202
子育て支援　24, 26, 31
ごっこ遊び　39, 126
個と集団の関係　201, 203
個と集団の相即的発展　102, 221
個と集団のダイナミックな発展　135
個と集団の認識　130
言葉の使い方　18
子ども観　217
子ども同士の関係　17, 62
子ども同士の関係性　211
子どもの遊び環境　9
子どもの権利　24
子どもの最善の利益　25, 27
子どもの尊重　22
子どもの内的成熟　137
子どもの人間関係　1
子どもの人間関係の危機の解決　10
個（一人一人）と集団の関係　99
孤立化する育児環境　8
5領域の統合　148

さ行

サイコドラマ　39
3歳未満児　108
三者関係　42, 45, 89
三者関係的方法　220
三者関係的理解　42
三者関係の原理　220
三者面談法　220
3間　66, 75
シェアリング　231
自我の芽生え　123
自覚的な学び　74
自我形成　121

自我の確立　130
自我の育ち　12
自我の目覚め　62
自己, 人, ものとの関係　40, 98
試行錯誤する関わり　140
自己肯定感　53, 83, 214, 220
自己コントロール　16
自己実現　135
自己主張　62, 119, 121
自己と他者との葛藤　121
自己の育ち　55, 118
自己発揮　135
自己表現　135
自己抑制　121
しつけ　23, 24
自閉スペクトラム症　189
社会化　143
社会情動的スキル　74
社会生活との関わり　76
社会的参照行動　117
社会的微笑　47
週案　152
集団遊び　144
集団意識　17
集団活動　97
集団活動の形成　137
集団所属感　177
集団生活の意味　96
集団との一体感　200
集団とは何か　100
集団の状況　19, 202
主体性　63
主体的な活動　142
小学校の学習への移行　212
状況共有　234
状況づくり　221
少子化社会　2
少子高齢化社会　87
情緒的相互関係　59
職員間の連携　20
職責　19
自律　67
自立　69

自立心　76
人格形成の基礎　136
人格形成の基盤　54
新生児模倣　46
人的環境としての保育者　78
信頼感　67
信頼関係の構築　186
心理劇　39
スタートカリキュラム　208
生活習慣　200
生活体験　178
生活の場面　163
生活のルールやマナー　18
接在共存状況の創造　44
接在性　64
接在的　125
接在的かかわり方　60
前言語期　51
相互関係性　135
相互作用　211
相互調整　136
相互理解（思い合い）　121
創造性　135
育ちあう状況づくり　197

た行

対人多様性　39, 64
対立関係　27
他者意識　135
他者の内面理解　136
他者への信頼　80
他者理解　118, 121
「他者（他の私）」との出会い　17
多職種のチーム　19
助け合う　138
達成感　176
多面的視点　98
多面的な理解　42, 220
多様性　142
多様な人間関係　96
短期の保育計画　147
地域との連携　222
地域の関係機関との連携　224

知識重視の教育　75
長期の保育計画　147
挑戦の経験　63
通告の義務　30
伝え合う　64
＊津守真　56
統合的活動　101
道徳性　132
道徳性・規範意識の芽生え　76
道徳性の芽生え　69, 70
友達同士の気遣い　168
共に育つかかわり方　39
ドラマ（劇）　230

な行

内接的　124, 125
内接的かかわり方　60
内容性　103, 145
仲間意識　130
仲間関係　22, 123, 132, 135
仲間同士　18
仲間とのつながり　112
ナラティブ・コミュニティ　219
二者関係　42, 45
二者関係的　89
日案　152
乳児期から幼児期への発達　117
乳幼児期の学びの基本　50
人間関係　34
人間関係の原理　41
「人間関係」の時系列的な把握　36
人間関係の重要性　37
人間性の涵養　208
認知能力　77
認知能力の発達　51
年間指導計画　148
能動的な学び　50
能力差　143

は行

バズ法　220
発達障がい　186
話し合い　140

場面設定　229

人と関わる力　45

人とのコミュニケーションをとるための能力　46

非認知能力　74, 77, 78

平等意識　142

舞台　228

物的環境　173

振り返り　158, 159

＊フロイト，ジークムント　38

保育観　217

保育参加　90

保育者（リーダー）の関わり方　103

保育者，仲間とのつながり　108

保育者自身の関わり方　44

保育者同士の人間関係　218

保育者同士の連携　217, 219

保育者のリーダーチーム　221

保育者への信頼感　215

保育所保育指針　195

保育内容「人間関係」の三つのねらい　98

保育の省察　185

保育の場　12

保育の振り返り　152

保育の目標　11

方向性　103, 145

保護者・家庭と保育者・園との連携　221

保護者対応　221

保護者との人間関係　29

補助自我　228

ほど良い距離感　134

ま行

マザリース　47

＊松村康平　39, 55, 217

学びの芽生え　74

三つの機能　102, 103, 145

三つの機能とリーダー（L 1，L 2，L 3）チーム　104

見守り　64

無意識な学び　50

＊メイヨー，エルトン　38

物の活用　145

＊モレノ，ヤコブ　39

や行

役割演技　227

役割解除　231

役割交代　228

役割設定　230

遊具の媒介　179

幼児期の終わりまでに育ってほしい姿　76, 207

幼児期の教育　206

幼稚園教育要領　119

4 間　67

ら行

領域　74

倫理的態度　21

ルールへの意識　135

レジリエンス　53

ロール・プレイング　227

欧文

L 1，L 2，L 3　103

L 1，L 2，L 3 の役割　106, 107

P–D–C–A サイクル　148

≪**執筆者紹介**≫ (執筆順, ＊は編著者)

＊**吉川晴美** (よしかわ　はるみ)　　はじめに，序章第1節，第1章第1節・第3節，第3章第1節，第5章第3節，ロール・プレイの理解と実施に向けて，お薦め図書

　　編者紹介欄参照。

＊**関口はつ江** (せきぐち　はつえ)　　はじめに，序章第2節，第3章第5節，第4章第2節，第5章第1節・第2節，お薦め図書

　　編者紹介欄参照。

＊**義永睦子** (よしなが　むつこ)　　はじめに，序章第3節，第1章第3節，第3章第5節，お薦め図書

　　編者紹介欄参照。

長田みずえ (ながた　みずえ)　　**第1章第2節**

　　現在　十文字学園女子大学教育人文学部幼児教育学科教授。
　　主著　『自ら実感する心理学──こんなところに心理学』(共著) 教育情報出版，2021年。

小川房子 (おがわ　ふさこ)　　**第2章第1節・第2節**

　　現在　武蔵野大学教育学部幼児教育学科准教授。
　　主著　『保育・幼児教育・子ども家庭福祉辞典』(共編著) ミネルヴァ書房，2021年。

西脇二葉 (にしわき　ふたば)　　**第2章第3節**

　　現在　こども教育宝仙大学こども教育学部幼児教育学科准教授。
　　主著　『保育に活かす SDGs/ESD──乳幼児の権利と参画のために』(共著) かもがわ出版，2023年。

田尻さやか (たじり　さやか)　　**第3章第2節**

　　現在　八王子保育専門学院専任講師。
　　主著　『人間関係の理解と心理臨床　第2版』(共著) 慶應義塾大学出版会，2020年。

丸橋聡美 (まるはし　さとみ)　　**第3章第3節**

　　現在　秋草学園短期大学幼児教育学科准教授。
　　主著　『家庭支援の保育学　第3版』(共著) 建帛社，2016年。

小林美花（こばやし　みか）　**第3章第4節**

　　現在　北海道文教大学人間科学部こども発達学科准教授。
　　主著　『乳児保育　子ども・家庭・保育者が紡ぐ営み』（共著）教育情報出版，2019年。

瑞穂　優（みずほ　ゆう）　**第3章第6節**

　　現在　長野短期大学幼児教育学科教授。
　　主著　『自分をいかす保育実習ハンドブック』（共著）大学図書出版，2022年。

田中君枝（たなか　きみえ）　**第4章第1節**

　　現在　横浜創英大学こども教育学部幼児教育学科准教授。
　　主著　『実習日誌・実習指導案パーフェクトガイド』（共著）わかば社，2015年。

野内友規（やない　とものり）　**第4章第3節**

　　現在　聖霊女子短期大学生活文化科教授。
　　主著　『気になる子のインクルーシブ教育・保育』（共著）中央法規出版，2022年

岸　正寿（きし　まさとし）　**第5章第1節・第2節**

　　現在　生田ひまわり幼稚園教頭，創価大学教育学部非常勤講師，玉川大学教育学部非常勤講師，
　　　　　洗足こども短期大学非常勤講師。
　　主著　『子どもの権利との対話から学ぶ保育内容総論』（共著）北大路書房，2022年。

〈資料提供・執筆協力〉
　　稲葉　穂　　練馬区立田柄第二保育園園長　**序章第2節**
　　奥　美代　　郡山女子大学附属幼稚園副園長　**序章第2節，第4章2節**
　　東京家政学院大学児童学科幼児グループ　**第3章第1節**
　　武蔵野大学附属幼稚園　**第3章第5節**
　　吉濱優子　　白梅いずみ保育園園長・清和大学短期大学部特任教授　**第4章第3節**
　　荒木由紀子　東京福祉大学短期大学部講師　**第5章第1節**

≪編著者紹介≫

吉川晴美（よしかわ　はるみ）

現在　東京家政学院大学名誉教授。
　　　お茶の水女子大学卒業。お茶の水女子大学大学院児童学専攻修士課程修了。
職歴　心身障害児総合医療療育センター心理職，町田市特別支援教育専門員（現），東京家政学
　　　院大学・大学院教授，東京福祉大学・大学院教授を経て現職。
主著　『心理劇入門——理論と実践から学ぶ　第 2 版』（共編著）慶應義塾大学出版会，2021年。
　　　『人間関係の理解と心理臨床　第 2 版』（共編著）慶應義塾大学出版会，2020年。
　　　『家庭支援の保育学　第 3 版』（共編著）建帛社，2016年。

関口はつ江（せきぐち　はつえ）

現在　十文字学園女子大学名誉教授。
　　　お茶の水女子大学卒業　慶應義塾大学社会学研究科博士課程単位取得満期退学。
職歴　郡山女子大学短期大学部教授・附属幼稚園長兼務，鶴見大学短期大学部教授，十字学園
　　　女子大学教授，東京福祉大学・大学院教授。
主著　『保育者論—共感・対話・相互理解—』（共著）萌文書林，2021年。
　　　『東日本大震災・放射能災害下の保育』（編著）ミネルヴァ書房，2017年。
　　　『保育の基礎を培う保育原理』（編著），萌文書林　2015年。

義永睦子（よしなが　むつこ）

現在　武蔵野大学・大学院教授。
　　　お茶の水女子大学卒業。お茶の水女子大学大学院児童学専攻修士課程修了。
職歴　ねむの木養護学校教諭を経て，保健センター心理相談，家庭児童相談室心理相談，保育
　　　所等巡回心理相談，幼稚園・こども園子ども相談を現職と平行して担当。
主著　『子どもの育ちと多様性に向き合う障害児保育——ソーシャル・インクルージョン時代に
　　　おける理論と実践』（共著）㈱みらい，2024年。
　　　『子ども理解と教育相談——移行期支援の視点から』（共編著）東洋館出版社，2021年。
　　　『保育・教職実践演習　第 2 版——保育者に求められる保育実践力』（共編著）建帛社，
　　　2018年。

保育内容「人間関係」
——「共に育つ・創る」をめざして——

2024年9月30日　初版第1刷発行　　　　　〈検印省略〉

定価はカバーに
表示しています

編 著 者	吉	川	晴	美
	関	口	はつ	江
	義	永	睦	子
発 行 者	杉	田	啓	三
印 刷 者	藤	森	英	夫

発行所　株式
　　　　会社　ミネルヴァ書房
607-8494 京都市山科区日ノ岡堤谷町1
電話代表　(075)581-5191
振替口座　01020-0-8076

ISBN978-4-623-09790-6

Printed in Japan

遊びと生活をひらく保育内容総論　　　　　　　　　A 5 判・272頁
太田光洋 編著　　　　　　　　　　　　　　　　　本　体 2400円

保育内容「健康」　　　　　　　　　　　　　　　　B 5 判・200頁
──幼児期の教育と小学校教育をつなぐ　　　　　　本　体 2500円
鈴木みゆき・望月文代 編著

新しい保育講座⑨　　　　　　　　　　　　　　　　B 5 判・232頁
保育内容「環境」　　　　　　　　　　　　　　　　本　体 2200円
久保健太・高嶋景子・宮里暁美 編著

保育学生のための「幼児と言葉」「言葉指導法」　　A 5 判・292頁
馬見塚昭久・小倉直子 編著　　　　　　　　　　　本　体 2400円

アクティベート保育学11　　　　　　　　　　　　A 5 判・274頁
保育内容「表現」　　　　　　　　　　　　　　　　本　体 2000円
汐見稔幸・大豆生田啓友 監修　汐見稔幸・岡本拡子・花原幹夫 編著

絵本力　　　　　　　　　　　　　　　　　　　　　四六判・272頁
──SNS 時代の子育てと保育　　　　　　　　　　本　体 2200円
浅木尚実 著

子どもの健全な成長のための　　　　　　　　　　　A 5 判・236頁
外あそび推進ガイド　　　　　　　　　　　　　　　本　体 2400円
前橋　明編 著

幼児期の教育と小学校教育をつなぐ　　　　　　　　B 5 判・176頁
幼保小の「架け橋プログラム」実践のためのガイド　本　体 2500円
湯川秀樹・山下文一 監修

──────── ミネルヴァ書房 ────────

https://www.minervashobo.co.jp/